数据运营

深度揭秘SEO电商数据抓取技术

邢波涛　郭娟　著

電子工業出版社
Publishing House of Electronics Industry
北京•BEIJING

内 容 简 介

本书的写作目的就是针对电商运营相关人员，告诉他们如何获取淘宝SEO优化所必需的运营数据，使得运营能够更好地跟自己的SEO优化绝技相结合，从而使自己从手动获取运营数据的海量工作中解放出来，做一些更有意义的事情。本书内容主要包括：如何实时抓取淘宝搜索排名数据、淘宝无线排名数据、直通车关键词排位、宝贝的订单数据、宝贝的评价数据，淘宝组合关键词的拆分，查询整店动销率，淘宝关键词获取技术，以及抓取生e经数据和数据魔方数据辅助SEO优化等。

本书适合已经熟悉淘宝SEO优化技巧，又想深度了解如何获得SEO优化技巧背后数据秘密的运营人员阅读，希望能给他们带来帮助。

图书在版编目（CIP）数据

数据运营：深度揭秘SEO电商数据抓取技术 / 邢波涛，郭娟著. —北京：电子工业出版社，2015.10
ISBN 978-7-121-27158-8

Ⅰ. ①数… Ⅱ. ①邢… ②郭… Ⅲ. ①电子商务－网络营销－数据处理－研究 Ⅳ. ①F713.36

中国版本图书馆CIP数据核字（2015）第224232号

策划编辑：张春雨
责任编辑：葛　娜
印　　刷：北京盛通印刷股份有限公司
装　　订：北京盛通印刷股份有限公司
出版发行：电子工业出版社
　　　　　北京市海淀区万寿路173信箱　　邮编：100036
开　　本：720×1000　1/16　印张：12.75　字数：243千字
版　　次：2015年10月第1版
印　　次：2019年7月第2次印刷
定　　价：65.00元

凡所购买电子工业出版社图书有缺损问题，请向购买书店调换。若书店售缺，请与本社发行部联系，联系及邮购电话：（010）88254888。

质量投诉请发邮件至zlts@phei.com.cn，盗版侵权举报请发邮件至dbqq@phei.com.cn。

服务热线：（010）88258888。

序

认识本书作者老邢很多年了，他是个无论在工作还是生活中都特别认真的人。在电商这个十分年轻的行业里，老邢是较早进入淘宝生态体系的技术人员，对淘宝的发展变化有着自己的理解和认识。经营过淘宝店铺的人都知道，数据对于电商来说极其重要，整个店铺运营策略都是围绕数据展开的。流量、转化、销量、DSR 这些数据的变化都会影响下一步的推广策略，可以说“无数据不运营”。

马云说世界经济正迅速从 IT 走向 DT（数据处理技术）时代，未来属于那些掌握数据的人。从人类技术文明的发展过程来看，技术总是从复杂向简单、从高端向普及演进。数据抓取及分析最初只是 IBM、谷歌、百度这些大公司才有机会使用的技术，现在已经进入到普遍使用的阶段。

通常电商网站也会采取技术手段防止其他公司或个人以技术手段抓取数据（淘宝早在 2008 年就屏蔽了百度爬虫），本书作者有五年淘宝数据抓取实战经验，对网站数据抓取尤其是电商网站的数据抓取有深刻的认识。十分感谢作者在书中毫无保留地把淘宝数据抓取的经验进行了分享，促进行业交流。

作为一个资深技术人员，作者有深厚的技术背景，能够跳出技术人员固有的思维方式，从店铺运营的视角，通过图文并茂的形式，深入浅出地介绍淘宝页面上主要运营数据的抓取方式，十分难得。对于有心学习如何抓取淘宝数据的运营人员，本书可以让你零基础掌握如何抓取淘宝页面上丰富的运营数据；对于初入电商领域的技术人员，本书也可以帮助你快速掌握淘宝核心数据抓取方式，不必重复发明轮子。

淘宝页面上的数据信息极其丰富，本书涉及内容基本覆盖了其中最重要的搜索结果、宝贝信息、销量信息、DSR、无线端、直通车、评价等，详细讲解了每一个数据的抓取方式，读来有庖丁解牛之感。

淘宝网站本身在不断发展变化，本书在讲解案例的同时，意在让读者通过参与分析一个个具体数据抓取过程，了解其本质，淘宝页面万般变化，变化的仅是数据表现方式，离不开本质。对于一个小白读者来说，可以轻松地掌握淘宝数据抓取的关键点，稍加分析，即可根据自己的需要对书中没有涉及的数据内容进行抓取。

随着技术的进步与普及，会有越来越多的数据被保存下来，人们的行为习惯会越来越多地通过量化数据的方式被分析出来，数据产生的价值也会越来越大。

掩卷而思，从社交网络到移动互联网，再到线上线下结合（O2O），再到李克强总理提出的“互联网+”，整个人类社会近一百年创造的文明成果已远远超过过去历史的总和。数据时代的来临不可避免，希望本书可以帮助更多的人加深对数据的理解，感谢老邢为数据抓取技术普及所做的努力。

华北区淘宝最大代运营商之一洪海龙腾公司首席运营官（COO）

陈权国

前 言

我 1996 年大学毕业到现在（2015 年），工作 19 年了，一直从事的都是软件开发工作。在 2011 年，我出版了自己的第一本面向程序员的图书《B2B2C 网上商城开发指南——基于 SaaS 和淘宝 API 开放平台》，今天我为什么想写一本面向电商运营的图书呢？

这其实与我最近 5 年的工作经历有关。从 2011 年开始的前三年（2011 年至 2013 年），我一直都是在围绕淘宝的 App 后台做工具软件的开发，例如进销存软件和微博营销软件。不过，由于种种原因，这款进销存软件和微博营销软件虽然试用客户上万，却并没有带来能够支撑团队运作的资金。而到了 2013 年年末，我在师弟天津商业大学宝德学院高学争老师的影响下，开始研究基于淘宝、天猫的 SEO 优化工作一直至今。在这个过程当中，我发现了一个有趣的问题，那就是从事淘宝、天猫 SEO 优化的运营人员和淘宝、天猫店长们，他们对业务能力的把握是很到位的。也就是说，运营人员对如何针对淘宝、天猫 SEO 优化的奇门绝技是很熟悉的。但是运营人员也有个致命的缺陷，就是 SEO 优化技巧所依赖的数据支撑，他们是没有能力获得的，他们只知道优化理论和技巧，却无法获得相应的数据支撑和验证。例如，针对大类目下的淘宝 C 店 SEO 优化最常见的下架时间问题，大家都知道下架时间很关键，却对如何获得关键词综合排名前 1 页甚至前 5 页、前 10 页宝贝的下架时间的数据，无能为力，那么宝贝根据下架时间卡位也就无从谈起了。当然，目前市面上有的公司也出了一些可以批量采集这些数据的工具软件，运营人员可以利用这些工具软件来完成相应的工作，但是他们对这些软件背后获取数据的原理是一无所知的。这也是我写这本书的目的，深度揭秘淘宝、天猫 SEO 优化背后数据获取的秘密。所以，本书就是针对电商运营相关人员，告诉他们如何获取淘宝 SEO 优化所必需的运营数据，使得运营能够更好地跟自己的

SEO 优化绝技相结合，从而使自己从手动获取运营数据的海量工作中解放出来，做一些更有意义的事情。

我写这本书的第二个目的，是因为关于淘宝 SEO 优化技巧的图书，市面上也出了很多本，但是如何批量获取 SEO 优化技巧背后所需要的运营数据，却一本也没有。这是因为绝大部分运营人员都没有软件程序员的工作经历。而我有 19 年的一线软件开发经验，又深度投入到了淘宝 SEO 优化的工作当中去，所以对运营人员（即使是全国最顶级的运营）来讲，我是一个牛 X 的资深程序员，而针对我的程序员同事和其他程序员，我又是一个已经入门的淘宝 SEO 优化和运营“专家”。从这方面来讲，我也算是“魔”“道”双修的，用朋友的一句话来说就是：流氓会武术，谁也挡不住。其实，从软件研发的角度来讲，我的职责其实是一个业务架构师+系统架构师的角色。

话又说回来，针对电商 SEO 优化运营技巧，从技术上讲，我也算入门和“专家”（针对我的程序员同行来讲）了，但是对真正的一线运营高手来讲，我又是只懂皮毛的外行。所以，这本书并不适用于想获得淘宝、天猫运营技巧的运营人员，本书适用的是已经熟悉淘宝 SEO 优化技巧，又想深度了解如何获得 SEO 优化技巧背后数据秘密的运营人员。

在我写这本书的过程当中，淘宝本身也在“丧心病狂”地采取各类反爬虫技术手段，妄图防止别人从淘宝公开的网页上很容易地获取到这些公开数据。所以，很多运营人员也可以看到，以前很好用的一些工具软件，现在也不能用了。不过，有矛就有盾，敌人再任性，狐狸再狡猾，我们也是可以找到一些特定的解决方案的。所以，本书写作的过程，也是跟淘宝技术做斗争的过程，但愿这本书能给已经熟悉淘宝 SEO 优化技巧，又想深度了解如何获得 SEO 优化技巧背后数据秘密的运营人员带来帮助。

目录

第 1 章

淘宝/天猫做 SEO 优化对数据的需求

- 天猫、淘宝数据抓取背景
- 天猫、淘宝运营数据抓取技术概述

1.1 天猫、淘宝数据抓取背景

在针对淘宝/天猫 SEO 优化的问题上，有两类截然不同的观点：一类观点认为淘宝 SEO 优化至关重要，商品好坏无所谓，再差的宝贝（淘宝对商品的称呼，以下如果无特殊说明，宝贝和商品表达的是同一个意思，根据习惯不同就混合使用了）也能卖出去，所以在淘宝发展历史上也出现了一些专门针对淘宝 SEO 深度优化，甚至利用淘宝搜索引擎的缺陷而进行 SEO 作弊，从而达到快速出货的神店；另一类观点认为电商的本质是商，商品（宝贝）的好坏才是本质，一味追求电商 SEO 优化技巧是不足取的。个人认为，这两类观点都太偏执了。

针对第一类观点，在淘宝发展某个阶段也许是适用的，但由于产品不行，这些店铺也很难持续发展，所以淘宝历史上出现的那些神店，也只能昙花一现；而针对第二类观点，除非你真的拥有自己的知名产品品牌，这些品牌拥有大量的忠实粉丝，例如化妆品中的雅诗兰黛、箱包中的路易威登（LV），那么只考虑产品是没有问题的。而现实中淘宝 800 万卖家（有的说 700 万，有的说 900 万，估计 2015 年已经过千万了）中有多少卖家真正拥有自己的知名品牌产品呢？没有自己的核心产品，就不要谈电商的本质是商，商品（宝贝）的好坏才是本质。这就跟“好好学习，天天向上”这八个字是巨正确无比一样，落地是非常难的，对绝大部分卖家来讲，是不可能完成的任务。

所以，在货源和产品质量相对稳定的基础上，研究淘宝/天猫 SEO 优化技巧还是有意义的。电商大号@吴蚊米也在自己的微博上说——

“还没有开工，有卖家来问 2015 年怎么做，一般这种探讨宇宙起源的大问题我是拒绝回答的。可他说到了一点，活动效果越来越差。确实！活动真没几个流量，看 2014 年几个大促就知道流量基本靠搜索和老客，搜索能爆发 5~10 倍，看你怎么节骨眼卡位，算 7 天权重、30 天权重，老客全部在自主访问里增长……所以你懂了吧”。

针对绝大部分卖家来讲，“搜索”和“老顾客”就是 2015 年最核心的两个板块。搜索说的其实就是 SEO 优化，例如@吴蚊米在微博中提到的卡位（下架时间、价格等）、7 天权重、30 天权重（包括产品销量、DSR 评分、关键词质量得分等）。而“老顾客”

我这里也多说两句：非品牌店或者妖店以及重复购买率极高的类目，就不要再幻想老顾客了。品牌店就是拥有自己核心知名品牌的店铺（一般是指线下传统知名品牌在淘宝/天猫开店）。妖店其实也是以产品为核心，但不像线下传统知名品牌那样面向全网的顾客，而是只针对喜欢自家产品风格的特定的顾客，只满足少数人的需求，这类店做大的有例如裂帛，还有不少没有裂帛那么大，但是每年销售额也过亿的小品牌店。而对于重复购买率极高的类目，例如化妆品类目、干果类目，这类商品的重复购买率极高，所以无论如何都需要关注老顾客。而绝大部分类目和卖家，即使是女装这个占淘宝 40%销量的类目，针对老顾客，传统的营销措施（例如发短信、老客户分级分类、建立所谓的 RFM 模型）都是没有任何意义的。对绝大部分店铺来讲，顾客只忠实于价格和淘宝，所谓老顾客是淘宝全网的老顾客，而绝不是自己店铺的老顾客。

当然，我也不是只指出问题，而不给解决思路的专家，抱怨和找问题谁都会，问题是找出这些问题后如何落地？针对老顾客，我有两个建议。

建议一是熟悉阿里妈妈的达摩盘[1]。阿里妈妈内部的直通车和钻展一直在黑盒化地使用数据，即通过算法和数据来帮助广告主去做一些精准的定向。这虽然解决了一大批中小商家的营销需求，但是对于一些定制化的营销需求却仍然很难满足，一些商家希望根据他们特定的营销需求去定制自己的投放人群。因此，由商家自定义组合标签、选择目标人群进行投放，成为了达摩盘这个工具型基础设施平台的基本功能。例如，我们可以通过达摩盘针对全网做具有某类标签的老客户（即针对淘宝的老客户，而不是针对自己的店铺）的广告投放。

建议二是针对自己店铺的老顾客，要获取到这些老顾客的全网购买数据，从而给自己的老顾客打标签，打标签的目的并不是按照 RFM 模型给出所谓的购买频率、购买金额和找出所谓的 VIP 顾客，而是按照特定的标签（例如，这些老顾客全网平均购买价格、购买最多的类目、全网购买频次等）给自己的店铺重新定位。例如，如果自己店铺的老顾客全网平均购买价格高于自己店铺的主推宝贝价格，那么自己店铺的主推

---

1. DMP，所谓 DMP 就是数据管理平台（Data Management Platform）的英文缩写，阿里妈妈为 DMP 取了一个颇具中国特色的名字：达摩盘。

款就可以提价（当然是在产品质量提高的基础上），或者也可以根据这些老顾客的喜好，并结合淘宝指数（shu.taobao.com），对自己的店铺重新定位，找到一小部分忠实粉丝，针对他们的特点，更好地服务好他们，就像前文中说的妖店一样，找到自己店铺真正的老顾客，并可以导入到微店端。做微店的一个好处是自己本身就是一个闭环，而不像买家在淘宝购物那样，绝大部分买家只忠实于价格，只需简单搜索，就可以找到价格永远比自己店铺宝贝价格低的商品。

综上所述，对于绝大部分卖家来讲，都不可以放弃 SEO 优化，如果说产品质量和供应链需要放在战略地位上的话，那么针对淘宝/天猫的搜索引擎优化，则必须放在战术地位上。如果不是茅台，酒香也怕巷子深，我们必须要研究淘宝/天猫搜索引擎规则，从而使得我们的宝贝在买家搜索的时候，宝贝对应的主关键词能够达到前 3 页，甚至前 2 页。而研究天猫、淘宝搜索引擎规则，我们就必须要抓取天猫、淘宝的数据，从大数据和无序的数据当中找到规律，从而使无序的数据变得有序。

1.2 天猫、淘宝运营数据抓取技术概述

我们明白了天猫、淘宝数据抓取的必要性，但是天猫、淘宝的数据抓取也不是那么容易实现的。在 2014 年 10 月份之前，天猫、淘宝的数据抓取相对来说还是非常容易的，这也造就了不少以天猫、淘宝数据抓取为卖点的卖家工具。但是到了 2014 年年底，淘宝“丧心病狂”地加强了网页反爬虫技术手段，使得抓取天猫、淘宝数据变得异常艰难。如果说爬取一个宝贝的信息还不是很困难的话，那么连续爬取数百个，甚至即使只爬取数十个宝贝信息，就会触发天猫、淘宝反爬虫作弊引擎，常见的有：弹出验证码、返回淘宝登录界面、返回“爬虫无意义”的警告信息，或者当我们通过浏览器查看网页源代码时，汉字转化为 Unicode 编码等，让我们看得一头雾水。

尽管爬取天猫、淘宝的数据越来越难了，但是我这里还是给出一些通用的爬取数据的方法，供卖家老板们参考。由于本书定位的读者对象是卖家老板或者运营人员，而不是具有编程能力的程序员，所以我这里尽可能通俗地讲一些原理性的东西，供具有编程能力的卖家老板参考。另外，我会附一个我和高老师一起做的免费工具，供大家参考使用（下载地址：http://42.120.17.31/xuntu.zip 或者 http://pan.baidu.com/s/1c00NPde）。

因为淘宝会持续改进自己的网页加密算法，所以工具箱也会经常升级，感兴趣的同学，请加 QQ 群：15509455，大家一起讨论。

上面讲了一些天猫、淘宝数据抓取痛点，下面讲讲天猫、淘宝数据抓取的基本步骤，以及针对天猫、淘宝对数据抓取疯狂的屏蔽，我们会采取哪些措施，避开天猫、淘宝的反爬虫。

对通用网站的数据抓取，比如谷歌和百度，都有自己的爬虫，当然，爬虫也都是由程序写出来的。根据百度百科的定义：网络爬虫（又被称为网页蜘蛛、网络机器人），是一种按照一定的规则，自动地抓取万维网信息的程序或者脚本。另外一些不常使用的名字还有蚂蚁、自动索引、模拟程序或者蠕虫。不过，淘宝为了屏蔽网络爬虫对自身数据（例如商品价格、月销量、收藏量、评价、月成交记录等）的抓取，往往是采取 Ajax 技术，在网页加载完成后，再次加载这些数据，所以通用的网络爬虫抓取技术对抓取淘宝的敏感数据是无效的。针对淘宝本身的特点，天猫、淘宝数据抓取技术无外乎以下 4 种。

（1）通用的网页解析技术，适合解析一些常见的数据，例如关键词排名数据、宝贝标题、宝贝下架时间等。

（2）通过浏览器插件技术。无论是 IE、火狐（Firefox）还是谷歌浏览器（Chrome），都有自己的插件技术。淘宝无论如何增强反爬虫技术，数据最终总是要在浏览器里按照正常的数据格式显示出来。所有这些数据（例如商品价格、月销量、收藏量、评价、月成交记录等）在浏览器里正常显示后，通过浏览器插件接口就可以抓取到这些数据了。有的公司就是这么做的。

（3）做一个客户端，在客户端里模拟一个浏览器，然后模拟用户搜索。还是那句话，淘宝无论如何增强反爬虫技术，最终总是要在浏览器里按照正常的数据格式显示数据，现在很多的刷流量工具就是这么做的。

（4） 通过一些网页分析工具，分析淘宝网页显示过程，找到呈现商品价格、月销量、收藏量、评价、月成交记录等的 Ajax 链接。同样模拟一个针对这些 Ajax 链接的浏览器请求，从而无须解析网页，直接解析这些 Ajax 返回来的数据就可以达到目的。

由于淘宝对数据的抓取采取的措施越来越严，只用某一种方法有时是不能达到目的的。例如，最简便的无疑是第四种方法，通过网页分析工具，直接找到这些 Ajax 调用，但是淘宝对通过 Ajax 链接调用的次数是有限制的，调用次数一多，触发了淘宝反爬虫作弊引擎，就会出现弹出验证码，或者返回“你已经被反爬虫作弊引擎发现”等声明，就抓取不到想要的这些数据了。所以，最好的数据抓取方法就是 4 种方法相结合。在后续章节中，我会重点介绍客户端数据抓取技术，以及通过一些网页分析工具，分析淘宝网页显示过程，找到呈现商品价格、月销量、收藏量、评价、月成交记录等的 Ajax 链接技术。

第 2 章

淘宝搜索排名数据抓取技术

- 淘宝关键词搜索排名抓取技术概述
- 实时抓取淘宝排名前几页宝贝的热卖属性
- 批量抓取淘宝排名前几页宝贝的上下架时间
- 抓取宝贝的 30 天销量
- 抓取宝贝的浏览量
- 抓取宝贝的收藏量
- 抓取店铺的信用
- 抓取店铺的 DSR 得分

2.1 淘宝关键词搜索排名抓取技术概述

（这里需要事先说明一下，虽然主要讨论的是淘宝搜索规则技术，但是这些搜索技术绝大部分也是适合天猫的，这里就不再做区别了。）

2.1.1 为什么要关注淘宝关键词搜索排名

淘宝的搜索排序方式有 5 种，分别是综合排序、人气排序、销量排序、信用排序和价格排序，如图 2.1 所示。

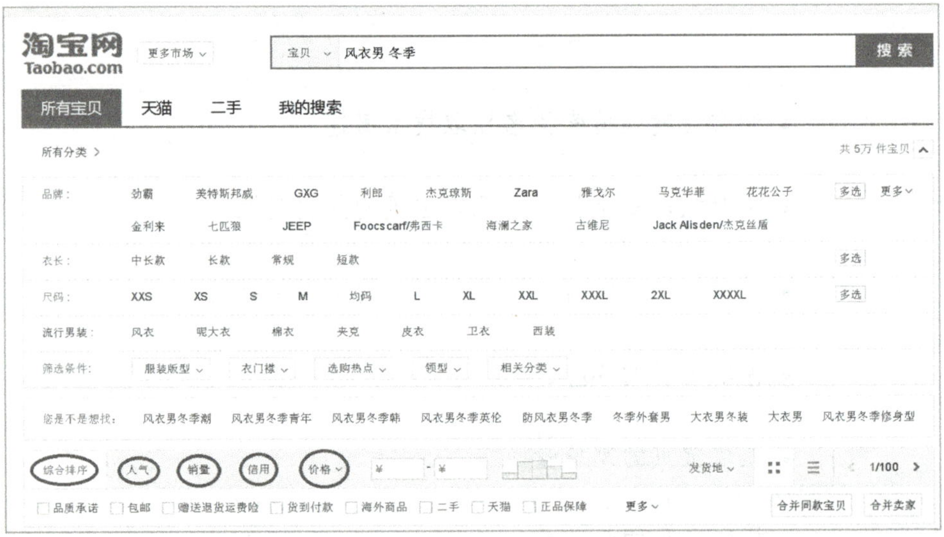

图 2.1

其中值得去研究的就是前三种：综合排序、人气排序和销量排序，而这三种当中最重要的又是默认的综合排序。

我们为什么要研究淘宝的关键词搜索排序方式呢？这是因为买家在淘宝网购买商品的时候，搜索是买家最常见的也是最主要的寻找到适合自己商品的一种方式，根据某个关键词，商品展现出来的不同排位，也就意味着商品对应的流量。研究淘宝搜索最常见的一个计算销售利润的公式如图 2.2 所示。

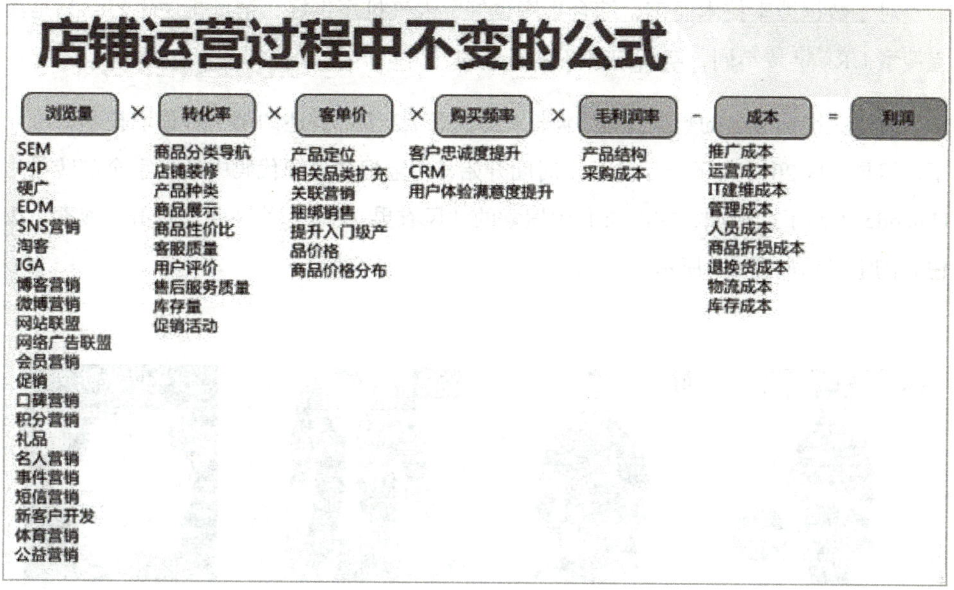

图 2.2

其中，浏览量=商品展现×点击率。所以一个宝贝销售的好坏，与展现绝对相关，而决定展现的绝对因素就是关键词排名。所以，要想提高商品的销量，必须每日都要关注宝贝对应核心关键词的排名。

由于淘宝的搜索是个性化搜索后推荐的结果，所以我查询的结果与各位查询的结果是不同的，即使是同一台电脑、同一个人，在不同时间段查询的结果也是不同的（大家都明白上下架时间的因素）。所以有的人就不看好排名查询，觉得排名查询没有用。我注意到即使是有些知名讲师，也是持有这个观点。我个人认为，电脑模拟的查询，是没有登录的默认的淘宝查询，如果这个无任何登录记录的淘宝默认查询做得好了，那么买家登录后的个性化推荐也不会差到哪里去。当然有的人会争辩说，不同的价位、不同的地域淘宝推荐差异是很大的，所以没有用。其实无登录的排名就是一个很好的参考值，参考值高了，排名也不会差；参考值都不高，试图通过淘宝的差异推荐使排名靠前，这个也是自欺欺人的。

2.1.2　淘宝关键词搜索排名抓取技术详解

对于数据搜索技术而言，综合排序也好，人气排序也好，销量排序也好，只是淘宝搜索 URL 链接不同，解析起来还是一样的。

对于关键词排名的数据抓取，本来采用本书 1.2 节中讲述的第一种抓取技术就可以了。但是，从 2014 年下半年的某个时间开始，淘宝把网页源代码中的汉字全部转化为 Unicode 编码了。例如，在图 2.1 中搜索的“风衣男 冬季”关键词，单击“搜索”按钮后淘宝显示如图 2.3 所示。

图 2.3

下面查看一下网页源代码（由于篇幅所限，这里仅列出一小部分作为原理性展示）。

（1）在 IE 浏览器（IE 11）中的查看步骤：单击鼠标右键，在弹出的快捷菜单中选择“查看源(V)”，如图 2.4 所示。

图 2.4

（2）在谷歌 Chrome 浏览器中的查看步骤：单击鼠标右键，在弹出的快捷菜单中选择“查看网页源代码”，如图 2.5 所示。

图 2.5

“风衣男 冬季”这个关键词对应的网页源代码理论上如图 2.6 所示。

```
▼<div class="item  ">
  ▶<div class="pic-box J_MouseEneterLeave J_PicBox">…</div>
  ▶<div class="row row-1 g-clearfix">…</div>
  ▼<div class="row row-2 title">
    ▼<a id="J_Itemlist_TLink_42599421923" class="J_U2IStat" data-nid="42599421923" href="http://
    detail.tmall.com/item.htm?
    spm=a230r.1.14.15.htVfbK&id=42599421923&ad_id=&am_id=&cm_id=140105335569ed55e27b&pm_id=&abbuc
    target="_blank" trace="auction" traceidx="1" trace-pid="-1155075603" data-spm-anchor-id=
    "a230r.1.14.15">
        <span class="baoyou-intitle icon-service-free"></span>
        "

              sir7"
        <span class="H">冬季</span>
        "加厚"
        <span class="H">男</span>
        "士"
        <span class="H">风衣</span>
        "外套长款修身型韩版呢子"
        <span class="H">风衣</span>
        <span class="H">男</span>
        "青年毛呢"
        <span class="H">风衣</span>
      </a>
    </div>
  ▶<div class="row row-3 g-clearfix">…</div>
  ▶<div class="row row-4">…</div>
```

图 2.6

但是，如果你采用的是本书 1.2 节中讲述的第一种技术进行数据抓取，那么你看到的网页源代码将如图 2.7 所示。


```
[492,1,6481],"encryptedUserId":"UvCvGMCQyMGHGONTT","sellerCredit":6,"totalRate":9975},"pic_url":"http:\/\/g.search3.alicdn.com\/img\/bao\/uploaded\/i4\/i4\/TB1N5znHX
XXXXXXXXX_!!0-item_pic.jpg","item_loc":"\u798f\u5efa \u6cc9\u5dde","detail_url":"http:\/\/item.taobao.com\/item.htm?
id=42776587552&ns=1&abbucket=20#detail","comment_url":"http:\/\/item.taobao.com\/item.htm?
id=42776587552&ns=1&abbucket=20&on_comment=1","view_sales":"99\u4eba\u4ed8\u6b3e","view_price":"169.00","view_fee":"0.00","shopLink":"http:\/\/store.taobao.com\/shop\
op.htm?user_number_id=2336427138"},
{"comment_count":"713","nick":"\u706b\u725b\u670d\u9970","nid":"43270405315","pid":"-351594821","reserve_price":"1980.00","title":"\u3010\u6bcf\u65e5\u5e01\u62a2\u301
class=H>\u51ac\u5b63<\/span><span class=H>\u7537\u58eb<\/span>\u6bdb\u5462\u5927\u8863\u4e2d\u957f\u6b3e<span
class=H>\u7537<\/span>\u9752\u5e74\u7ed2\u5916\u5957\u4fee\u8eab<span
class=H>\u98ce\u8863<\/span>\u82f1\u4f26\u97e9","user_id":"1899780209","raw_title":"\u3010\u6bcf\u65e5\u5e01\u62a2\u3011\u51ac\u5b63\u7537\u58eb\u6bdb\u5462\u5927\u88
\u957f\u6b3e\u7537\u9752\u5e74\u7ed2\u5916\u5957\u4fee\u8eab\u98ce\u8863\u82f1\u4f26\u97e9","icon":[{"dom_class":"icon-service-
yunfeixian","position":"3","show_type":"0","url":"http:\/\/www.taobao.com\/go\/act\/baoxian\/yunfeixian.php","icon_category":"cat_special","outer_text":"0","html":"",
y":"icon-service-yunfeixian","traceIdx":29,"trace":"srpservice"},{"dom_class":"icon-service-
7tianjia","position":"3","show_type":"0","url":"http:\/\/xiaobao.taobao.com\/contract\/item_contract_detail.htm?
item_id=43270405315&contract_id=2","icon_category":"xb","outer_text":"1","html":"<a traceidx=30 trace=\"srpservice\" _out title=\"8\u5929\u9000\u8d27\" target=\"_blar
href=\"http:\/\/xiaobao.taobao.com\/contract\/item_contract_detail.htm?item_id=43270405315&contract_id=2\">\n                    <span class=\"icon-service-
7tianjia\">8\u5929\u9000\u8d27<\/span>8\u5929\u9000\u8d27<\/a>","icon_key":"icon-service-7tianjia","traceIdx":30,"trace":"srpservice"}],"i2iTags":{"all":true,"samesty
{"url":"\/search?type=samestyle&app=i2i&rec_type=1&uniqpid=-351594821&nid=43270405315"},"similar":{"url":"\/search?
type=similar&app=i2i&rec_type=1&uniqpid=-351594821&nid=43270405315"},"dapei":0,"tongdian":true},"shopcard":{"isTmall":0,"description":[478,1,795],"service":
[484,1,769],"delivery":
[484,1,2876],"encryptedUserId":"UvFgSOFc4vmIWOQTT","sellerCredit":9,"totalRate":9661},"pic_url":"http:\/\/g.search.alicdn.com\/img\/bao\/uploaded\/i4\/i3\/TB1X6dLHXX
XXXXXXXX_!!0-item_pic.jpg","item_loc":"\u798f\u5efa \u6cc9\u5dde","detail_url":"http:\/\/item.taobao.com\/item.htm?
id=43270405315&ns=1&abbucket=20#detail","comment_url":"http:\/\/item.taobao.com\/item.htm?
id=43270405315&ns=1&abbucket=20&on_comment=1","view_sales":"2629\u4eba\u4ed8\u6b3e","view_price":"278.00","view_fee":"0.00","shopLink":"http:\/\/store.taobao.com\/sho
shop.htm?user_number_id=1899780209"},
```


图 2.7

淘宝已经把网页中的汉字全部变成 Unicode 编码了，你要么通过软件把全部 Unicode 编码转化为正常的汉字再进行解析，要么做一个浏览器客户端，在浏览器客户端中显示成正常的汉字编码，再进行解析。所以，要想正确解析宝贝关键词排名，必须综合运用本书 1.2 节中讲述的 4 种抓取技术。

这里给出一个基于浏览器客户端的解决方案。其解析网页源代码并查询排名的步骤如下。

（1）做一个网页客户端，模拟搜索“风衣男 冬季”这个关键词，其第一页网页 URL 如下：

http://s.taobao.com/search?q=%B7%E7%D2%C2%C4%D0+%B6%AC%BC%BE&js=1&stats_click=search_radio_all%253A1&initiative_id=staobaoz_20150303

其中，对于 URL 中的 q=%B7%E7%D2%C2%C4%D0+%B6%AC%BC%BE，参数 q 就是 query 即查询的意思，参数 q 的值%B7%E7%D2%C2%C4%D0+%B6%AC%BC%BE 就是关键词“风衣男 冬季”转码后的编码。这个编码不是 Unicode 编码，而是浏览器在向淘宝后台请求时，为了防止在后台获取关键词时变成乱码，所以先用一个 UrlEncode 方法转换为 GBK 编码，然后后台获取到这个参数时，再用 UrlDecode 方法转换为正常汉字。这个 URL 中的其他参数都可以忽略不计，最重要的就是 q=%B7%E7%D2%C2%C4%D0+%B6%AC%BC%BE。

（2）等网页客户端的 DocumentCompleted 事件完成（即网页解析完成）后，获取完整的网页源代码，此时在网页源代码中淘宝已经刻意将汉字转换成的 Unicode 码重新再转换为汉字。

（3）解析正常的网页源代码，比较淘宝网页中的“旺旺号”是否是我们要查询的“旺旺号”，如果是，则记录其排位（第几页、排第几名和总排名）。

（4）第一页解析完成后，继续解析第二页，把第二页的 URL 交给客户端，第二页的 URL 跟第一页相比，有较大变化：

```
http://s.taobao.com/search?q=%B7%E7%D2%C2%C4%D0+%B6%AC%BC%BE&commend=all&
ssid=s5-e&search_type=item&sourceId=tb.index&spm=1.7274553.1997520841.1&i
nitiative_id=tbindexz_20150303&tab=all&bcoffset=1&s=44&style=grid
```

其中，最核心的参数 q=%B7%E7%D2%C2%C4%D0+%B6%AC%BC%BE 还是转码后的“风衣男 冬季”的意思，参数 style=grid 就是默认的宝贝显示方式。如果我们选择“列表模式”（见图 2.8），则淘宝显示的网页风格就会变为列表显示，如图 2.9 所示。

图 2.8

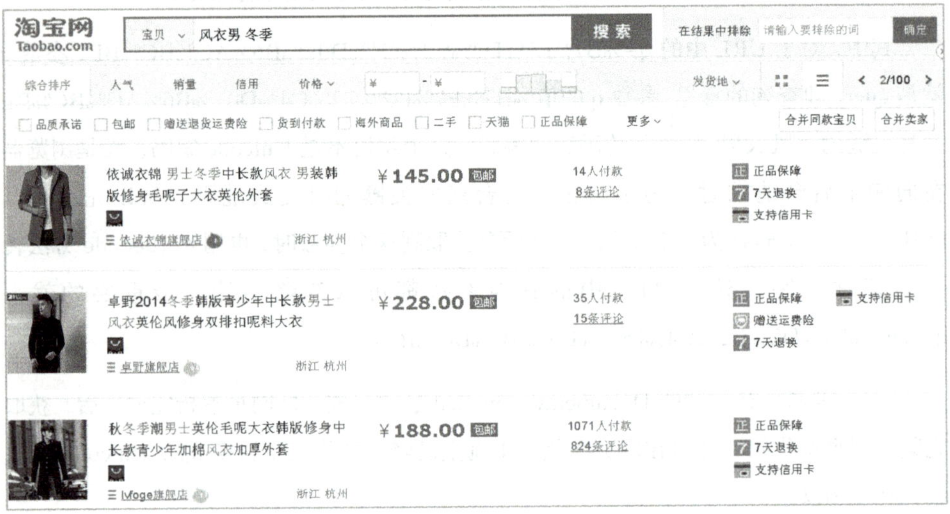

图 2.9

参数 style=grid 也会变为 style=list。参数 style=grid 还是 style=list，对我们解析网页影响很大，因为 style 不同，网页源代码也不同；除了 q 和 style 这两个参数对解析有影响外，最重要的参数就是 s=44，也就是第二页(44*1)的意思，第三页相应的就是 88(44*2)，第四页就是 132(44*3)，依此类推，第 N 页就是 s=44*(N-1)；s=0 在第一页时是默认的，忽略不计，其余参数在不断点击到第 N 页时不会发生变化，也可以忽略不计。最重要的就是这三个参数。

（5）如何才能批量找到宝贝对应的“旺旺号”呢？我们把网页正确解析之后，与旺旺号有关的源代码如下：

```
<div class="item  ">
  <div class="pic-box J_MouseEneterLeave J_PicBox">
    <div class="pic-box-inner">
      <div class="pic">
        <a id="J_Itemlist_PLink_42599421923" class="pic-link J_U2IStat J_ItemPicA"
data-nid="42599421923"
href="http://detail.tmall.com/item.htm?id=42599421923&amp;ad_id=&amp;am_i
d=&amp;cm_id=140105335569ed55e27b&amp;pm_id=&amp;abbucket=20"
data-href="http://detail.tmall.com/item.htm?id=42599421923&amp;ad_id=&amp
;am_id=&amp;cm_id=140105335569ed55e27b&amp;pm_id=&amp;abbucket=20"
target="_blank" trace="auction" traceidx="0" trace-pid="-1155075603">

          <img id="J_Itemlist_Pic_42599421923" class="J_ItemPic img" src=
"http://g.search.alicdn.com/img/bao/uploaded/i4/i3/TB13ttLHpXXXXc2XpXXXXX
XXXXX_!!0-item_pic.jpg_360x360Q90.jpg_.webp"
data-src="http://g.search.alicdn.com/img/bao/uploaded/i4/i3/TB13ttLHpXXXX
c2XpXXXXXXXXXX_!!0-item_pic.jpg" alt="sir7 冬季加厚男士风衣外套长款修身型韩版呢子
风衣男青年毛呢风衣">

        </a>
      </div>
  <div class="similars">
    <a class="btn " target="_blank" href="/search?type=samestyle&amp;app=i2i&amp;
rec_type=&amp;uniqpid=-1155075603&amp;nid=42599421923">
        <s class="shim"></s>
        <s class="bar"></s>
        <span class="text">找同款</span>
    </a>
```

```
    <a class="btn " target="_blank" href="/search?type=similar&amp;app=i2i&amp;
rec_type=&amp;uniqpid=-1155075603&amp;nid=42599421923">
        <s class="shim"></s>
        <span class="text">找相似</span>
    </a>
  </div>
      <div class="report">
        <a href="http://archer.taobao.com/myservice/report/entry.htm?Query=
风衣男 冬季&amp;auction_num_id=42599421923&amp;fromSource=search&amp;
Category=0&amp;sort=all&amp;display_type=3" target="_blank" title="举报该宝
贝">
          <span class="icon-btn-report"></span>
        </a>
      </div>
    </div>
  </div>
  <div class="row row-1 g-clearfix">
    <div class="price g_price g_price-highlight">
      <span>¥</span><strong>218.00</strong>
    </div>

    <div class="deal-cnt">850人付款</div>
      <div class="ship icon-service-free"></div>
    </div>

  <div class="row row-2 title">
    <a id="J_Itemlist_TLink_42599421923" class="J_U2IStat" data-nid=
"42599421923" href="http://detail.tmall.com/item.htm?id=42599421923&amp;
ad_id=&amp;am_id=&amp;cm_id=140105335569ed55e27b&amp;pm_id=&amp;abbucket=
```

```
20" target="_blank" trace="auction" traceidx="0" trace-pid="-1155075603">

   <span class="baoyou-intitle icon-service-free"></span>

   sir7<span class="H">冬季</span>加厚<span class="H">男</span>士<span class="H">风衣</span>外套长款修身型韩版呢子<span class="H">风衣</span><span class="H">男</span>青年毛呢<span class="H">风衣</span>
  </a>
 </div>
  <div class="row row-3 g-clearfix">
   <div class="shop">
   <a class="shopname J_MouseEneterLeave J_ShopInfo" data-userid="487372925" data-nid="42599421923" href="http://store.taobao.com/shop/view_shop.htm?user_number_id=487372925" target="_blank">
    <span class="dsrs">

      <span class="dsr lessthan"></span>
      <span class="dsr lessthan"></span>
      <span class="dsr lessthan"></span>

    </span>
    <span>sir7 旗舰店</span>
   </a>
   </div>
   <div class="location">浙江 杭州</div>
  </div>
 <div class="row row-4">
  <div class="feature-icons icon-has-more" id="J_Itemlist_Icons_42599421923">
   <ul class="icons">
```

```
        <li class="icon">
            <a href="http://www.tmall.com/" target="_blank" title="尚天猫，
就购了~" trace="srpservice" traceidx="0"><span class="icon-service-tianmao">
</span></a>
        </li>
        <li class="icon">
            <a  href="http://www.taobao.com/go/act/baoxian/yunfeixian.php"
target="_blank" title="卖家赠送退货运费险" trace="srpservice" traceidx="1">
<span class="icon-service-yunfeixian"></span></a>
        </li>
    </ul>

    <div class="more J_MouseEneterLeave J_IconMore">
      <span class="arrow"></span>
    </div>
   </div>
      <div class="wangwang">
        <span class="ww-light ww-small" data-nick="sir7旗舰店" data-display=
"inline" data-item="42599421923" data-icon="small" data-encode="true"><a
href="http://amos.alicdn.com/getcid.aw?v=3&amp;site=cntaobao&amp;groupid=
0&amp;s=1&amp;fromid=cntaobao&amp;uid=sir7 旗舰店" target="_blank" class=
"ww-inline ww-offline"><span>旺旺离线</span></a></span>
      </div>
  </div>
</div>
   <div class="item  ">
   <div class="pic-box J_MouseEneterLeave J_PicBox">
   <div class="pic-box-inner">
     <div class="pic">
```

```
        <a  id="J_Itemlist_PLink_41820917622"  class="pic-link  J_U2IStat  J_
ItemPicA" data-nid="41820917622" href="http://detail.tmall.com/item.htm?id=
41820917622&amp;ad_id=&amp;am_id=&amp;cm_id=140105335569ed55e27b&amp;pm_i
d=&amp;abbucket=20" data-href="http://detail.tmall.com/item.htm?id=
41820917622&amp;ad_id=&amp;am_id=&amp;cm_id=140105335569ed55e27b&amp;pm_i
d=&amp;abbucket=20" target="_blank" trace="auction" traceidx="1" trace-pid=
"-1424454849">

          <img id="J_Itemlist_Pic_41820917622" class="J_ItemPic img" src=
"http://g.search1.alicdn.com/img/bao/uploaded/i4/i3/TB1q0B3GFXXXXbPXpXXXX
XXXXXX_!!0-item_pic.jpg_360x360Q90.jpg_.webp"  data-src="http://g.search1.
alicdn.com/img/bao/uploaded/i4/i3/TB1q0B3GFXXXXbPXpXXXXXXXXXX_!!0-item_pi
c.jpg" alt="首降5折JackJones杰克琼斯男纯棉中双排扣多袋牛仔0|214421004">

        </a>
      </div>
  <div class="similars">
    <a class="btn disabled" target="_blank">
        <s class="shim"></s>
        <s class="bar"></s>
        <span class="text">找同款</span>
    </a>

    <a class="btn " target="_blank" href="/search?type=similar&amp;app=i2i&amp;
rec_type=&amp;uniqpid=-1424454849&amp;nid=41820917622">
        <s class="shim"></s>
        <span class="text">找相似</span>
    </a>
  </div>
```

```
    <div class="report">
      <a href="http://archer.taobao.com/myservice/report/entry.htm?Query=
风衣男冬季&amp;auction_num_id=41820917622&amp;fromSource=search&amp;Category=
0&amp;sort=all&amp;display_type=3" target="_blank" title="举报该宝贝">
        <span class="icon-btn-report"></span>
      </a>
    </div>
  </div>

 </div>
 <div class="row row-1 g-clearfix">
   <div class="price g_price g_price-highlight">
     <span>¥</span><strong>499.01</strong>
   </div>
   <div class="deal-cnt">120人付款</div>
 </div>

 <div class="row row-2 title">
   <a id="J_Itemlist_TLink_41820917622" class="J_U2IStat" data-nid=
"41820917622" href="http://detail.tmall.com/item.htm?id=41820917622&amp;
ad_id=&amp;am_id=&amp;cm_id=140105335569ed55e27b&amp;pm_id=&amp;abbucket=
20" target="_blank" trace="auction" traceidx="1" trace-pid="-1424454849">

     首降 5 折 JackJones 杰克琼斯<span class="H">男</span>纯棉中双排扣多袋牛仔
O|214421004
   </a>
 </div>
   <div class="row row-3 g-clearfix">
     <div class="shop">
```

```
    <a class="shopname J_MouseEneterLeave J_ShopInfo" data-userid=
"305358018" data-nid="41820917622" href="http://store.taobao.com/shop/
view_shop.htm?user_number_id=305358018" target="_blank">
      <span class="dsrs">

          <span class="dsr lessthan"></span>
          <span class="dsr lessthan"></span>
          <span class="dsr lessthan"></span>

      </span>
      <span>jackjones官方旗舰</span>
    </a>
    </div>
    <div class="location">天津</div>
  </div>
 <div class="row row-4">
  <div class="feature-icons icon-has-more" id="J_Itemlist_Icons_41820917622">
    <ul class="icons">
        <li class="icon">
            <a href="http://www.tmall.com/" target="_blank" title="尚天猫，
就购了~" trace="srpservice" traceidx="2"><span class="icon-service-tianmao">
</span></a>
        </li>
    </ul>
    <div class="more J_MouseEneterLeave J_IconMore">
      <span class="arrow"></span>
    </div>
  </div>
    <div class="wangwang">
        <span class="ww-light ww-small" data-nick="jackjones官方旗舰" data-
display="inline"data-item="41820917622"data-icon="small"data-encode="true">
<a href="http://amos.alicdn.com/getcid.aw?v=3&amp;site=cntaobao&amp; groupid=
```

```
0&amp;s=1&amp;fromid=cntaobao&amp;uid=jackjones 官方旗舰" target="_blank"
class="ww-inline ww-online" title="点此可以直接和卖家交流选好的宝贝，或相互交流网
购体验，还支持语音视频噢。"><span>旺旺在线</span></a></span>
        </div>
    </div>
</div>
```

由于篇幅原因，这里仅仅列出前两个宝贝的详细网页源代码，此时，我们只需关注网页源代码中的**<div class="wangwang">**<span class="ww-light ww-small" **data-nick=**"" >这样的关键词就行。在程序解析中，只需要解析这样的关键词，就可以找到每个宝贝对应的旺旺号了，然后拿这个旺旺号跟我们想要查找的旺旺号进行对比，就知道宝贝排到第几页、第几名了。

（6）对于人气排序，其 URL 如下：

http://s.taobao.com/search?initiative_id=tbindexz_20150303&tab=all&q=%B7%E7%D2%C2%C4%D0+%B6%AC%BC%BE&sort=renqi-desc

与默认的综合排序相比，q=%B7%E7%D2%C2%C4%D0+%B6%AC%BC%BE 还是一样的，不过多了一个 sort=renqi-desc，参数 sort 就是排序方式。

对应的，销量排序 URL 如下：

http://s.taobao.com/search?sort=sale-desc&initiative_id=tbindexz_20150303&tab=all&q=%B7%E7%D2%C2%C4%D0+%B6%AC%BC%BE

其中，sort 变成了 sale-desc。其实综合排序也是有 sort 的，sort 的值是 default，综合排序带 sort 的 URL 如下：

http://s.taobao.com/search?sort=default&initiative_id=tbindexz_20150303&tab=all&q=%B7%E7%D2%C2%C4%D0+%B6%AC%BC%BE

默认没有 sort 参数就是综合排序。

人气排序和销量排序对应的解析方法与综合排序是相同的，只是 URL 不同，这里就不再详细说明了。

（7）现在手机淘宝越来越受到淘宝的重视，2015 年，淘宝会把手机淘宝作为自己的核心战略地位来抓。相应的，卖家对手机淘宝的优化也是越来越重视。手机淘宝数据的抓取，与 PC 淘宝数据抓取的原理是一样的，只是 URL 链接和关键词标签不同而已。手机淘宝的 URL 链接如下：

http://s.m.taobao.com/h5?q=%E9%A3%8E%E8%A1%A3%E7%94%B7+%E5%86%AC%E5%AD%A3&search-bton=&event_submit_do_new_search_auction=1&_input_charset=utf-8&topSearch=1&atype=b&searchfrom=1&action=home%3Aredirect_app_action&from=1&ttid=

其中，http://s.m.taobao.com/h5 是手机淘宝的搜索网址。q=%E9%A3%8E%E8%A1%A3%E7%94%B7+%E5%86%AC%E5%AD%A3 还是转码后的“风衣男 冬季”的意思，不过，细心的卖家也许已经发现了，手机淘宝对关键词的编码与 PC 上的编码是不同的。PC 上“风衣男 冬季”对应的编码是 q=%B7%E7%D2%C2%C4%D0+%B6%AC%BC%BE，而手机上则是 q=%E9%A3%8E%E8%A1%A3%E7%94%B7+%E5%86%AC%E5%AD%A3，其实这两个都是对“风衣男 冬季”的编码，只不过 PC 上对应的编码是 GBK，而手机上对应的则是 UTF8 编码。

在知道了如何解析淘宝搜索结果的原理后，我们就可以开发一个淘宝关键词搜索排名抓取工具了。这里给出淘宝关键词搜索排名抓取工具的例子，我们先简单设计一下这个功能的几个需求。

- 可以同时查询一个宝贝的多个关键词排名。
- 可以监控多个宝贝。
- 宝贝历史排名能进行对比。
- 可以展示一个关键词在不同宝贝中的排名，也可以展示一个宝贝不同关键词的排名。
- 可以根据店铺的旺旺查询，也可以根据宝贝 ID 查询。

根据以上需求，我们设计出来的淘宝关键词搜索排名抓取工具的界面如图 2.10 所示。

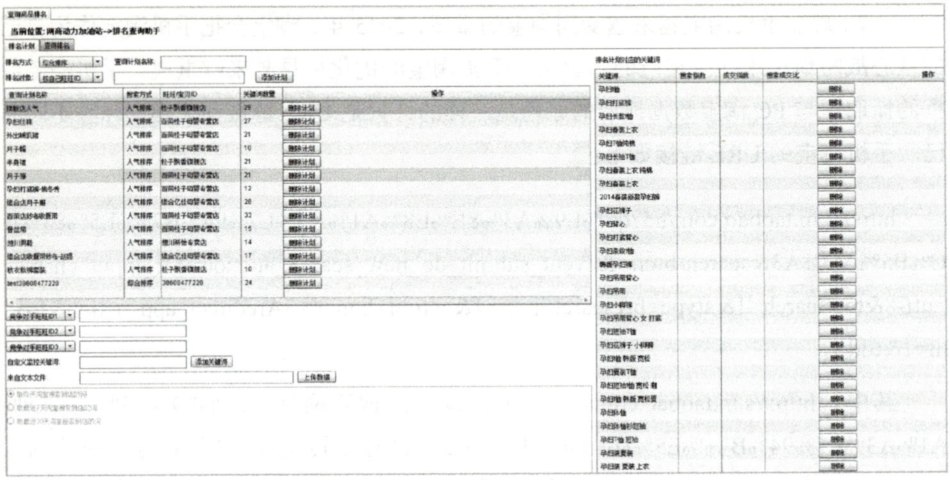

图 2.10

例如，我们选取计划名称是“旗舰店人气”的查询计划，该计划下有 29 个关键词，对应的旺旺名是：桂子飘香旗舰店，分别对它们进行查询，结果如图 2.11 所示。

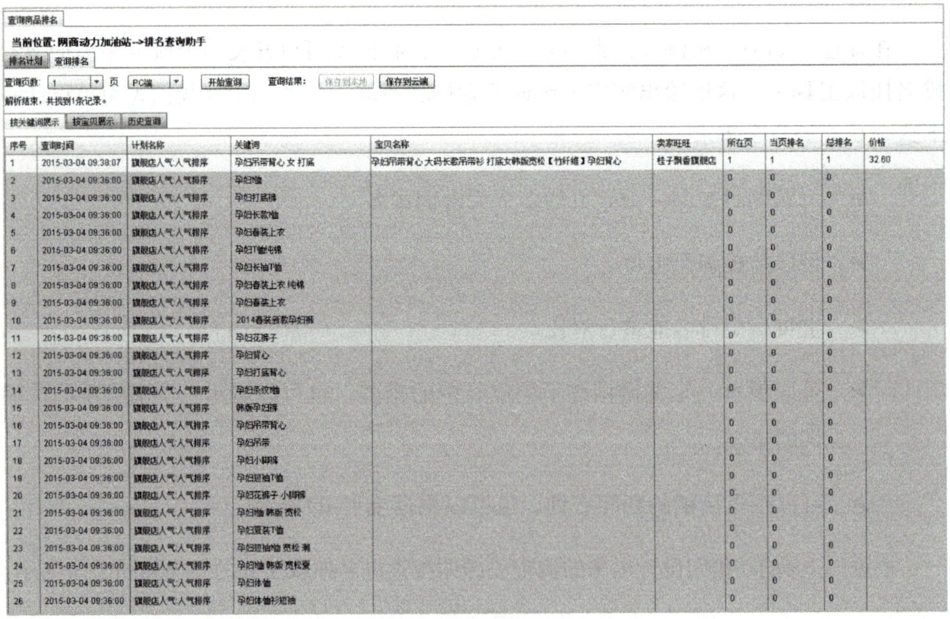

图 2.11

这是我们在 3 月 4 日进行的查询，其所列的关键词，仅有一个“孕妇吊带背心 女打底”这个长尾关键词排在了第一页，其余关键词都没排在第一页，我们用红颜色标示出来了。

对于排名的查询，我们不仅要关注每天的查询，还要记录每天的查询结果。例如，我们把查询结果保存到云端，就可以看到历史查询的数据，如图 2.12 所示。

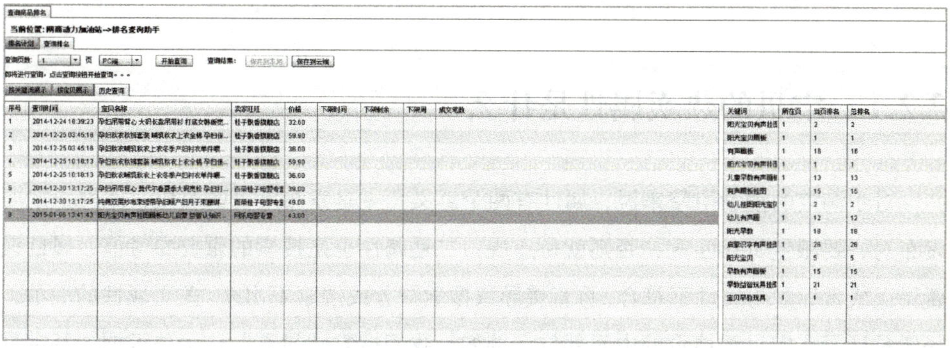

图 2.12

对于某个关键词历史查询的数据，我们还可以把功能继续往下做，例如，针对每个关键词，做一个 30 天排名的曲线，就可以很直观地看到这个关键词每天排名变化的情况。这样，如果每天的排名中同一个关键词在同一个查询时间的排位有大幅度变化，那么就需要我们特别注意。

宝贝排名和流量下降的 7 大原因：

（1）近两周人气增长模型下降，需做好人气增长。

（2）竞品增长模型追上，特别是新品增长模型。

（3）DSR 下降。

（4）天猫店铺售后服务指标（退款纠纷率、退款完结时长、自主退款率）低于行业平均值。

（5）销售额及动销率下降。

（6）转化率下降，跳失率增加。

（7）客服询单转化率下降。

（摘自@吴蚊米微博）

2.2　实时抓取淘宝排名前几页宝贝的热卖属性

2.2.1　宝贝的热卖属性是什么

对于淘宝的搜索引擎来说，属性有两个意义：一是发布宝贝的时候，属性一定要发布对，要跟宝贝相匹配，否则就是违规；二是属性也是搜索的重要参考值，属性设置错误或者标题与属性不符合，将直接导致搜索减分或搜索不出来。关于属性的展示，一般是展示在宝贝详情页的中间部位。例如，我们搜索“衬衣”这个关键词，某宝贝的属性设置如图 2.13 所示。

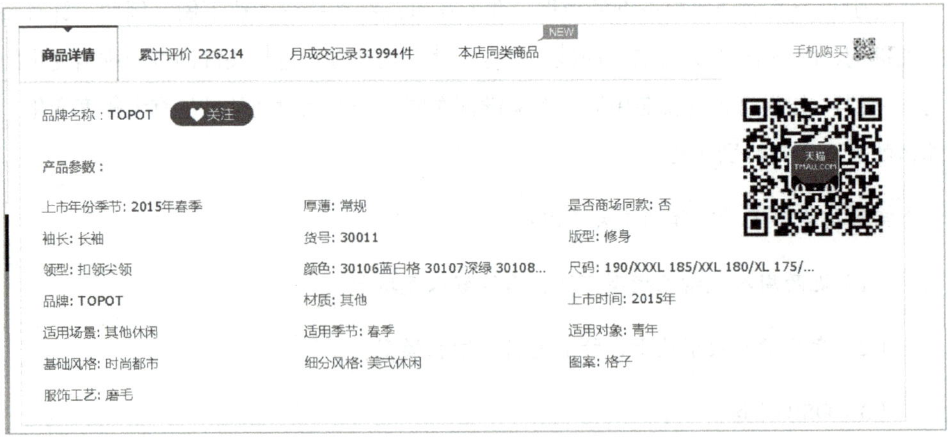

图 2.13

其中信息包括——上市年份季节：2015 年春季；袖长：长袖；细分风格：美式休闲；适用对象：青年；等等。

2.2.2　如何抓取宝贝的热卖属性

知道了什么是淘宝的属性，我们为什么要实时抓取淘宝的热卖属性呢？事实上，宝贝的热卖属性对于卖家新品上架有着至关重要的作用。新品上架的策略是分析热门属性！淘宝的每个类目在不同时期主推不同的热门属性，我们要做到的就是分析属性，找到淘宝推荐的热门属性！怎么找？

（1）通过数据魔方里面的“属性热销排行”，生 e 经里也有。

（2）分析同行排名第一页的宝贝属性、商品详情、产品参数。

（3）淘宝的生意参谋也有热卖属性分析。

对于这些工具，我们先分别介绍一下，然后再讲述如何通过网页解析技术实时分析。

1. 数据魔方属性热销排行

进入数据魔方后，单击菜单“属性分析”→“属性热销排行”，就可以看到自己店铺所在类目下最近 7 天的热卖属性了，如图 2.14 所示。

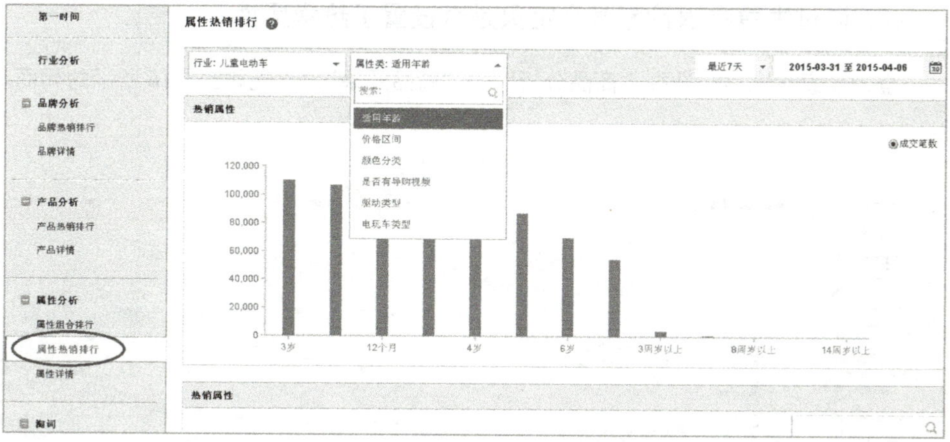

图 2.14

2. 通过生 e 经查看类目热销属性

登录生 e 经后，选择“行业分析”→“属性成交量分布”，就可以查看选择时间段内成交量最大的属性是如何设置的，如图 2.15 所示。自己宝贝的属性设置也可以参考生 e 经的热卖属性设置。

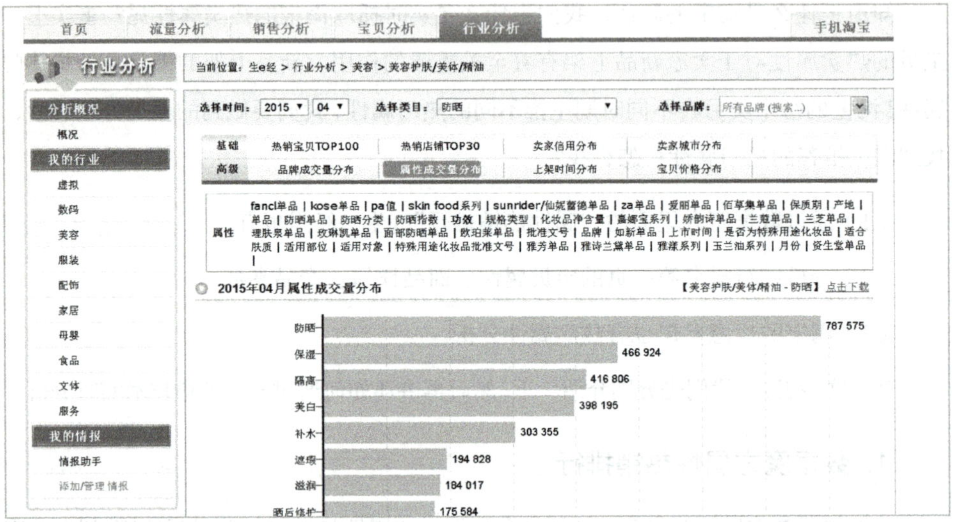

图 2.15

3. 通过生意参谋诊断某个宝贝是否设置了热卖属性

登录生意参谋后，选择“商品分析”→“商品效果”，出现如图 2.16 所示的界面。

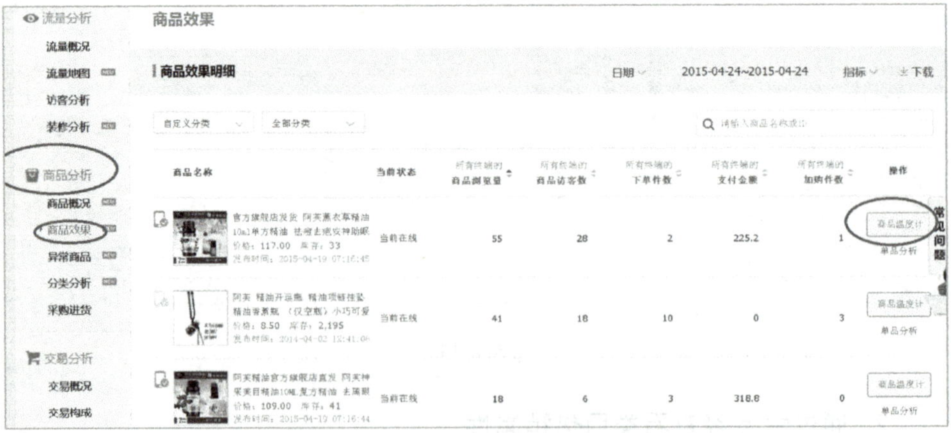

图 2.16

选择一个宝贝，单击该宝贝的“商品温度计”，则出现如图 2.17 所示的界面。

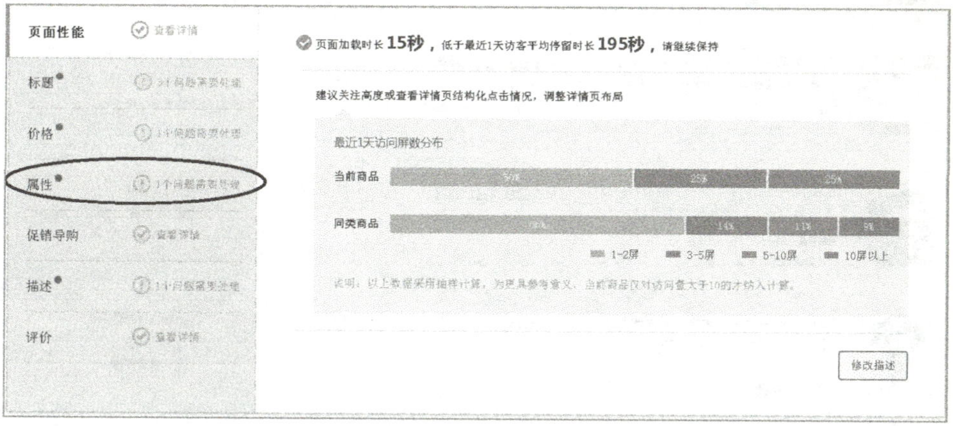

图 2.17

选择“属性”，则出现如图 2.18 所示的界面。

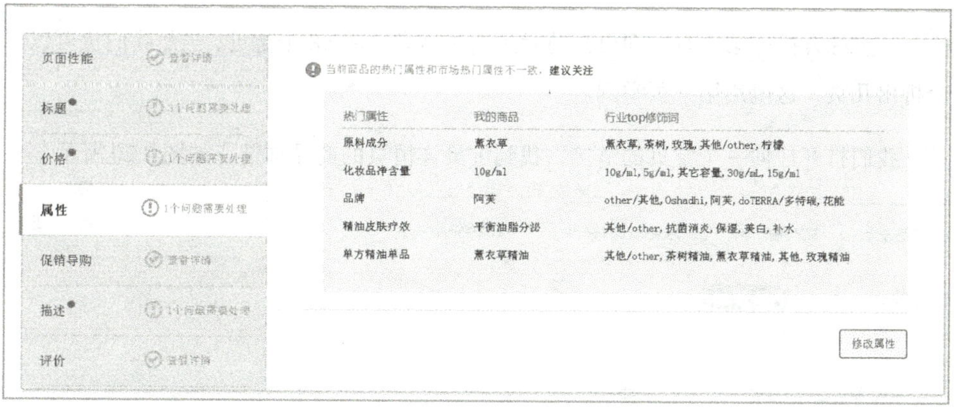

图 2.18

生意参谋会列出该宝贝的现有属性和热卖属性的对比，提示当前商品的热门属性和市场热门属性是否一致。

我们也可以实时分析某个关键词对应的淘宝热卖属性是什么。例如，我们搜索“衬衣”这个关键词，显示如图 2.19 所示。

图 2.19

淘宝综合排序第一页会列出当前时间内排名靠前的 48 个宝贝，当然我们也可以多分析出几页，这里用第一页举例。

我们打开任何一个宝贝的链接，找到宝贝详情页的商品详情，如图 2.20 所示。

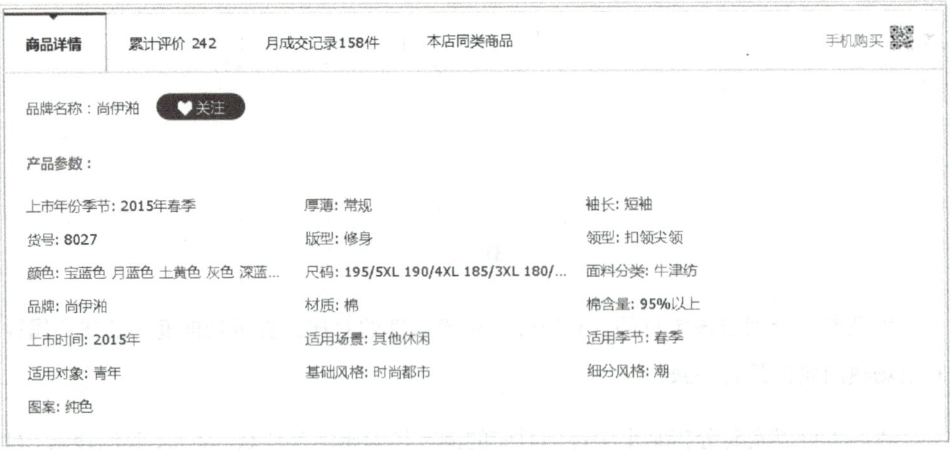

图 2.20

其主要属性定义如下。

- 上市年份季节：2015 年春季
- 厚薄：常规
- 袖长：短袖（现在是春末夏初，主推短袖，冬季和春秋季则主推长袖）
- 版型：修身
- 领型：扣领尖领
- 面料：牛津纺
- 适用对象：青年
- 基础风格：时尚都市

前面我们讲过，属性是搜索的重要参考值，属性设置错误或者标题与属性不符合，将直接导致搜索减分或搜索不出来，所以我们一定要仔细分析搜索排在前几页的宝贝属性，同行是如何设置的，以供参考。我们虽然可以用肉眼看到这些属性，也可以人工拷贝这些热卖属性到 Excel 表格里，利用 Excel 表格做数据分析，但毕竟这个工作量还是太大了，每天都要做的话，会累死人的，也很枯燥乏味。那么，对于有能力进行程序开发的卖家，如何能够通过网络爬虫，下载到这些属性数据并进行自动分析呢？下面教大家一个方法。

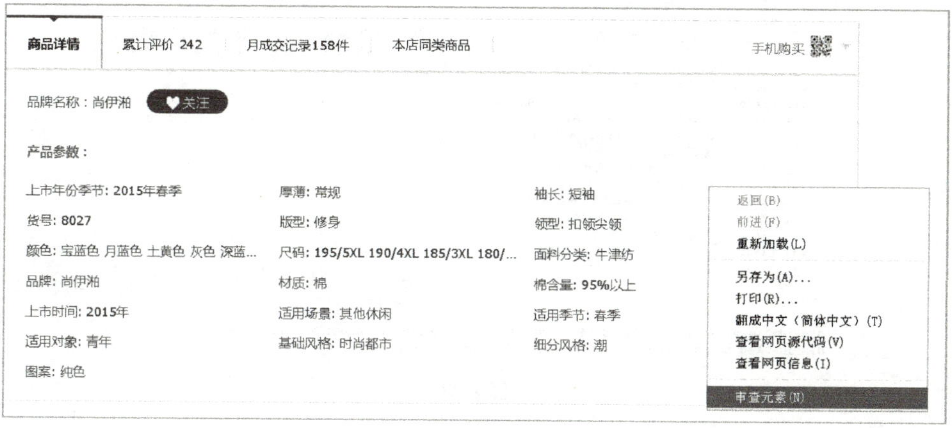

图 2.21

我们使用谷歌浏览器打开这个宝贝后，单击鼠标右键，选择“审查元素”功能，对于天猫，找到〈ul id=J_AttrUL〉这样的标签（见图 2.20）；对于淘宝，可以找到类似的〈ul class=attributes-list〉标签（见图 2.21），注意天猫和淘宝对于属性标签定义的关键词是不一样的。

```
<div style="height:0;margin-top:0;margin-bottom:0;overflow:hidden;"></div>
▼<div id="attributes" class="attributes">
  ▼<div class="attributes-list" id="J_AttrList">
    ▶<div class="tm-clear tb-hidden tm_brandAttr" id="J_BrandAttr" style="display: block;">…</div>
    ▶<p class="attr-list-hd tm-clear">…</p>
    ▼<ul id="J_AttrUL">
        <li title=" 2015年春季">上市年份季节: 2015年春季</li>
        <li title=" 常规">厚薄: 常规</li>
        <li title=" 短袖">袖长: 短袖</li>
        <li title=" 8027">货号: 8027</li>
        <li title=" 修身">版型: 修身</li>
        <li title=" 扣领尖领">领型: 扣领尖领</li>
        <li title=" 宝蓝色 月蓝色 土黄色 灰色 深蓝色 白色">颜色: 宝蓝色 月蓝色 土黄色 灰色 深蓝色 白色</li>
        <li title=" 195/5XL 190/4XL 185/3XL 180/2XL 175/XL 170/L 165/M">尺码: 195/5XL 190/4XL 185/3XL 180/2
        <li title=" 牛津纺">面料分类: 牛津纺</li>
        <li id="J_attrBrandName" title=" 尚伊湘">品牌: 尚伊湘</li>
        <li title=" 棉">材质: 棉</li>
        <li title=" 95%以上">棉含量: 95%以上</li>
        <li title=" 2015年">上市时间: 2015年</li>
        <li title=" 其他休闲">适用场景: 其他休闲</li>
        <li title=" 春季">适用季节: 春季</li>
        <li title=" 青年">适用对象: 青年</li>
        <li title=" 时尚都市">基础风格: 时尚都市</li>
        <li title=" 潮">细分风格: 潮</li>
        <li title=" 纯色">图案: 纯色</li>
        <!-- 健字号相关-->
        ::after
      </ul>
    </div>
  </div>
▶<div id="mall-banner">…</div>
```

图 2.22

```
▼<div id="attributes" class="attributes">
  ▼<ul class="attributes-list">
      <li title=" 常规">厚薄: 常规</li>
      <li title=" 短袖">袖长: 短袖</li>
      <li title=" XN1208">货号: XN1208</li>
      <li title=" 修身">版型: 修身</li>
      <li title=" 尖领（常规）">领型: 尖领（常规）</li>
      <li title=" 暗蓝色 军灰色 白色 浅灰色 卡其色 浅蓝色">颜色: 暗蓝色 军灰色 白色 浅灰色 卡其色 浅蓝色</li>
      <li title=" 165/M 170/L 175/XL 180/XXL 185/XXXL">尺码: 165/M 170/L 175/XL 180/XXL 185/XXXL</li>
      <li title=" MENSWILL/慢式优活">品牌: MENSWILL/慢式优活</li>
      <li title=" 棉">材质: 棉</li>
      <li title=" 90%(含)-95%(含)">棉含量: 90%(含)-95%(含)</li>
      <li title=" 2015年">上市时间: 2015年</li>
      <li title=" 其他休闲">适用场景: 其他休闲</li>
      <li title=" 夏季">适用季节: 夏季</li>
      <li title=" 青年">适用对象: 青年</li>
      <li title=" 青春流行">基础风格: 青春流行</li>
      <li title=" 青春活力">细分风格: 青春活力</li>
      <li title=" 免烫">面料功能: 免烫</li>
      <li title=" 纯色">图案: 纯色</li>
      <li title=" 水洗">服饰工艺: 水洗</li>
      <li title=" 其他">服装款式细节: 其他</li>
      ::after
    </ul>
  </div>
  <div id="service" data-item-id="44757241045" style="display: none;"></div>
  <div id="tad_second_area" class="tad-stage" data-spm="4"></div>
```

图 2.23

我们看到其中的 HTML 网页源代码：

```
<li title=" 常规">厚薄: 常规<li>
```

```
<li title=" 短袖">袖长: 短袖<li>
```

就是标识属性的。我们利用程序采集到宝贝详情页，然后再用程序分析每个宝贝的具体属性，最后按照这种方法，采集到 48 个宝贝的具体属性后，就可以做数据分析了。比如，在我做的工具软件中查询“衬衣”这个关键词，宝贝属性采集结果如图 2.22、图 2.23 所示，供大家参考。

我们分析前 48 个宝贝，列举几个关键属性的分析值。

（1）上市年份季节：在前 48 个宝贝中有 27 个宝贝设置了这个属性，占比 56.25%。其中在这 27 个宝贝中，设置 2015 年夏季的又有 15 个，设置 2015 年春季的有 10 个，因为现在是春末夏初，所以这个比例也比较符合实际情况（见图 2.24）。

（2）袖长：这 48 个宝贝均设置了“袖长”这个属性，其中设置长袖的有 16 个宝贝，占比 33.33%；设置短袖的有 30 个宝贝，占比 62.5%。这个属性也充分说明了春末夏初，淘宝目前的主推属性正在由长袖过渡到短袖，6、7、8 三个月将主推短袖，卖衬衣的卖家也要注意到节气交替时，淘宝主推宝贝的属性也会相应变化（见图 2.25）。

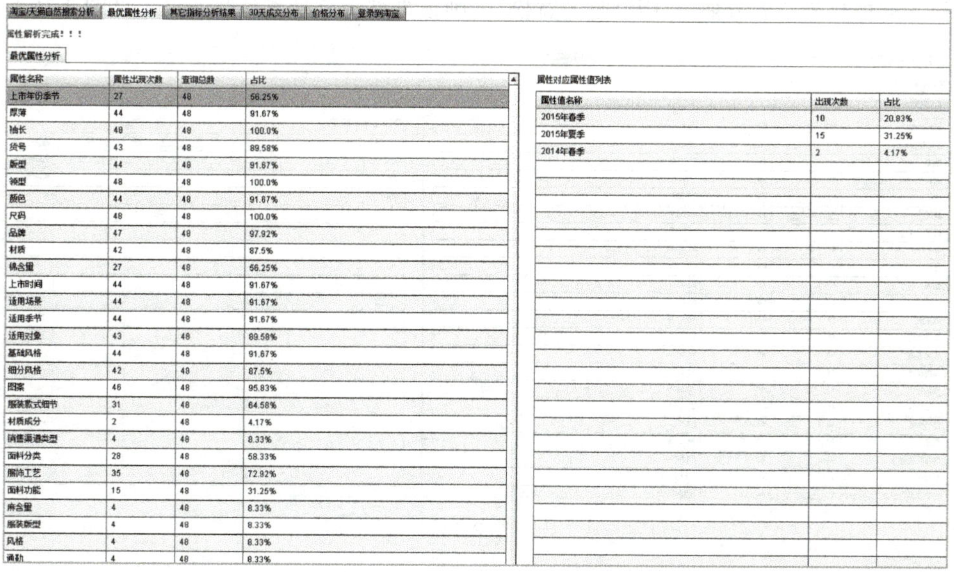

属性名称	属性出现次数	查询总数	占比
上市年份季节	27	48	56.25%
厚薄	44	48	91.67%
袖长	48	48	100.0%
货号	43	48	89.58%
版型	44	48	91.67%
领型	48	48	100.0%
颜色	44	48	91.67%
尺码	48	48	100.0%
品牌	47	48	97.92%
材质	42	48	87.5%
棉含量	27	48	56.25%
上市时间	44	48	91.67%
适用场景	44	48	91.67%
适用季节	44	48	91.67%
适用对象	43	48	89.58%
基础风格	44	48	91.67%
细分风格	42	48	87.5%
图案	46	48	95.83%
服装款式细节	31	48	64.58%
材质成分	2	48	4.17%
销售渠道类型	4	48	8.33%
面料分类	28	48	58.33%
服饰工艺	35	48	72.92%
面料功能	15	48	31.25%
麻含量	4	48	8.33%
服装版型	4	48	8.33%
风格	4	48	8.33%
通勤	4	48	8.33%

属性值名称	出现次数	占比
2015年春季	10	20.83%
2015年夏季	15	31.25%
2014年春季	2	4.17%

图 2.24

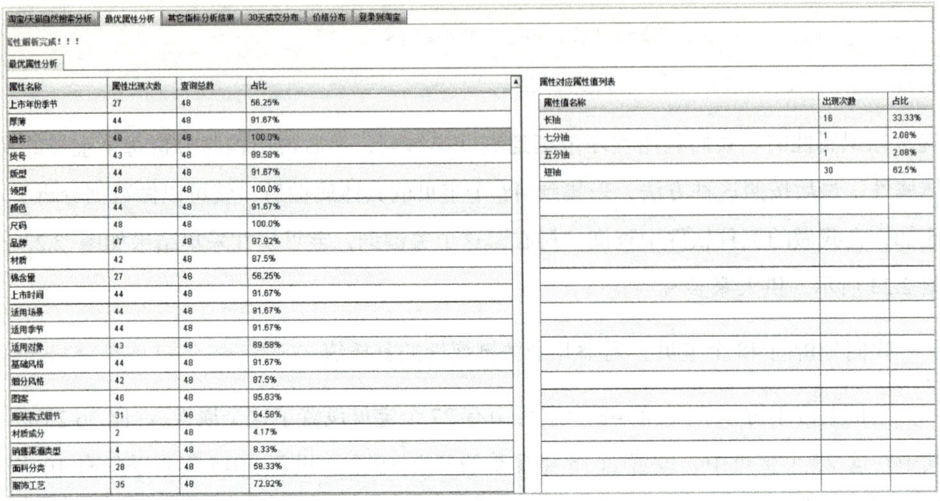

淘宝/天猫自然搜索分析 | 最优属性分析 | 其它指标分析结果 | 30天成交分布 | 价格分布 | 登录到淘宝

属性解析完成！！！

最优属性分析

属性名称	属性出现次数	查询总数	占比
上市年份季节	27	48	56.25%
厚薄	44	48	91.67%
袖长	48	48	100.0%
货号	43	48	89.58%
版型	44	48	91.67%
领型	48	48	100.0%
颜色	44	48	91.67%
尺码	48	48	100.0%
品牌	47	48	97.92%
材质	42	48	87.5%
棉含量	27	48	56.25%
上市时间	44	48	91.67%
适用场景	44	48	91.67%
适用季节	44	48	91.67%
适用对象	43	48	89.58%
基础风格	44	48	91.67%
细分风格	42	48	87.5%
图案	46	48	95.83%
服装款式细节	31	48	64.58%
材质成分	2	48	4.17%
销售渠道类型	4	48	8.33%
面料分类	28	48	58.33%
服饰工艺	35	48	72.92%

属性对应属性值列表

属性值名称	出现次数	占比
长袖	16	33.33%
七分袖	1	2.08%
五分袖	1	2.08%
短袖	30	62.5%

图 2.25

（3）版型：在 48 个宝贝中，其中 **44** 个宝贝设置了“版型”这个属性，占比 91.67%。在设置了“版型”属性的 **44** 个宝贝中，其中 30 个设置了“修身”属性，10 个设置了“标准”属性，这说明淘宝主推的还是“修身”款的衬衣。淘宝的主推属性也是根据买家的搜索习惯来定的，这说明购买“修身”衬衣的买家比较多，如果某个卖家卖的衬衣的袖长是“五分袖”，版型是“宽松”，则很难被淘宝推荐到第一页（见图 2.26）。

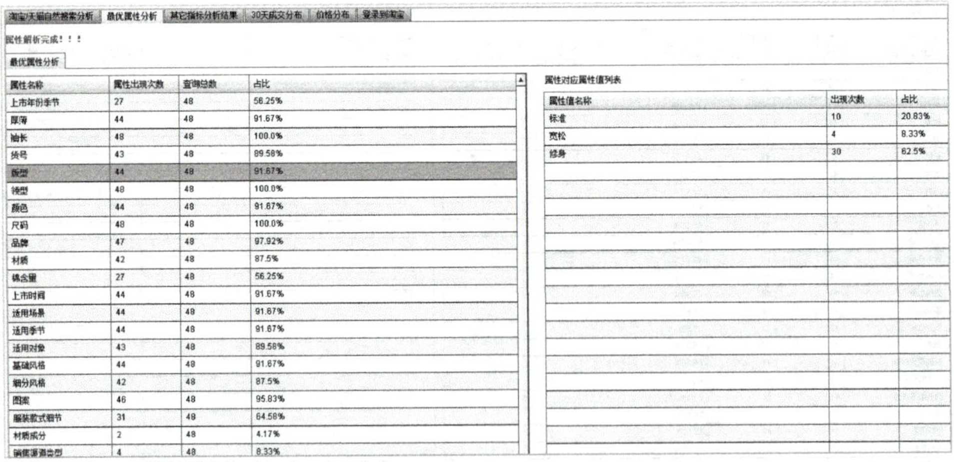

淘宝/天猫自然搜索分析 | 最优属性分析 | 其它指标分析结果 | 30天成交分布 | 价格分布 | 登录到淘宝

属性解析完成！！！

最优属性分析

属性名称	属性出现次数	查询总数	占比
上市年份季节	27	48	56.25%
厚薄	44	48	91.67%
袖长	48	48	100.0%
货号	43	48	89.58%
版型	44	48	91.67%
领型	48	48	100.0%
颜色	44	48	91.67%
尺码	48	48	100.0%
品牌	47	48	97.92%
材质	42	48	87.5%
棉含量	27	48	56.25%
上市时间	44	48	91.67%
适用场景	44	48	91.67%
适用季节	44	48	91.67%
适用对象	43	48	89.58%
基础风格	44	48	91.67%
细分风格	42	48	87.5%
图案	46	48	95.83%
服装款式细节	31	48	64.58%
材质成分	2	48	4.17%
销售渠道类型	4	48	8.33%

属性对应属性值列表

属性值名称	出现次数	占比
标准	10	20.83%
宽松	4	8.33%
修身	30	62.5%

图 2.26

当然，这些属性的设置是当前时间、当前关键词“衬衣”查询出来的结果，不同时间段的同一个关键词，以及相同时间、不同的关键词查询出来的结果也可能差距很大，所以对于卖家来讲，如果像“衬衣”这样的关键词在热门时间竞争不到的话，还可以竞争其他时间，或者根据淘宝下拉框的热门词竞争其他关键词。例如，通过搜索“衬衣男商务绅士”这样的关键词，我们再观察几个属性（见图 2.27）。

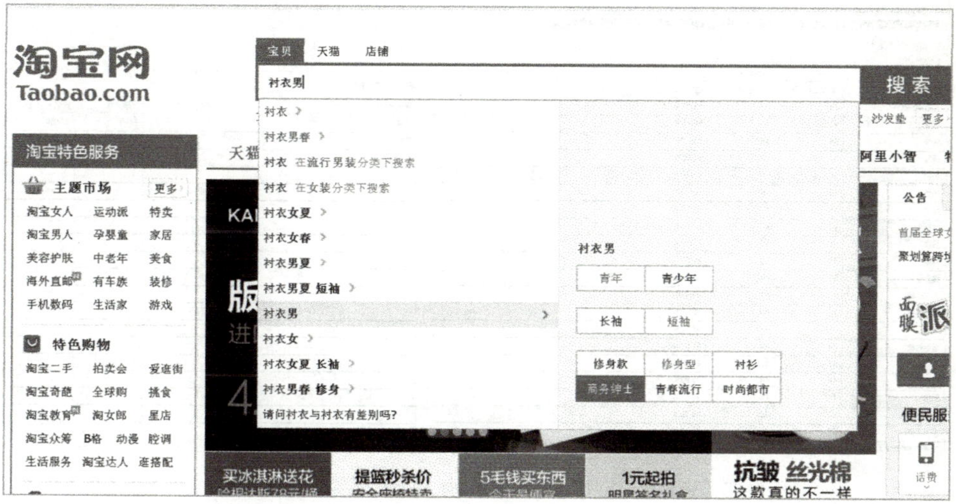

图 2.27

（1）袖长：在“衬衣男商务绅士”关键词中，“长袖”占了 50%，和“短袖”旗鼓相当（见图 2.28），而“衬衣”这个关键词，设置短袖的占比是 62.5%。

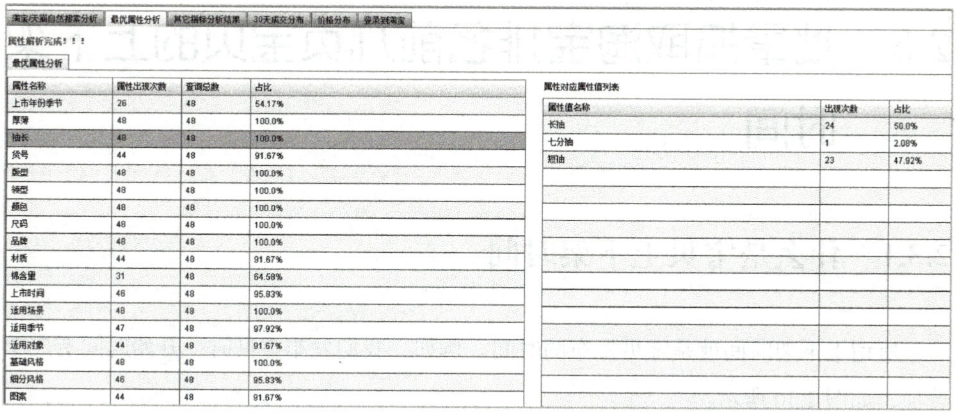

淘宝/天猫自然搜索分析　最优属性分析　其它指标分析结果　30天成交分布　价格分布　登录到淘宝

属性解析完成！！！

最优属性分析

属性名称	属性出现次数	查询总数	占比
上市年份季节	26	48	54.17%
厚薄	48	48	100.0%
袖长	48	48	100.0%
货号	44	48	91.67%
版型	48	48	100.0%
领型	48	48	100.0%
颜色	48	48	100.0%
尺码	48	48	100.0%
品牌	48	48	100.0%
材质	44	48	91.67%
棉含量	31	48	64.58%
上市时间	46	48	95.83%
适用场景	48	48	100.0%
适用季节	47	48	97.92%
适用对象	44	48	91.67%
基础风格	48	48	100.0%
细分风格	46	48	95.83%
图案	44	48	91.67%

属性对应属性值列表

属性值名称	出现次数	占比
长袖	24	50.0%
七分袖	1	2.08%
短袖	23	47.92%

图 2.28

（2）版型：与“衬衣”这个关键词不同的是，“衬衣男商务绅士”关键词中 48 个宝贝均设置了“版型”属性（“衬衣”这个关键词中有 40 个宝贝设置了）。其中“修身”属性有 32 个宝贝设置了，占比 66.67%，与“衬衣”这个关键词中的“版型”属性设置“62.5%”是差不多的（见图 2.29）。

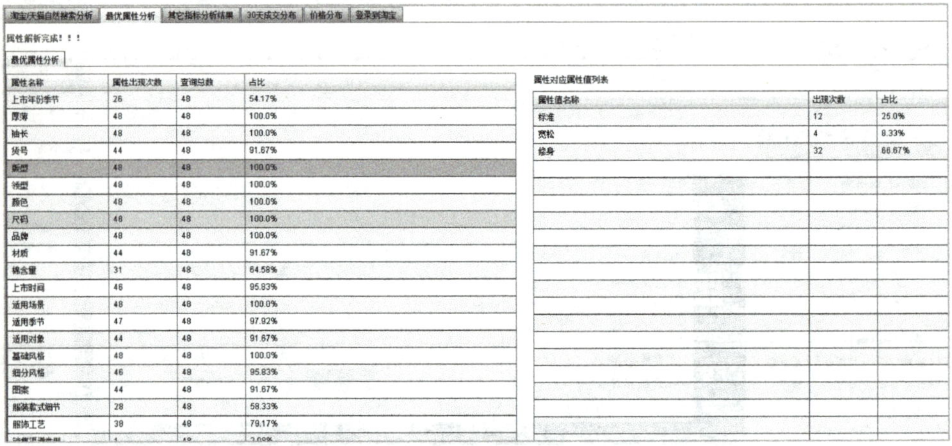

图 2.29

如何批量抓取宝贝的属性就介绍到这里，下面讲讲其他与搜索查询相关的数据是如何抓取出来的。

2.3 批量抓取淘宝排名前几页宝贝的上下架时间

2.3.1 什么是宝贝上下架时间

所谓上下架时间就是宝贝发布的时间。例如，我们发布宝贝时，开始时间有三个选项，如图 2.30 所示。

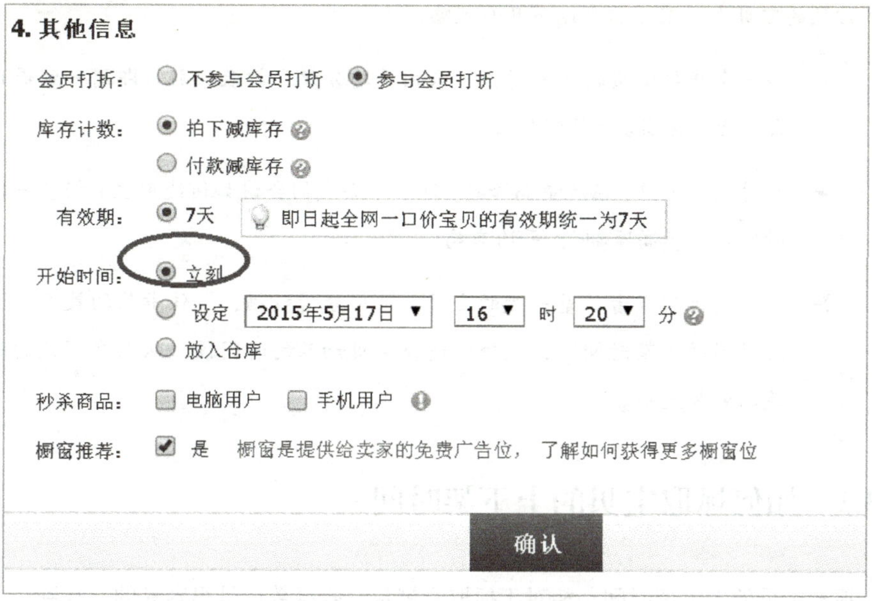

图 2.30

（1）立刻：如果选择“立刻”，那么你点击确认的时间就是宝贝的发布时间，也就是上架时间。

（2）设定：你也可以设定好某个宝贝的具体发布时间，主要是为错开宝贝上架时间用的。

（3）放入仓库：就不是现在或者订单上架了，不上架的商品是搜索不出来的。

上架时间一定，那么 7 天或者 14 天（目前全网一口价宝贝的有效期统一为 7 天）以后的同一个时间，就是宝贝的下架时间。

2.3.2　为什么抓取宝贝的上下架时间

对于淘宝店铺来讲（天猫店铺不受上下架时间影响），淘宝宝贝上下架时间的合理安排是淘宝搜索排名的重要影响因素。相信大家都知道淘宝商品离下架时间越近的，排名会越靠前。从这里我们可以看到宝贝发布时间的优化是尤为重要的。

常见的宝贝上下架无非有以下几种策略。

- 当一个店铺宝贝较多的时候，采用平均分配，打散原则。即周一到周日，每天上架宝贝数=总宝贝数/7。
- 针对主推宝贝，在流量高峰期（这个下面我们会讲如何使用生 e 经查看什么时候是流量高峰期），平均布局。
- 对于刚上架或者销量一般的宝贝，采用分析数据，最佳卡位的策略。避免最激烈的下架时间段，选择最适合宝贝切入的时间段，从而在下架的时候获取免费流量。

2.3.3　如何抓取宝贝的上下架时间

抓取宝贝的上下架时间，相对于抓取月销量、收藏数还是很容易的，找到一个宝贝的链接后，直接用网页查看源代码信息就可以找到。例如，我们还是搜索“衬衣”这个关键词，随意找到一个宝贝，单击鼠标右键，选择“查看网页源代码”，如图 2.31 所示。

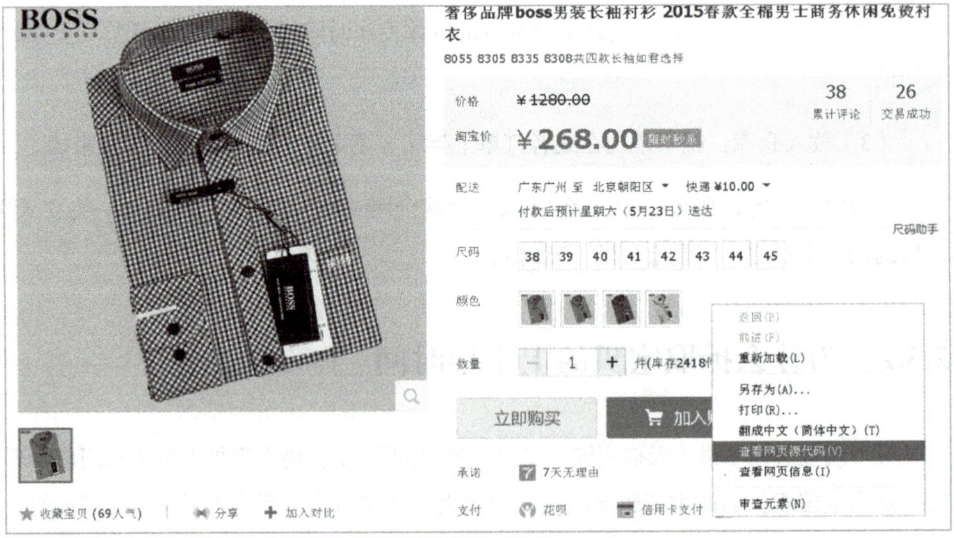

图 2.31

查找关键字“ends=”，得到如下 HTML 源代码：

```
<button id="J_listBuyerOnView" type="button" class="J_TAjaxTrigger hidden
J_TAjaxTriggerButton" data-api="//detailskip.taobao.com/json/show_buyer_
list.htm?step=false&bid_page=1&page_size=15&item_type=b&ends=143208870200
0&starts=1431483902000&item_id=27439052027&user_tag=270077952&old_quantit
y=2492&zhichong=true&sold_total_num=16&seller_num_id=922497330&dk=0&title
=%C9%DD%B3%DE%C6%B7%C5%C6boss%C4%D0%D7%B0%B3%A4%D0%E4%B3%C4%C9%C0+2015%B4
%BA%BF%EE%C8%AB%C3%DE%C4%D0%CA%BF%C9%CC%CE%F1%D0%DD%CF%D0%C3%E2%CC%CC%B3%
C4%D2%C2&sbn=a26309cbe82acf3efff9d9ed8aa2c5c5&isTKA=false&msc=1" >
c</button>
```

其中 **ends=1432088702000** 中的 1432088702000 就是宝贝的下架时间，只不过这个时间是计算机上的 Unix 时间，我们用百度搜索“Unix 时间戳转换”就可以找到很多网址，找到这样的网址后，输入 **1432088702**，就可以得到转换后的北京时间 2015-05-20 10:25:02。

注意输入的系统日期是 1432088702，而不是 1432088702000，淘宝的下架时间为啥在 Unix 系统时间之外多加了 000，就不知道了（见图 2.32）。

图 2.32

相应的，我们往前倒推 7 天，就知道这个宝贝的上架时间是 2015-05-13 10:25:02。其实这个数字也紧跟在关键词 ends=1432088702000 后面，即 starts=1431483902000。同样地，把 1431483902000 去掉三个 0 后，1431483902 就是该宝贝的 Unix 时间戳上架时间，找到“Unix 时间戳转换”网址，输入 1431483902，就可以得到 2015-05-13 10:25:02 这个上架时间。所以，我们知道了宝贝的上架时间，就相当于知道了宝贝的下架时间

（上架时间+7 天）；知道了宝贝的下架时间，也就知道了这个宝贝的上架时间（下架时间-7 天）；当然也有例外的，就是以前发布宝贝的时候，新品上下架周期是 14 天。

2.3.4 如何批量获取排名前几页的宝贝上下架时间

知道了如何抓取一个宝贝的上下架时间的原理，我们就可以批量抓取某个关键词排名前 *N* 页的宝贝上下架时间。为什么要抓取那么多呢？主要是新品上架时，要采用分析数据，最佳卡位的策略，避免在较强竞争对手的产品下架的时间段下架，利用“田忌赛马”原理，找到最有利于自己的时间段上架。所谓田忌赛马法，就是通过自己竞争优势比较大的商品，去 PK 竞争对手竞争优势比较小的商品。其原理如下。

- 找到一个想上架的时间段。
- 在这个时间段搜索自己想竞争的关键词。
- 查询前 *N* 页宝贝的下架时间。
- 拿自己的宝贝和这些宝贝对比，在其他条件比如 DSR 动态得分、基础销量、点击率、转化率等具备优势的情况下，用这个时间段做一次上下架操作。
- 如果这个时间段内的宝贝综合条件比自己的宝贝强，那么就换个时间段或者换个竞争关键词。
- 注意自己的宝贝并不是跟前 *N* 页所有的宝贝进行对比，而是跟同阶层的宝贝进行对比，比如天猫商城的宝贝跟天猫商城的对比，一钻的跟一钻的对比，一心的跟一心的对比。

批量获取排名前几页的宝贝上下架时间的步骤如下。

（1）查询某个关键词，获取前 *N* 页的宝贝，这里以第一页前 48 个宝贝为例。做一个网页客户端，模拟搜索“衬衣”这个关键词，其第一页网页 URL 如下：

http://s.taobao.com/search?q=%E8%A1%AC%E8%A1%A3&commend=all&ssid=s5-e&search_type=item&sourceId=tb.index&spm=1.7274553.1997520841.1&initiative_id=tbindexz_20150521

其中，URL 中的 q=%E8%A1%AC%E8%A1%A3，参数 q 就是 query 即查询的意思，参数 q 的值%E8%A1%AC%E8%A1%A3 就是关键词“衬衣”转码后的编码。这个步骤和 2.1 节“淘宝关键词搜索排名抓取技术概述”中的步骤是一样的。

图 2.33

（2）解析淘宝返回值的第一页（见图 2.33），其 HTML 源代码如下：

```
<div class="item g-clearfix">
  <div class="col col-1">
    <div class="pic-box J_MouseEneterLeave J_PicBox">
      <div class="pic-box-inner">
        <div class="pic J_MouseEneterLeave J_ThumbPopup"
data-pic="//g-search3.alicdn.com/img/bao/uploaded/i4/i4/TB1zJgbHpXXXXamXV
XXXXXXXXXX_!!0-item_pic.jpg">
          <a class="pic-link J_U2IStat" data-nid="38765879756"
href="//detail.tmall.com/item.htm?spm=a230r.1.14.25.OGGAY7&amp;id=3876587
9756&amp;ad_id=&amp;am_id=&amp;cm_id=140105335569ed55e27b&amp;pm_id=&amp;
abbucket=20" target="_blank" trace="auction" traceidx="2" trace-pid="-585462977"
```

```
data-spm-anchor-id="a230r.1.14.25">
   <img class="img"
src="//g-search3.alicdn.com/img/bao/uploaded/i4/i4/TB1zJgbHpXXXXamXVXXXXX
XXXXX_!!0-item_pic.jpg_160x160Q90.jpg" alt="泰芝郎夏新款短袖衬衫男韩版修身商务短
衬纯棉印花青年衬衣男装潮">
   </a>
  </div>
  <div class="col col-2">
   <p class="title">
     <a class="J_U2IStat" data-nid="38765879756"
href="//detail.tmall.com/item.htm?spm=a230r.1.14.29.OGGAY7&amp;id=3876587
9756&amp;ad_id=&amp;am_id=&amp;cm_id=140105335569ed55e27b&amp;pm_id=&amp;
abbucket=20" target="_blank" trace="auction" traceidx="2" trace-pid="-585462977"
data-spm-anchor-id="a230r.1.14.29">泰芝郎夏新款短袖衬衫男韩版修身商务短衬纯棉印花
青年<span class="H">衬衣</span>男装潮</a>
   </p>

  <div class="wangwang">
   <span class="ww-light ww-small" data-nick="泰芝郎绿虎专卖店" data-display=
"inline"  data-item="38765879756" data-icon="small" data-encode="true"><a
href="http://amos.alicdn.com/getcid.aw?spm=a230r.1.14.32.OGGAY7&amp;v=3&a
mp;site=cntaobao&amp;groupid=0&amp;s=1&amp;fromid=cntaobaoagui747&amp;uid
=泰芝郎绿虎专卖店" target="_blank" class="ww-inline ww-online" title="点此可以
直接和卖家交流选好的宝贝，或相互交流网购体验，还支持语音视频噢。" data-spm-anchor-id=
"a230r.1.14.32"><span>旺旺在线</span></a></span>
  </div>
  <div class="location">福建 泉州</div>
  </div>
</div>
```

```
  <div class="col col-3">
   <div>
    <span class="price g_price g_price-highlight">
     <span>¥</span><strong>98.00</strong>
    </span>
     <span class="ship icon-service-free"></span>
   </div>
  </div>

  <div class="col col-4">
   <p class="deal-cnt">6646人付款</p>
    <p>
     <a class="comment" href="//detail.tmall.com/item.htm?spm=a230r.1.14.33.
OGGAY7&amp; id=38765879756&amp;ad_id=&amp;am_id=&amp;cm_id=140105335569ed55e27b&amp;
pm_id=&amp;abbucket=20&amp;on_comment=1" target="_blank" data-spm-anchor-id=
"a230r.1.14.33"> 3280条评论</a>
    </p>

  </div>
 </div>
</div>

<div class="item g-clearfix">
  <div class="col col-1">
   <div class="pic-box J_MouseEneterLeave J_PicBox">
    <div class="pic-box-inner">
     <div class="pic J_MouseEneterLeave J_ThumbPopup"
data-pic="//g-search3.alicdn.com/img/bao/uploaded/i4/i2/TB1ccAIHpXXXXcHXp
XXXXXXXXXX_!!0-item_pic.jpg">
```

```
        <a class="pic-link J_U2IStat" data-nid="44607663628"
href="//detail.tmall.com/item.htm?spm=a230r.1.14.37.OGGAY7&amp;id=4460766
3628&amp;ns=1&amp;abbucket=20" target="_blank" trace="auction" traceidx="3"
trace-pid="-1995244700" data-spm-anchor-id="a230r.1.14.37">
         <img class="img"
src="//g-search3.alicdn.com/img/bao/uploaded/i4/i2/TB1ccAIHpXXXXcHXpXXXXX
XXXXX_!!0-item_pic.jpg_160x160Q90.jpg" alt="2015 夏季新品深海丝光棉拼接男士短袖
衬衫纯棉时尚休闲男装衬衣潮">
        </a>
 </div>
  <div class="col col-2">
    <p class="title">
      <a class="J_U2IStat" data-nid="44607663628"
href="//detail.tmall.com/item.htm?spm=a230r.1.14.41.OGGAY7&amp;id=4460766
3628&amp;ns=1&amp;abbucket=20" target="_blank" trace="auction" traceidx="3"
trace-pid="-1995244700" data-spm-anchor-id="a230r.1.14.41">2015 夏季新品深海
丝光棉拼接男士短袖衬衫纯棉时尚休闲男装<span class="H">衬衣</span>潮</a>
    </p>
<div class="misc">
   <div class="shop">
   <a class="shopname J_MouseEneterLeave J_ShopInfo" data-userid="324478653"
data-nid="44607663628" href="//store.taobao.com/shop/view_shop.htm?spm=
a230r.1.14.43.OGGAY7&amp;user_number_id=324478653" target="_blank" data-spm-
anchor-id="a230r.1.14.43">
       <span class="dsrs">
           <span class="dsr morethan"></span>
           <span class="dsr morethan"></span>
           <span class="dsr morethan"></span>
       </span>
```

```
      <span>deepocean 旗舰店</span>
    </a>
    </div>
        <div class="wangwang">
          <span class="ww-light ww-small" data-nick="deepocean 旗舰店"
data-display="inline" data-item="44607663628" data-icon="small" data-encode=
"true"><a href="http://amos.alicdn.com/getcid.aw?spm=a230r.1.14.44.OGGAY7&amp;
v=3&amp;site=cntaobao&amp;groupid=0&amp;s=1&amp;fromid=cntaobaoagui747&am
p;uid=deepocean 旗舰店" target="_blank" class="ww-inline ww-offline" data-
spm-anchor-id="a230r.1.14.44"><span>旺旺离线</span></a></span>
        </div>
    <div class="location">福建 厦门</div>
   </div>
  </div>
  <div class="col col-3">
   <div>
     <span class="price g_price g_price-highlight">
      <span>¥</span><strong>148.00</strong>
     </span>
      <span class="ship icon-service-free"></span>
   </div>
   <ul class="etc-icons">
   </ul>
  </div>
  <div class="col col-4">
   <p class="deal-cnt">69 人付款</p>
     <p>
      <a class="comment"
href="//detail.tmall.com/item.htm?spm=a230r.1.14.45.OGGAY7&amp;id=4460766
```

```
3628&amp;ns=1&amp;abbucket=20&amp;on_comment=1" target="_blank" data-spm-anchor-id="a230r.1.14.45">25 条评论</a>
      </p>
  </div>
 </div>
</div>
```

由于 HTML 源代码较长，这里作为例子，仅列出前两个宝贝的部分源代码。我们注意到标签<div class="item g-clearfix">...</div>中的内容就是每个宝贝的完整详细信息，包括每个宝贝的标题、价格、评论、店铺名称、付款人数、评论人数、7 天保证等信息。我们利用 trace=auction 标签来定位每个宝贝详情页的链接地址，例如，第一个宝贝的链接地址是：

//detail.tmall.com/item.htm?spm=a230r.1.14.25.OGGAY7&id=38765879756&ad_id=&am_id=&cm_id=140105335569ed55e27b&pm_id=&abbucket=20

第二个宝贝的链接地址是：

//detail.tmall.com/item.htm?spm=a230r.1.14.41.OGGAY7&id=44607663628&ns=1&abbucket=20

需要注意的是，这里的宝贝链接地址不是以 http:开头的，我们必须把网址补全，才能正确解析每个宝贝的详细页面，从而获得所有宝贝的下架时间。即第一个宝贝详情页的正确的链接地址是：

http://detail.tmall.com/item.htm?spm=a230r.1.14.25.OGGAY7&id=38765879756&ad_id=&am_id=&cm_id=140105335569ed55e27b&pm_id=&abbucket=20

2015 年 4 月以前淘宝宝贝的返回地址是带 http:的，而从 2015 年 4 月开始就不带 http:了，淘宝每次的改版都会给网页解析带来不小的麻烦和变更，我们也只能随着淘宝的变化而变化。

获得第一页 48 个宝贝的所有详情页的链接后，我们就可以利用关键词 ends=来定位每个宝贝的下架时间了，从而做出自己的销量卡位工具，并根据自己宝贝的竞争优势，找到每个宝贝的理想的下架时间。

2.4 抓取宝贝的 30 天销量

2.4.1 宝贝的 30 天销量是什么

宝贝的 30 天销量就是指宝贝的 30 天成交量，如图 2.34 所示。

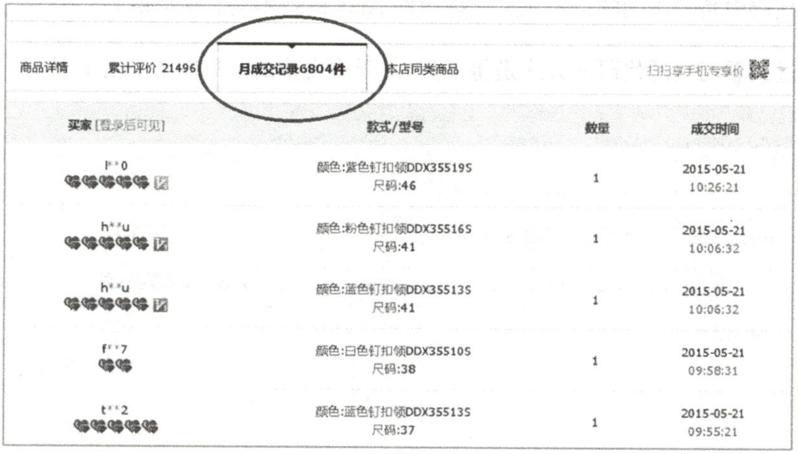

买家 [登录后可见]	款式/型号	数量	成交时间
l**0	颜色:紫色钉扣领DDX35519S 尺码:46	1	2015-05-21 10:26:21
h**u	颜色:粉色钉扣领DDX35516S 尺码:41	1	2015-05-21 10:06:32
h**u	颜色:蓝色钉扣领DDX35513S 尺码:41	1	2015-05-21 10:06:32
f**7	颜色:白色钉扣领DDX35510S 尺码:38	1	2015-05-21 09:58:31
t**2	颜色:蓝色钉扣领DDX35513S 尺码:37	1	2015-05-21 09:55:21

图 2.34

2.4.2 为什么抓取宝贝的 30 天销量

淘宝和天猫最终的目标都是保证卖家的东西要销售出去，尤其是天猫，天猫店的每一笔销售都是要给天猫提成的，所以销量越好的宝贝，理论上排名也会越靠前（就销量这个唯一尺度来说）。因为你卖得越好，天猫的收入也就越高，所以淘宝搜索就会把流量分配给销量好的宝贝。尤其是从 2013 年开始流行的宝贝七天螺旋上升模型，更是看最近 7 天销量是否是螺旋上升的，如果 7 天销量是螺旋上升的，则说明你的宝贝越受消费者喜欢，淘宝就越会把流量给你。所以，从 2013 年开始就盛行刷单，刷七天销量，从而给直通车以沉重打击，研究直通车的就越来越少了。总之，7 天销量和 30 天销量是搜索的一个指标，所以我们要抓取宝贝的 30 天销量，帮助我们研究淘宝搜索引擎算法。

2.4.3　如何抓取宝贝的 30 天销量

与抓取宝贝上下架时间相比，抓取宝贝 30 天成交量还是非常困难的，查询宝贝上下架时间只需要得到该宝贝详情页的源代码信息就可以了，而宝贝的 30 天成交量，在网页源代码中是看不到的，是通过一种叫作 Ajax 的技术动态生成的。

通过查看网页源代码的方式是得不到 30 天成交量的（见图 2.35）：

```
<div id="J_DealRecord" class="J_DetailSection">
   <h4 class="hd">月成交记录
      <span class="J_MonSales">
         <em class="J_TDealCount tm-MRswitchRecord">0</em>件
      </span>
   </h4>
</div>
```

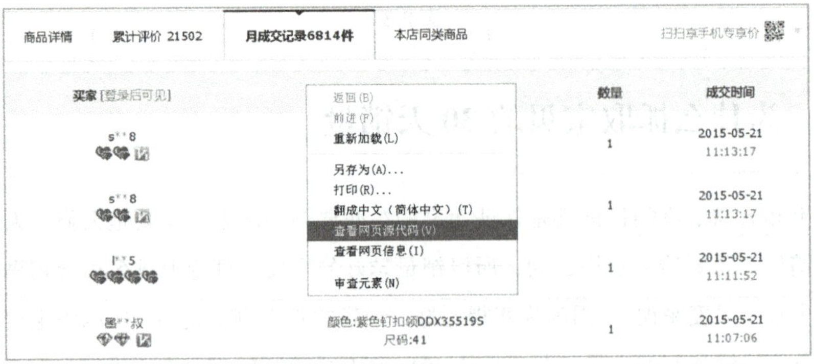

图 2.35

要想得到这种动态生成的结果，我知道两种方法：一种是做一个浏览器插件，浏览器插件通过调用浏览器接口可以获得。

通过审查元素的方式可以得到 30 天成交量（见图 2.36）：

```
<li class="tm-selected">
    <a href="#J_DealRecord" rel="nofollow" hidefocus="true" data-index="2" data-spm-anchor-id="a220o.1000855.0.0">月成交记录
        <span class="J_MonSales" style="display: inline;">
            <em class="J_TDealCount tm-MRswitchRecord">6814</em>件
        </span>
    </a>
</li>
```

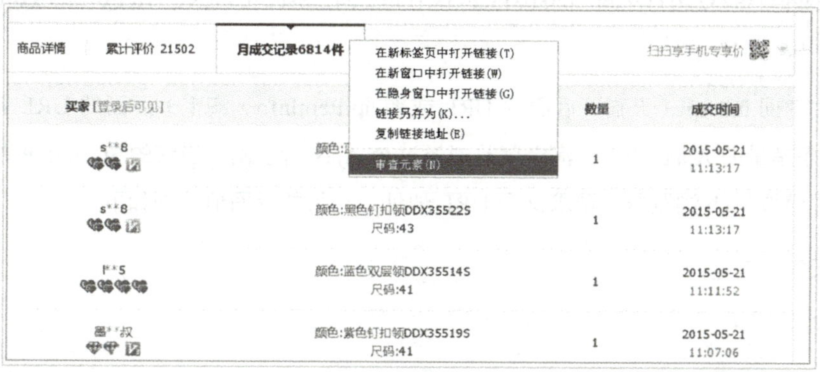

图 2.36

另一种就是观察淘宝通过 Ajax 动态生成 30 天销量的 JavaScript，然后自己模拟浏览器调用那个 JavaScript，也能动态获得。比如，上面我们举例的该宝贝的 Ajax 动态调用 30 天销量的网址如下（利用谷歌浏览器"审查元素"，获得整个网页的源代码后，通过关键词 initApi 获得 initApi 后面的 URL 地址）：

"initApi":"http://mdskip.taobao.com/core/initItemDetail.htm?addressLevel=2&offlineShop=false&isUseInventoryCenter=false&isRegionLevel=false&queryMemberRight=true&isApparel=true&tmallBuySupport=true&notAllowOriginPrice=false&tryBeforeBuy=false&tgTag=false&sellerPreview=false&isAreaSell=false&cartEnable=true&isForbidBuyItem=false

&isSecKill=false&sellerUserTag=303632416&household=false&progressiveSupport=false&showShopProm=false&service3C=false&sellerUserTag2=18020085113290764&isIFC=false&itemTags=907,1153,1163,1478,1483,1675,1803,2049,2059,2123,2187,2443,2507,2635,3019,3851,3974,4107,4166,4171,4363,4555,4614,4678,4801,4811,5835,5954,6411,7105,10113,12737,16321,17665,17793,17921,19266,19841,20161,20289,21697,21953,22081,22337,24066,25282,26433,28802,35458,38786,41410,44930,48898,57026,59842,60418&sellerUserTag3=144748644245995648&sellerUserTag4=1729391194873562499&itemId=22993576546"

上面这个是天猫的网址，找的关键词是 initApi；而淘宝的关键词则是 apiItemInfo，我们找到另外一个淘宝的宝贝，相应的 URL 地址如下：

apiItemInfo":"//detailskip.taobao.com/json/ifq.htm?stm=1432180606000&id=45012361059&sid=2337322071&sbn=b5808f3ccf58fff5dd3a4f288ec40a9a&q=1&ex=0&exs=0&shid=&at=b&ct=1"

关键词 initApi（天猫）后面的 URL 或者 apiItemInfo（淘宝）后面的 URL 就是获取 30 条销量的 Ajax URL，淘宝就是通过这个 Ajax 请求刷新当前的 30 天销量的。我们通过模拟 Web 浏览器，请求这个 URL 地址，获得的返回值分别如下。

天猫店铺返回值：

```
......................................
"progressiveInfoDO":{"progressiveEnable":false,"rateMap":
{},"showProgressivePlan":false,"success":true,"tipType":-1,"tryBeforeBuy":
false},"sellCountDO":
{"sellCount":6814,"success":true},"soldAreaDataDO":{"success":true},
"tradeResult":
{"cartEnable":true,"cartType":2,"miniTmallCartEnable":true,"param":
{},"success":true,"tradeEnable":true},"userInfoDO":{"activeStatus":
0,"loginUserType":"buyer","success":true,"userId":0} ,"isSuccess":true} "
$callback({dummy:false ,quantity:{ interval: 30 ,quanity:4 ,confirmGoods:
1 } ,tadContent: null });
```

通过这个 URL，淘宝返回了大量的数据，我们只关心与 30 天销量有关的数据，这时通过查看返回值的关键词 sellCount（对于天猫店铺），就可以知道这个宝贝的月销量是 6814 了。对于淘宝店铺，通过查看 quantity 关键词，知道该宝贝的月销量是 **4**。通过解析这两个 JSON 格式的数据，我们就可以批量获得第一页 48 个宝贝（无论是淘宝还是天猫）的月销量了。例如，我们利用这个原理做的工具软件，搜索“衬衣”这个关键词，抓取的第一页 48 个宝贝的 30 天销量列表如图 2.37 所示。

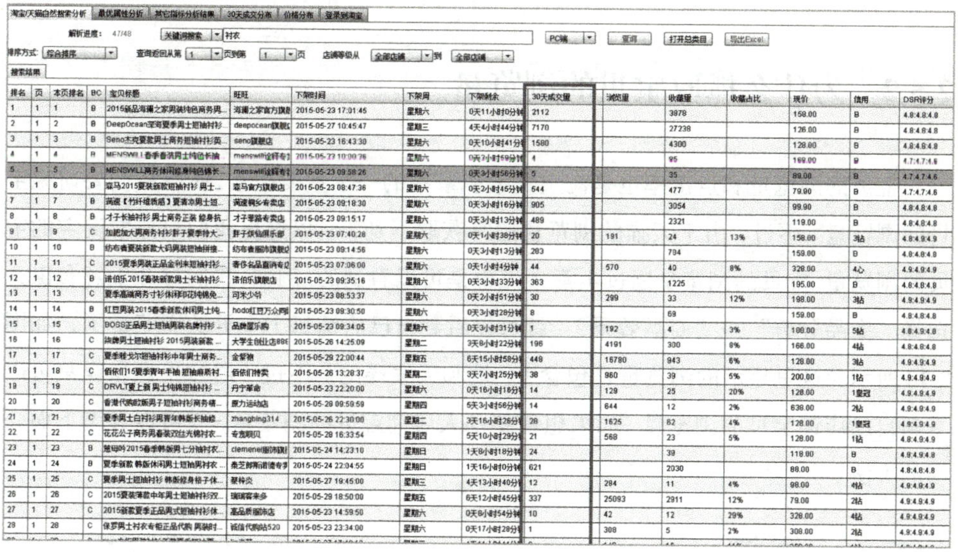

图 2.37

2.5 抓取宝贝的浏览量

2.5.1 宝贝的浏览量是什么

宝贝的浏览量其实就是宝贝的点击量。即消费者在淘宝主界面搜索某个关键词，例如“衬衣”这个关键词，第一页显示 48 个宝贝，如果你的宝贝在这 48 个宝贝里，那么你的宝贝就获得了一次展现。宝贝只有获得展现了，才有可能获得点击，即到达宝贝详情页，这时可获得宝贝的浏览量和点击率。当然，你对着宝贝的详情页刷新一次，淘宝的浏览量也会增加一次。

两年前，在淘宝的宝贝详情页上是可以看到浏览量的，天猫则一直看不到浏览量。不知道为什么从某个时间开始，淘宝的浏览量也不展示了。不过，淘宝查询宝贝浏览量的接口一直没有废掉，所以虽然在淘宝的宝贝详情页上看不到浏览量这个数字了，但还是可以通过查询宝贝浏览量的接口查看该宝贝的浏览量的。不过，该浏览量应该是不包括无线端的浏览量的，只包括 PC 端的浏览量。

2.5.2 为什么抓取宝贝的浏览量

宝贝的浏览量和点击率也是淘宝搜索引擎中的一个重要因素，所以我们要研究宝贝的浏览量。不过，由于天猫的浏览量始终获取不到，所以这里我们只抓取淘宝的宝贝的浏览量。宝贝的浏览量通过生意参谋也是可以看到的。例如，我们打开生意参谋，选择“商品分析”→“商品效果”，就可以看到自己店铺每个宝贝的浏览量了，如图 2.38 所示。这里显示的浏览量是包含 PC 端和无线端的。不过，通过生意参谋只可以看到自己店铺宝贝的浏览量，如果想看到别人店铺宝贝的浏览量，就可以参考下面介绍的方法。

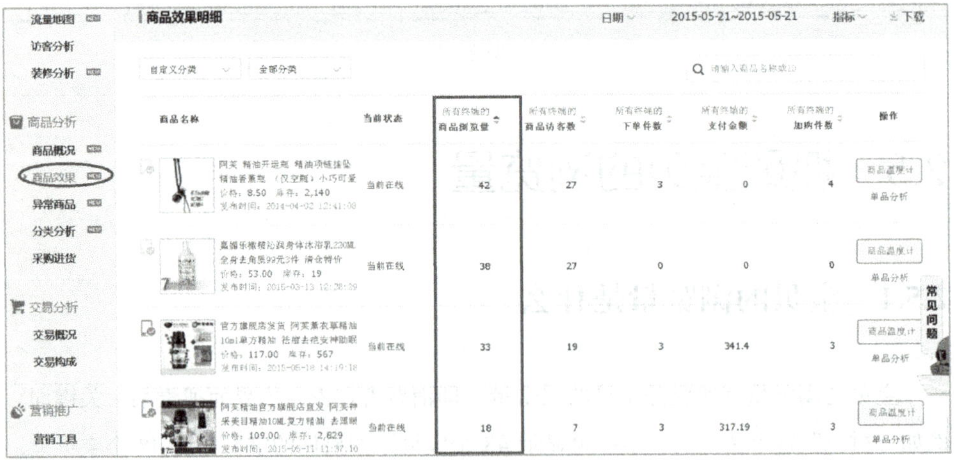

图 2.38

2.5.3　如何抓取宝贝的浏览量

与抓取宝贝上下架时间相比，抓取宝贝的浏览量是比较困难的，查询宝贝上下架时间只需要得到该宝贝详情页的源代码信息就可以了，而宝贝的浏览量在网页源代码中是看不到的，它也是通过 Ajax 技术动态生成的。

例如，通过前面的方法，获取宝贝的详情页后，查看网页源代码，如图 2.39 所示。

图 2.39

找到关键词 apiItemViews 后，得到 apiItemViews 后面的链接：

```
"apiItemViews": "//count.taobao.com/counter3?keys=ICVT_7_ 44163057558&inc=
ICVT_7_44163057558 &callback=page_viewcount&sign=57508b1d2d562b44c09607c9-
dc4668237272f"
```

注意这个链接是不带 http:的，我们用这个链接加上 http:，然后通过浏览器模拟这个请求，就可以获得某个宝贝的浏览量了。程序通过这种方法，就会得到如下格式的 JSON 数据：

```
page_viewcount({"ICVT_7_45182597500":196});
```

解析这个 JSON 格式的数据，就得到该宝贝的浏览量是 196。

通过解析 JSON 格式的数据，我们就可以批量获得第一页 48 个宝贝中淘宝店铺的宝贝的浏览量了，如图 2.40 所示。

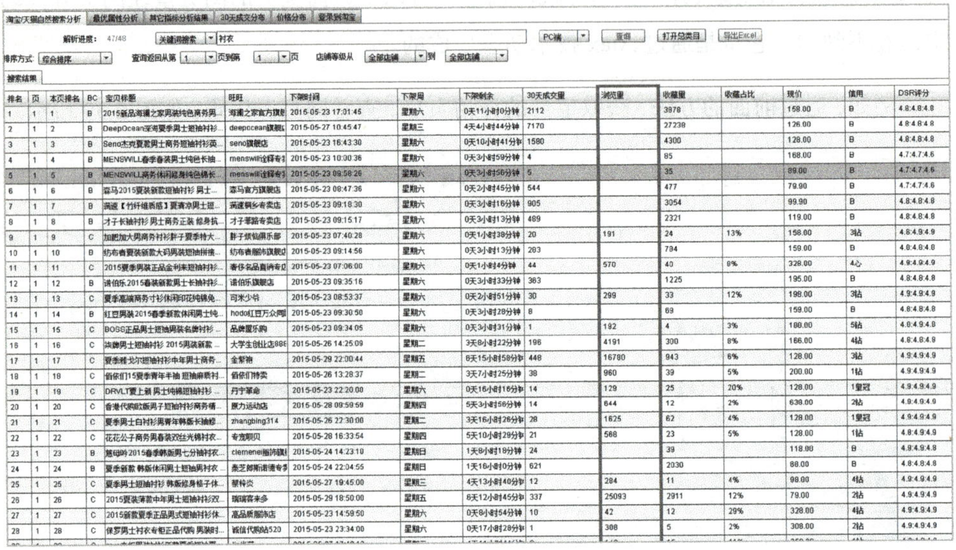

排名	页	本页排名	BC	宝贝标题	旺旺	下架时间	下架周	下架剩余	30天成交量	浏览量	收藏量	收藏占比	现价	信用	DSR评分
1	1	1	B	2015新品海澜之家男装纯色商务男...	海澜之家官方旗舰	2015-05-23 17:01:45	星期六	0天11小时0分钟	2112		3878		158.00	B	4.8:4.8:4.8
2	1	2	B	DeepOcean深海夏季男士短袖衬衫...	deepocean旗舰店	2015-05-27 10:45:47	星期三	4天4小时44分钟	7170		27238		126.00	B	4.8:4.8:4.8
3	1	3	B	Seno杰克夏款男士商务短袖衬衫英...	seno旗舰店	2015-05-23 16:43:30	星期六	0天10小时41分钟	1580		4300		128.00	B	4.8:4.8:4.8
4	1	4	B	MENSWILL春季春装男士纯色长袖...	menswill诠释专	2015-05-23 10:00:36	星期六	0天3小时59分钟	4		85		168.00	B	4.7:4.7:4.6
5	1	5	B	MENSWILL商务休闲修身纯色棉长...	menswill诠释专	2015-05-23 09:58:26	星期六	0天3小时56分钟	5		35		89.00	B	4.7:4.7:4.6
6	1	6	B	森马2015夏装新款短袖衬衫 男士...	森马官方旗舰店	2015-05-23 08:47:36	星期六	0天2小时45分钟	544		477		79.90	B	4.7:4.7:4.6
7	1	7	B	满速【竹纤维质感】夏清凉男士短...	满速桐乡专卖店	2015-05-23 09:18:30	星期六	0天3小时16分钟	905		3054		99.90	B	4.8:4.8:4.8
8	1	8	B	才子长袖衬衫 男士商务正装 修身抗...	才子菲路专卖店	2015-05-23 09:15:17	星期六	0天3小时13分钟	489		2321		119.00	B	4.8:4.8:4.8
9	1	9	C	加肥加大男商务衬衫胖子夏季特大...	胖子烦恼俱乐部	2015-05-23 07:40:28	星期六	0天1小时38分钟	20	191	24	13%	158.00	3钻	4.8:4.9:4.9
10	1	10	B	纺布者夏装新款大码男装短袖拼接...	纺布者服饰旗舰店	2015-05-23 09:14:56	星期六	0天3小时13分钟	283		784		159.00	B	4.8:4.8:4.8
11	1	11	C	2015夏季男装正品金利来短袖衬衫...	春仔名品直销专	2015-05-23 07:06:00	星期六	0天1小时4分钟	44	570	40	8%	328.00	4心	4.9:4.9:4.9
12	1	12	B	诺伯乐2015春装新款男士长袖衬衫...	诺伯乐旗舰店	2015-05-23 09:35:16	星期六	0天3小时33分钟	383		1225		195.00	B	4.8:4.8:4.8
13	1	13	C	夏季高端商务寸衫休闲印花纯棉免...	可米少爷	2015-05-23 08:53:37	星期六	0天2小时51分钟	30	299	33	12%	198.00	3钻	4.9:4.9:4.9
14	1	14	B	红豆男装2015春季新款休闲男士纯...	hodo红豆万众同	2015-05-23 09:30:50	星期六	0天3小时28分钟	8		69		159.00	B	4.8:4.8:4.8
15	1	15	C	BOSS正品男士短袖男装名牌衬衫 ...	品牌屋乐购	2015-05-23 09:34:05	星期六	0天3小时31分钟	1	192	4	3%	188.00	5钻	4.8:4.9:4.8
16	1	16	C	柒牌男士短袖衬衫 2015男装新款 ...	大学生创业店888	2015-05-26 14:25:09	星期二	3天8小时22分钟	196	4191	300	8%	166.00	4钻	4.8:4.8:4.8
17	1	17	C	夏季雅戈尔短袖衬衫中年男士商务...	金紫袍	2015-05-29 22:00:44	星期五	6天15小时58分钟	448	16780	943	6%	128.00	3钻	4.9:4.9:4.9
18	1	18	C	佰依们15夏季青年半袖 短袖麻质衬...	佰依们特卖	2015-05-26 13:28:37	星期二	3天7小时25分钟	38	960	39	5%	200.00	1钻	4.9:4.9:4.9
19	1	19	C	DRVLT夏上新 男士纯棉短袖衬衫 ...	丹宁革命	2015-05-23 22:20:00	星期六	0天16小时16分钟	14	129	25	20%	128.00	1皇冠	4.9:4.9:4.9
20	1	20	C	香港代购欧版男子短袖衬衫商务精...	原力运动店	2015-05-28 09:59:59	星期四	5天3小时56分钟	14	644	12	2%	638.00	2钻	4.9:4.9:4.9
21	1	21	C	夏季男士白衬衫男青年韩版长袖修...	zhangbing314	2015-05-26 22:30:00	星期二	3天16小时26分钟	28	1625	62	4%	128.00	1皇冠	4.9:4.9:4.9
22	1	22	C	花花公子商务男春装双丝光棉衬衣...	专宠呗贝	2015-05-28 16:33:54	星期四	5天10小时29分钟	21	568	23	5%	128.00	1钻	4.8:4.9:4.9
23	1	23	B	慈母吟2015春季韩版男七分袖衬衣...	clemenei服饰旗	2015-05-24 14:23:10	星期日	1天8小时18分钟	24		39		118.00	B	4.8:4.9:4.8
24	1	24	B	夏季新款 韩版休闲男士短袖男衬衣 ...	泰芝郎斯诺德专	2015-05-24 22:04:55	星期日	1天16小时0分钟	621		2030		88.00	B	4.8:4.8:4.8
25	1	25	C	夏季男士短袖衬衫 韩版修身格子休...	黎梓炎	2015-05-27 19:45:00	星期三	4天13小时40分钟	12	284	11	4%	98.00	4钻	4.9:4.9:4.9
26	1	26	C	2015夏装薄款中年男士短袖衬衫双...	瑞瑞客来多	2015-05-29 18:50:00	星期五	6天12小时45分钟	337	25093	2911	12%	79.00	2钻	4.9:4.9:4.9
27	1	27	C	2015新款夏季正品男式短袖衬衫休...	高品质服饰店	2015-05-23 14:59:50	星期六	0天8小时54分钟	10	42	12	29%	328.00	4钻	4.9:4.9:4.9
28	1	28	C	保罗男士衬衣专柜正品代购 男装时...	诚信代购站520	2015-05-23 23:34:00	星期六	0天17小时28分钟	1	308	5	2%	308.00	2钻	4.9:4.9:4.9

图 2.40

如果仅仅想查看某个店铺的所有宝贝或者某个宝贝的浏览量，也可以利用此方法查看。

2.6 抓取宝贝的收藏量

2.6.1 宝贝的收藏量是什么

宝贝的收藏量就是消费者收藏宝贝的数量。即消费者看到某个宝贝后，对这个宝贝比较感兴趣，但是由于价格、季节或者其他原因，当时并没有购买，而放入淘宝收藏夹的行为，如图 2.41 所示。

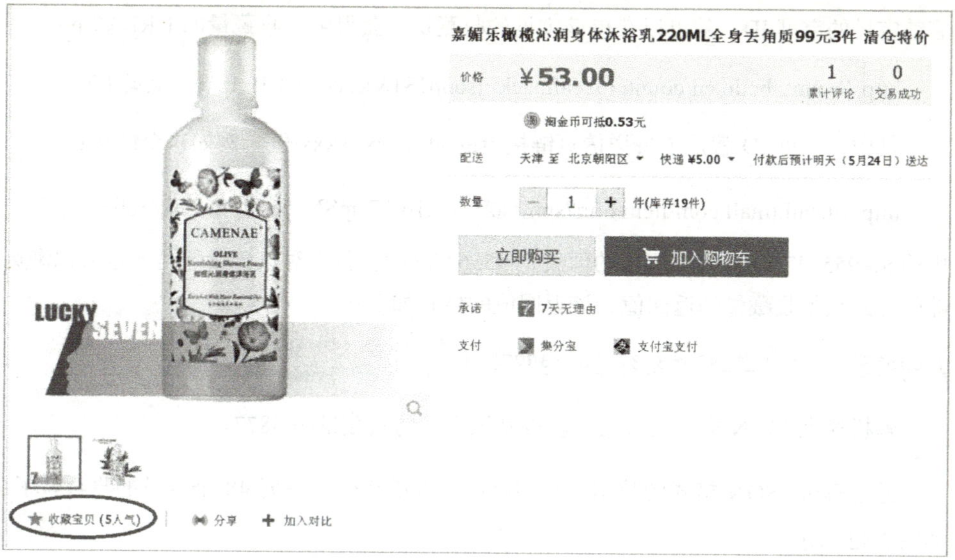

图 2.41

2.6.2　为什么抓取宝贝的收藏量

宝贝的收藏量代表了宝贝受消费者欢迎的程度，所以宝贝的收藏量也是搜索引擎的权重之一，只是这个权重越来越低。前几年还有专门针对宝贝收藏的一个收藏有礼的插件，诱导消费者即使不买自己的产品，也要加入收藏夹，现在收藏功能已经成为宝贝详情页的标配了。

2.6.3　如何抓取宝贝的收藏量

与抓取宝贝上下架时间相比，抓取宝贝的收藏量是比较困难的，查询宝贝上下架时间只需要得到该宝贝详情页的源代码信息就可以了，而宝贝的收藏量在网页源代码中是看不到的，也是通过 Ajax 技术动态生成的。

收藏量的抓取与浏览量是不同的，浏览量区分天猫店铺和淘宝店铺，天猫店铺是获取不到浏览量的。收藏量则不区分天猫店铺和淘宝店铺，均可以获得，且不需要通过查看淘宝详情页的 HTML 代码获得收藏量的链接，而是只要知道淘宝店铺或者天猫店铺宝贝的宝贝 ID，就可以获得该宝贝的收藏量。获得宝贝收藏量的 URL 如下：

http://count.tbcdn.cn/counter3?callback=jsonp131&keys=ICCP_1_" + 宝贝 ID;

其中，宝贝 ID 就是宝贝详情页链接上的 id=xxxxxxxxx 值。例如这个链接：

http://detail.tmall.com/item.htm?spm=a230r.1.14.17.apSNkz&id=9556473603

中的 id=9556473603，宝贝 ID 的值就是 9556473603。我们对该链接还是通过模拟浏览器的方式获得收藏量的返回值，该返回值的格式如下：

```
jsonp131({"ICCP_1_43663632128":3877});
```

解析这个 JSON 格式的数据，就得到该宝贝的收藏量是 3877。

通过解析 JSON 格式的数据，我们就可以批量获得第一页 48 个宝贝的收藏量了，如图 2.42 所示。

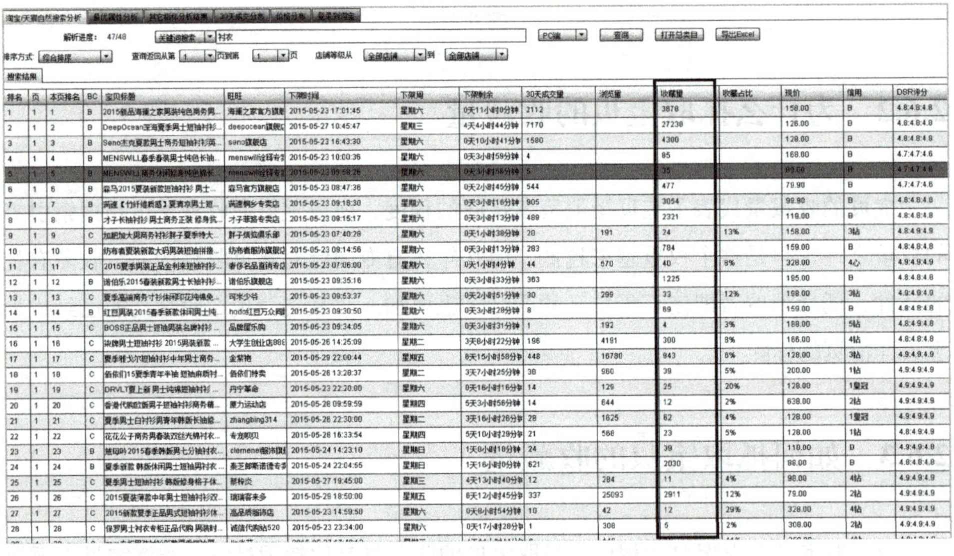

图 2.42

如果仅仅想查看某个店铺的所有宝贝或者某个宝贝的收藏量，也可以利用此方法查看。

2.7 抓取店铺的信用

2.7.1 店铺的信用是什么

店铺的信用就是卖家信用等级。淘宝会员在淘宝网每使用支付宝成功交易一次，就可以对交易对象作一次信用评价。对于淘宝店铺，评价分为“好评”、“中评”、“差评”三类，每种评价对应一个信用积分，具体为：“好评”加 1 分，“中评”不加分，“差评”扣 1 分。

在交易中作为卖家的角色，其信用度分为 4 个等级，分别为：心级、钻级、皇冠级和金冠级，每个级别又分为 5 个等级，所以淘宝店铺共分为 20 个级别，如图 2.43 所示。

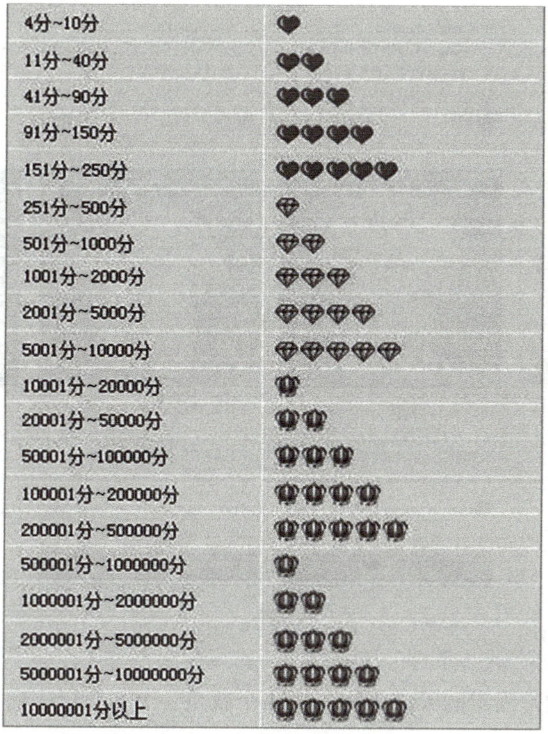

4分~10分
11分~40分
41分~90分
91分~150分
151分~250分
251分~500分
501分~1000分
1001分~2000分
2001分~5000分
5001分~10000分
10001分~20000分
20001分~50000分
50001分~100000分
100001分~200000分
200001分~500000分
500001分~1000000分
1000001分~2000000分
2000001分~5000000分
5000001分~10000000分
10000001分以上

图 2.43

对于天猫店铺，虽然没有好评、中评和差评，但是每交易成功一笔，也是有积分的，只是没有淘宝店铺那么明显的评级机制。

2.7.2 为什么抓取店铺的信用

我们在研究淘宝搜索的时候，每家店铺都希望自己的宝贝搜索综合排名靠前。但是一个新开张的一心店铺和一个天猫店铺或者五皇冠店铺相比，无论是在销量上还是在宝贝点击率、转化率上，都是比不上的，如果纯粹按照淘宝搜索模型评比，那么新开张店铺永远也不可能排名靠前。而淘宝是一个平台，它得有一套机制，保证小卖家有足够的成长空间成长为大卖家，所以对于每个搜索关键词，例如“衬衣”，淘宝会保证所有级别的卖家均有被搜索出来的机会，参与竞争。如图 2.44 所示，我们搜索“衬衣男短袖夏修身”。

图 2.44

排名前三列的是固定的天猫店铺，第 **4** 个就是一个四皇冠店铺，而第 5 个则是一个一皇冠店铺，第 7 个和第 8 个分别是金冠和四钻店铺。我们甚至看到了好几个三心店铺，如图 2.45 所示。

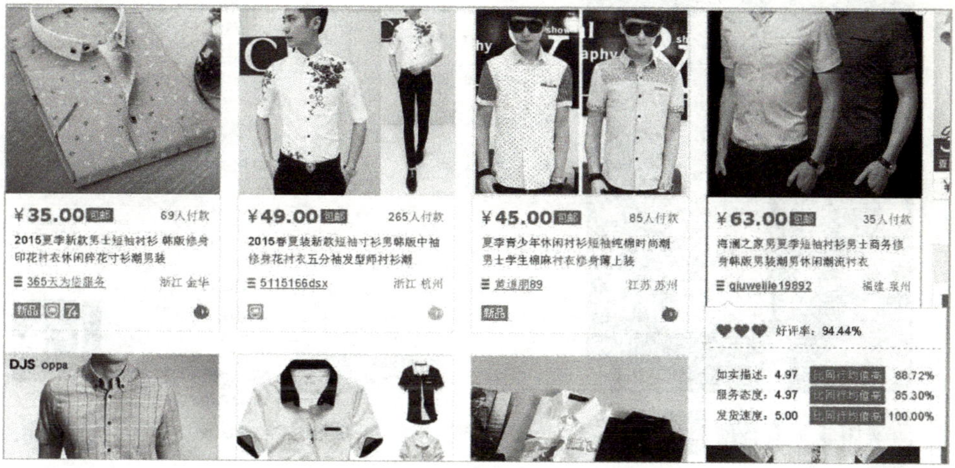

图 2.45

排名第 29、31 和 32 位的店铺都是三心店铺。所以店铺之间的竞争，并不是所有店铺之间的竞争，而是同级店铺之间的竞争，即一心店铺跟一心店铺竞争，五皇冠店铺跟五皇冠店铺竞争，天猫店铺跟天猫店铺竞争。

既然是同级竞争，我们就想抓取某个关键词，看看这个关键词对应的自己级别的店铺，到底有多少个坑位（例如，这个时间段对应三心的店铺有 **4** 个，就是 **4** 个坑位）供自己去竞争。不同的关键词、不同的时间段，对应的不同级别的店铺的坑位也是不一样的，我们就要找到自己竞争的那个关键词，在哪个时间段内对应自己级别的坑位最多，从而在那个时间段内上下架，从而使自己排名到第一页的可能性也就最大。

2.7.3　如何抓取店铺的信用

抓取某个宝贝对应的店铺的信用，则相对简单得多，我们只需要解析某宝贝的源代码就可以获得。例如这个宝贝（见图 2.46）：

http://item.taobao.com/item.htm?spm=a230r.1.14.216.epGZqh&id=44861590748&ns=1&abbucket=20#detail

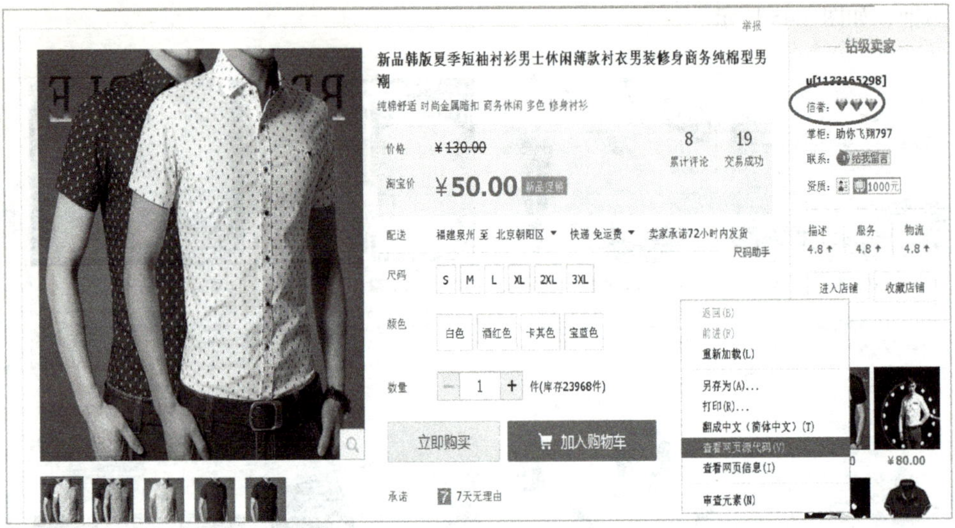

图 2.46

通过查看网页源代码，我们找关键词 tb-shop-rank，得到如下 HTML 源代码：

```
<div class="tb-shop-rank tb-rank-blue">
    <dl>
        <dt>信誉：</dt>
        <dd>
            <a href="//rate.taobao.com/user-rate-b6a5d41fc8273510e2693a7711-f09e7b.htm" target="_blank">
                <i></i>
                <i></i>
                <i></i>
            </a>
        </dd>
    </dl>
</div>
```

我们通过 tb-rank-blue 这个关键词知道它是一个“钻店”，然后又看到有三个<i></i>

知道它是一个三钻店铺。相应的，金冠店铺对应的关键词是 tb-rank-crown，皇冠店铺对应的关键词是 tb-rank-cap，钻石店铺对应的关键词是 tb-rank-blue，心级店铺对应的关键词则是 tb-rank-red，天猫店铺倒是最好识别了，凡是宝贝详情页带 tmall.com 的就是天猫店铺。有 5 个<i></i>的分别就是五金冠、五皇冠、五钻和五心店铺。我们查“衬衣”这个关键词，店铺信用排名如图 2.47 所示。

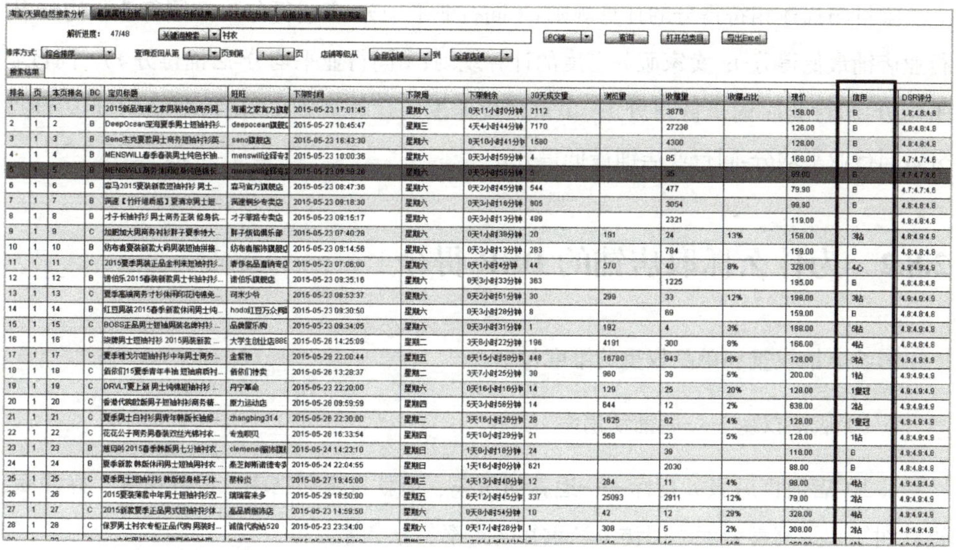

图 2.47

2.8　抓取店铺的 DSR 得分

2.8.1　店铺的 DSR 得分是什么

店铺的 DSR 得分中的 D 指的是宝贝与描述相符得分（Describe），S 指的是卖家的服务态度得分（Service），R 指的是卖家的发货速度得分（Rate）。这三项得分合起来就是店铺动态得分。对买家来说，可以通过三个方面（宝贝质量、服务态度、发货速度）更加全面地了解卖家在已购买过商品的买家心中的满意度。需要注意的是，买家看到的店铺动态得分永远都是近半年的。对卖家来说，区分了对卖家和对物流公司的评分，卖家不用因为物流公司的服务差而得到低分。当卖家发现“物流公司服务”项得分非常低时，那就该考虑换合作物流了！很多卖家对历史低分都会耿耿于怀，而店铺动态评分给每个卖家的机会都一样，只会将最近 6 个月的评分展示给买家，所以历史上 DSR 飘绿，经过几个月的培养，就再次会全面飘红。

宝贝与描述相符得分的计算规则：（同行业平均分-店铺得分）/（同行业平均分-同行业店铺最低得分）；卖家服务态度的计算规则：（同行业平均分-店铺得分）/（同行业平均分-同行业店铺最低得分）；卖家发货速度的计算规则：（同行业平均分-店铺得分)/(同行业平均分-同行业店铺最低得分)。

2.8.2 为什么抓取店铺的 DSR 得分

影响店铺权重和单品权重的维度包括：

（1）店铺权重——店铺动销率。

（2）店铺售后服务指标——退款纠纷率、退款自主完结率、退款速度、好评率、退款纠纷、买家喜爱度、回访率、重复购买率、分享等。

（3）店铺销售业绩。

（4）成交客单价。

（5）DSR 动态评分。

（6）单品权重——转化率、单坑产出、客单价、收藏率、点击率、跳失率等。

我们可以看到，店铺 DSR 动态得分是影响店铺权重和单品权重的主要维度，也就是搜索引擎的非常重要因素，所以我们要研究店铺动态得分。

2.8.3 如何抓取店铺的 DSR 得分

抓取店铺的 DSR 得分还是相对容易的，我们直接解析淘宝和天猫宝贝详情页就可以了。对于天猫店铺来说，宝贝 DSR 详情页的关键词是 shopdsr-score-con，我们通过搜索 shopdsr-score-con 得到某宝贝的如下店铺动态得分：

```
<div class="shopdsr-item">
   <div class="shopdsr-title">描 述</div>
      <div class="shopdsr-score shopdsr-score-up-ctrl">
        <span class="shopdsr-score-con">4.8</span>
        <s class="shopdsr-score-up"></s>
      </div>
   </div>
   <div class="shopdsr-item">
      <div class="shopdsr-title">服 务</div>
      <div class="shopdsr-score shopdsr-score-up-ctrl">
         <span class="shopdsr-score-con">4.8</span>
         <s class="shopdsr-score-up"></s>
      </div>
   </div>
   <div class="shopdsr-item">
      <div class="shopdsr-title">物 流</div>
      <div class="shopdsr-score shopdsr-score-up-ctrl">
         <span class="shopdsr-score-con">4.8</span>
         <s class="shopdsr-score-up"></s>
      </div>
   </div>
</div>
```

从上面的 HTML 源代码可以看到，该宝贝的 DSR 得分分别是：4.8、4.8、4.8。

对于淘宝店铺来讲，宝贝 DSR 详情页的关键词是 tb-shop-rate，我们通过搜索 tb-shop-rate 得到某宝贝的如下店铺动态得分：

```
<div class="tb-shop-rate">
   <dl>
```

```
        <dt>描述</dt>
        <dd class="tb-rate-higher">
          <a href="//rate.taobao.com/user-rate-a85e9dbc30266cac3c09d5016-
c7198d0.htm" target="_blank" title="计算规则:(同行业平均分-店铺得分)/(同行业平均
分-同行业店铺最低得分)">
              4.8
          </a>
        </dd>
    </dl>
      <dl>
      <dt>服务</dt>
      <dd class="tb-rate-higher">
        <a href="//rate.taobao.com/user-rate-a85e9dbc30266cac3c09d5016c-
7198d0.htm" target="_blank" title="计算规则:(同行业平均分-店铺得分)/(同行业平均分
-同行业店铺最低得分)">
          4.9
        </a>
    </dd>
 </dl>
 <dl>
   <dt>物流</dt>
   <dd class="tb-rate-higher">
        <a  href="//rate.taobao.com/user-rate-a85e9dbc30266cac3c09d5016c-
7198d0.htm" target="_blank" title="计算规则:(同行业平均分-店铺得分)/(同行业平均分
-同行业店铺最低得分)">
          4.9
        </a>
    </dd>
 </dl>
</div>
```

分别解析 48 个宝贝的动态得分，我们就得到第一页宝贝的动态得分列表，如图 2.48 所示。

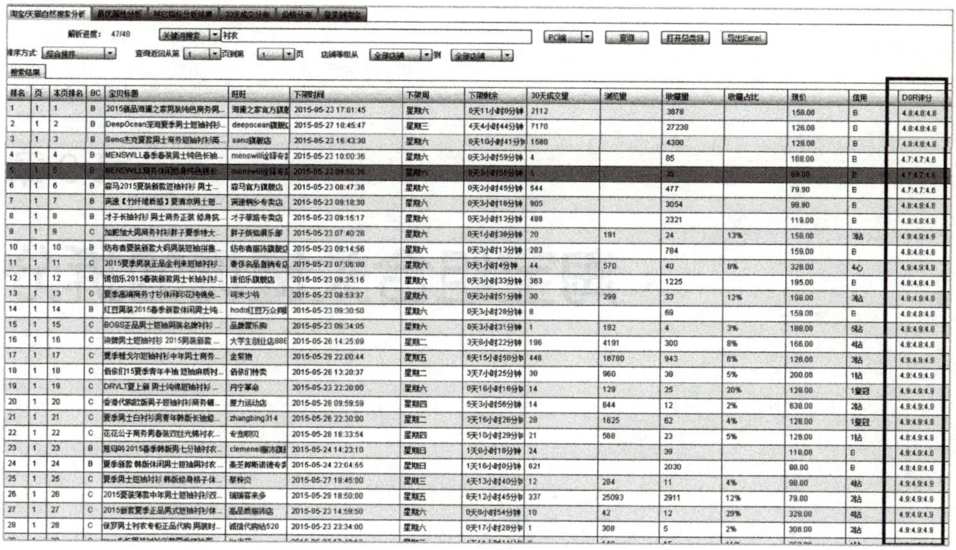

排名	页	本页排名	BC	宝贝标题	旺旺	下架时间	下架周	下架剩余	30天成交量	浏览量	收藏量	收藏占比	现价	信用	DSR评分
1	1	1	B	2015新品海澜之家男装纯色商务男...	海澜之家官方旗舰	2015-05-23 17:01:45	星期六	0天11小时0分钟	2112		3878		158.00	B	4.8:4.8:4.8
2	1	2	B	DeepOcean深海夏季男士短袖衬衫...	deepocean旗舰店	2015-05-27 10:45:47	星期三	4天4小时44分钟	7170		27238		126.00	B	4.8:4.8:4.8
3	1	3	B	Seno杰克夏款男士商务短袖衬衫英...	seno旗舰店	2015-05-23 16:43:30	星期六	0天10小时41分钟	1580		4300		128.00	B	4.8:4.8:4.8
4	1	4	B	MENSWILL春季春装男士纯色长袖...	menswill诠释专营	2015-05-23 10:00:36	星期六	0天3小时59分钟	4		85		168.00	B	4.7:4.7:4.6
5	1	5	B	MENSWILL商务休闲修身纯色修长...	menswill诠释专营	2015-05-23 09:58:26	星期六	0天3小时56分钟	5		35		89.00	B	4.7:4.7:4.6
6	1	6	B	森马2015夏装新款短袖衬衫 男士...	森马官方旗舰店	2015-05-23 08:47:36	星期六	0天2小时45分钟	544		477		79.90	B	4.7:4.7:4.6
7	1	7	B	满速【竹纤维质感】夏清凉男士短...	满速桐乡专卖店	2015-05-23 09:18:30	星期六	0天3小时16分钟	905		3054		99.90	B	4.8:4.8:4.8
8	1	8	B	才子长袖衬衫 男士商务正装 修身抗...	才子华路专卖店	2015-05-23 09:15:17	星期六	0天3小时13分钟	489		2321		119.00	B	4.8:4.8:4.8
9	1	9	C	加肥加大男商务衬衫胖子夏季特大...	胖子俱乐部	2015-05-23 07:40:28	星期六	0天1小时38分钟	20	191	24	13%	158.00	3钻	4.8:4.9:4.9
10	1	10	B	纺布香夏装新款大码男装短袖拼接...	纺布香服饰旗舰店	2015-05-23 09:14:56	星期六	0天3小时13分钟	283		784		159.00	B	4.8:4.8:4.8
11	1	11	C	2015夏季男装正品金利来短袖衬衫...	奢侈名品直销专店	2015-05-23 07:06:00	星期六	0天1小时4分钟	44	570	40	8%	328.00	4心	4.9:4.9:4.9
12	1	12	B	诺伯乐2015春装新款男士长袖衬衫...	诺伯乐旗舰店	2015-05-23 08:35:16	星期六	0天3小时33分钟	363		1225		195.00	B	4.8:4.8:4.8
13	1	13	C	夏季高端商务寸衫休闲印花纯棉免...	可米少爷	2015-05-23 08:53:37	星期六	0天2小时51分钟	30	299	33	12%	198.00	3钻	4.9:4.9:4.9
14	1	14	B	红豆男装2015春季新款休闲男士纯...	hodo红豆万众网	2015-05-23 09:30:50	星期六	0天3小时28分钟	8		69		159.00	B	4.8:4.8:4.8
15	1	15	C	BOSS正品男士短袖男装名牌衬衫...	品牌服乐购	2015-05-23 09:34:05	星期六	0天3小时31分钟	1	192	4	3%	188.00	5钻	4.8:4.9:4.8
16	1	16	C	浪牌男士短袖衬衫 2015男装新款...	大学生创业店888	2015-05-26 14:25:09	星期二	3天8小时22分钟	196	4191	300	8%	166.00	4钻	4.8:4.8:4.8
17	1	17	C	夏季雅戈尔短袖衬衫中年男士商务...	金紫袍	2015-05-29 22:00:44	星期五	6天15小时58分钟	448	16780	943	6%	128.00	3钻	4.9:4.9:4.9
18	1	18	C	佰依们15夏季青年半袖 短袖麻质衬...	佰依们特卖	2015-05-26 13:20:37	星期二	3天7小时25分钟	30	960	39	5%	200.00	1钻	4.9:4.9:4.9
19	1	19	C	DRVLT夏上新 男士纯棉短袖衬衫...	丹宁革命	2015-05-23 22:20:00	星期六	0天16小时16分钟	14	129	25	20%	128.00	1皇冠	4.9:4.9:4.9
20	1	20	C	香港代购欧版男子短袖衬衫商务精...	原力运动店	2015-05-28 09:59:59	星期四	5天3小时56分钟	14	644	12	2%	638.00	2钻	4.9:4.9:4.9
21	1	21	C	夏季男士白衬衫男青年韩版长袖修...	zhangbing314	2015-05-26 22:30:00	星期二	3天16小时26分钟	28	1625	62	4%	128.00	1皇冠	4.9:4.9:4.9
22	1	22	C	花花公子商务男春装双丝光棉衬衣...	专宠即贝	2015-05-28 16:33:54	星期四	5天10小时29分钟	21	568	23	5%	128.00	1钻	4.8:4.9:4.9
23	1	23	B	慈母吟2015春季韩版男七分袖衬衣...	clemenei服饰旗舰	2015-05-24 14:23:10	星期日	1天8小时18分钟	24		39		118.00	B	4.9:4.9:4.8
24	1	24	B	夏季新款 韩版休闲男士短袖男衬衣...	泰芝郎斯诺德专卖	2015-05-24 22:04:55	星期日	1天16小时0分钟	621		2030		88.00	B	4.8:4.8:4.8
25	1	25	C	夏季男士短袖衬衫 韩版修身格子休...	黎梓炎	2015-05-27 19:45:00	星期三	4天13小时40分钟	12	284	11	4%	98.00	4钻	4.9:4.9:4.9
26	1	26	C	2015夏装薄款中年男士短袖衬衫双...	瑞瑞喜来多	2015-05-29 18:50:00	星期五	6天12小时45分钟	337	25093	2911	12%	79.00	2钻	4.9:4.9:4.9
27	1	27	C	2015新款夏季正品男式短袖衬衫休...	高品质服饰店	2015-05-23 14:59:50	星期六	0天8小时54分钟	10	42	12	29%	328.00	4钻	4.9:4.9:4.9
28	1	28	C	保罗男士衬衣专柜正品代购 男装时...	诚信代购站520	2015-05-23 23:34:00	星期六	0天17小时28分钟	1	308	5	2%	308.00	2钻	4.9:4.9:4.9

图 2.48

第3章

淘宝组合关键词的拆分

- 淘宝组合关键词是什么
- 为什么要研究淘宝组合关键词的拆分规则
- 淘宝组合关键词是如何拆分的

3.1 淘宝组合关键词是什么

淘宝的标题是由 30 个字组成的，这 30 个字又组成若干个关键词。例如，“衬衣男夏短袖免烫”这 8 个字就是由“衬衣”、“男”、“夏”、“短袖”、“免烫”关键字/关键词组合在一起的，而这几个关键字/关键词还可以再次组合，如图 3.1 所示。

图 3.1

3.2 为什么要研究淘宝组合关键词的拆分规则

我们都明白，淘宝的标题在搜索中起了至关重要的作用，所以标题优化的话题历经几年还是经久不衰。标题优化还是很有技巧的，例如：

（1）写满 30 个关键字词。

（2）定期优化更新关键词。

（3）不使用特殊符号。

（4）关键词不重复。

（5）关注淘宝规则，避免被处罚。

（6）切忌关键词过分堆砌。

（7）不要滥用品牌词与敏感词。

（8）标题中斜杠等同于空格，合理使用空格。

（9）更有效的关键词组合。

通过精简标题达到出现自己的宝贝。（摘自@吴蚊米 微博）

所以，与标题有关的关键字或者关键词的拆分就异常重要了。我们都希望每个 30 字的标题都覆盖尽可能多的关键词，但是每个关键词到底是如何拆分的呢？

3.3　淘宝组合关键词是如何拆分的

我们研究淘宝关键词是如何拆分的，那么直接把“衬衣男夏短袖免烫”输入到淘宝的搜索框中，淘宝自己就会告诉我们它是如何拆分这些关键词的。

我们把“衬衣男夏短袖免烫”输入到淘宝的搜索框中，淘宝第一页列出的 48 个宝贝，对于其覆盖到的关键词，都会以橘红色标出，如图 3.2 所示。例如：第一个宝贝的标题覆盖到“男”、“短袖”、“衬衣”、“免烫夏男”4 个关键词，第二个宝贝的标题覆盖到“夏”、“衬衣男夏”、“男短袖”3 个关键词，第三个宝贝的标题覆盖到“男”、“短袖”、“男夏短袖衬衣”3 个关键词，第 4 个宝贝的标题覆盖到“夏”、“短袖男”、“男士”、“衬衣”、“免烫”5 个关键词。

图 3.2

找到这个规律后，我们再看淘宝是如何拆分的 HTML 源代码。

```
<div class="col col-2">
  <p class="title">
    <a class="J_U2IStat" data-nid="45144246227"
href="//item.taobao.com/item.htm?id=45144246227&amp;ns=1&amp;abbucket=5#d
etail" target="_blank" trace="auction" traceidx="13" trace-pid="-1826788799">
中年<span class="H">男士</span>格子双丝光棉<span class="H">短袖</span>衬衫<span
class="H">男</span><span class="H">夏</span>季<span class="H">免烫</span>商
务休闲<span class="H">衬衣</span>大码爸爸装</a>
  </p>
  <div class="main-icons icon-has-more" id="J_Itemlist_Icons_45144246227">
    <ul class="icons">
      <li class="icon">
        <a href="//service.taobao.com/support/knowledge-1138476.htm"
target="_blank" title="当季新品" trace="srpservice" traceidx="62"><span
class="icon-service-new"></span></a>
      </li>
    </ul>
    <div class="more J_MouseEneterLeave J_IconMore">
      <span class="arrow"></span>
    </div>
  </div>

<div class="col col-2">
  <p class="title">
    <a class="J_U2IStat" data-nid="45477293752"
href="//item.taobao.com/item.htm?id=45477293752&amp;ns=1&amp;abbucket=5#d
etail" target="_blank" trace="auction" traceidx="14" trace-pid="-838006152">
竹炭纤维<span class="H">短袖</span>衬衫<span class="H">男</span> <span
```

```
class="H">夏</span>季<span class="H">男</span>装 商务休闲爸爸装 <span
class="H">免烫</span>中年<span class="H">男士</span><span class="H">衬衣
</span></a>
    </p>
    <div class="main-icons icon-has-more" id="J_Itemlist_Icons_45477293752">
      <ul class="icons">
          <li class="icon">
              <a href="//service.taobao.com/support/knowledge-1138476.htm"
target="_blank" title="当季新品" trace="srpservice" traceidx="69"><span
class="icon-service-new"></span></a>
          </li>
      </ul>
      <div class="more J_MouseEneterLeave J_IconMore">
        <span class="arrow"></span>
      </div>
    </div>

<div class="col col-2">
    <p class="title">
      <a class="J_U2IStat" data-nid="45398260538"
href="//item.taobao.com/item.htm?id=45398260538&amp;ns=1&amp;abbucket=5#d
etail" target="_blank" trace="auction" traceidx="15" trace-pid="-870331463">
新款雅戈尔专柜正品<span class="H">男士</span><span class="H">短袖</span>中青年衬
衫<span class="H">免烫</span>商务正装<span class="H">衬衣</span>2015<span
class="H">夏</span>装</a>
    </p>
    <div class="main-icons icon-has-more" id="J_Itemlist_Icons_45398260538">
      <ul class="icons">
          <li class="icon">
```

```
            <a href="//service.taobao.com/support/knowledge-1138476.htm"
target="_blank" title="当季新品" trace="srpservice" traceidx="74"><span
class="icon-service-new"></span></a>
        </li>
      </ul>
      <div class="more J_MouseEneterLeave J_IconMore">
        <span class="arrow"></span>
      </div>
    </div>

<div class="col col-2">
    <p class="title">
      <a class="J_U2IStat" data-nid="44669676131"
href="//item.taobao.com/item.htm?id=44669676131&amp;ns=1&amp;abbucket=5#d
etail" target="_blank" trace="auction" traceidx="16" trace-pid="-870158713">
2015<span class="H">夏</span>季新款雅戈尔<span class="H">短袖</span>衬衫桑蚕丝
<span class="H">男士</span>商务正装休闲<span class="H">免烫</span>条纹<span
class="H">衬衣</span></a>
    </p>

    <div class="main-icons icon-has-more" id="J_Itemlist_Icons_44669676131">
      <ul class="icons">

      </ul>

      <div class="more J_MouseEneterLeave J_IconMore">
        <span class="arrow"></span>
      </div>
    </div>
```

通过观察以上 4 个宝贝的 HTML 源代码，我们发现这样一个规律，就是淘宝标题拆分出来的关键词，都是以<span class="H">作为标签的，整个标题包含在<p class="title">标签下。我们在解析出这个宝贝的源代码后，先找出所有的<p class="title">标签下所有的宝贝标题，再从这 48 个宝贝（假设只解析查询出来的第一页的宝贝）标题中找出<span class="H">下的所有关键词，这些关键词全部列出来，就是淘宝针对“衬衣男夏短袖免烫”这个组合关键词覆盖到的所有关键词列表了。这样，我们做标题优化的时候，先把自己想要的组合关键词在淘宝上模拟搜索一下，就可以看到这个组合关键词究竟覆盖了多少个关键词。

第 4 章

淘宝无线排名数据的抓取

- 为什么抓取淘宝无线排名数据
- 如何抓取淘宝无线排名数据

4.1 为什么抓取淘宝无线排名数据

随着大屏智能手机的普遍应用和无线宽带资费的快速下降，现在越来越多的消费者已经习惯使用手机进行购物，从手机淘宝的用户就可以看出，在 2014 年，手机淘宝的 UV 达到了 8000 万，双十一期间手机淘宝的流量占比为 40%。到了 2015 年，无线端的重要性已经不用再做过多的解释，正常的店铺无线端流量占比全店流量超过 50%～70%，并且在不断地呈上升趋势。但无线端流量碎片化比较严重，转化率较低，所以 2015 年无线端的潜力很大，值得好好研究。

4.2 如何抓取淘宝无线排名数据

与 PC 端搜索路径 http://s.taobao.com/search?q=搜索关键词不同的是，手机淘宝的主站是 http://m.taobao.com，所以无线端的搜索路径是 http://s.m.taobao.com/h5?q=搜索关键词。例如，“衬衣”这个关键词在无线端的搜索路径是：

http://s.m.taobao.com/h5?q=%E8%A1%AC%E8%A1%A3&search-bton=&event_submit_do_new_search_auction=1&_input_charset=utf-8&topSearch=1&atype=b&searchfrom=1&action=home%3Aredirect_app_action&from=1&ttid=

其中 q=%E8%A1%AC%E8%A1%A3 中的 q 就是 query 即查询的意思，参数 q 的值%E8%A1%AC%E8%A1%A3 就是关键词“衬衣”转码后的编码。

与 PC 端排名查询一样，我们也是通过拿到无线搜索 HTML 源代码后，观察关键词分布规律，然后就可以做测试和分析了。打开浏览器，输入 http://m.taobao.com，在淘宝搜索页输入“衬衣”进行查询（告诉大家一个小秘密，不一定非得在手机浏览器和手机淘宝 App 中进行查询，在 PC 端打开任何一个浏览器，输入 http://m.taobao.com 效果也是一样的，只是界面难看而已），如图 4.1 所示。

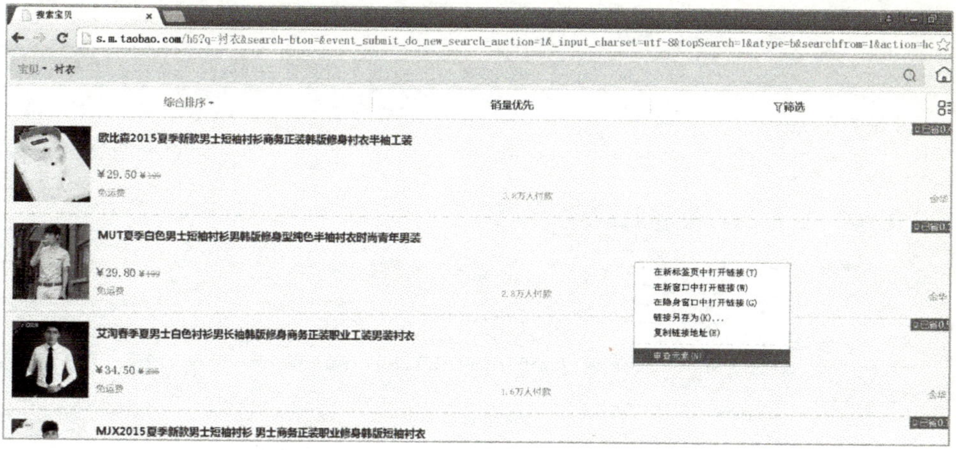

图 4.1

我们用谷歌浏览器的“审查元素”获得其全部源代码后，再进行解析。我们可以看到其源代码如下（受篇幅限制，这里仅列出前三个宝贝的 HTML 源代码）：

```
<li>
  <div class="list-item">
    <div class="p">
      <a href="//detail.m.tmall.com/item.htm?id=39842274812&amp;sid=
3fe557e92dbae55f&amp;abtest=18&amp;rn=5aea8f64e9d8cf137dc63934e13ab0fd"
title="">
        <imgclass="p-pic" src="//gw1.alicdn.com/bao/uploaded/i2/
TB1PMC8HVXXXXaRXXXXXXXXXXXX_!!0-item_pic.jpg_100x100.jpg"  style="visibility:
visible;">
        <span class="flag c-icon-pt"></span>
      </a>
    </div>
    <div class="d">
      <a href="//detail.m.tmall.com/item.htm?id=39842274812&amp;sid=
3fe557e92dbae55f&amp;abtest=18&amp;rn=5aea8f64e9d8cf137dc63934e13ab0fd"
```

```
title="">
            <h3 class="d-title">欧比森 2015 夏季新款男士短袖衬衫商务正装韩版修身衬衣半袖工装</h3>
         </a>
         <p class="d-price">
            <em class="h">
               <span class="price-icon">¥</span>
               <span class="font-num">29.50</span>
            </em>
            <del>
               <span class="price-icon">¥</span>
               <span class="font-num">198</span>
            </del>
         </p>
         <div class="d-main">
            <p class="d-freight">免运费</p>
            <p class="d-num"><span class="font-num">3.8 万</span>人付款</p>
            <p class="d-area">金华</p>
         </div>
      </div>
   </div>
   <div class="icons-group">
      <div class="item-icons-zx"><div class="item-icon icons-miniphone"></div>已省 0.4 元
      </div>
   </div>
</li>
<li class="mark">
   <div class="list-item">
```

```
    <div class="p">
        <a href="//detail.m.tmall.com/item.htm?id=42404718228&amp;sid=
3fe557e92dbae55f&amp;abtest=18&amp;rn=5aea8f64e9d8cf137dc63934e13ab0fd"
title="">
            <imgclass="p-pic" src="//gw2.alicdn.com/bao/uploaded/i4/TB1.
mEoHpXXXXcZXFXXXXXXXXXX_!!0-item_pic.jpg_100x100.jpg" style="visibility:
visible;">
            <span class="flag c-icon-pt"></span>
        </a>
    </div>
    <div class="d">
        <a href="//detail.m.tmall.com/item.htm?id=42404718228&amp;sid=
3fe557e92dbae55f&amp;abtest=18&amp;rn=5aea8f64e9d8cf137dc63934e13ab0fd"
title="">
            <h3 class="d-title">MUT 夏季白色男士短袖衬衫男韩版修身型纯色半袖衬衣
时尚青年男装</h3>
        </a>
        <p class="d-price">
            <em class="h">
                <span class="price-icon">¥</span>
                <span class="font-num">29.80</span>
            </em>
            <del>
                <spanclass="price-icon">¥</span><span class="font-num">
199</span>
            </del>
        </p>
        <div class="d-main">
            <p class="d-freight">免运费</p>
```

```
            <p class="d-num"><span class="font-num">2.8 万</span>人付款</p>
            <p class="d-area">金华</p>
         </div>
      </div>
   </div>
   <div class="icons-group">
      <div class="item-icons-zx"><div class="item-icon icons-miniphone">
</div>已省 0.1 元
      </div>
   </div>
</li>
<li>
   <div class="list-item">
      <div class="p">
         <a href="//detail.m.tmall.com/item.htm?id=17908859658&amp;sid=
3fe557e92dbae55f&amp;abtest=18&amp;rn=5aea8f64e9d8cf137dc63934e13ab0fd"
title="">
            <imgclass="p-pic" src="//gw3.alicdn.com/bao/uploaded/i4/
TB1kZTAHVXXXXcfXFXXXXXXXXXX_!!0-item_pic.jpg_100x100.jpg"  style="visibility:
visible;">
            <span class="flag c-icon-pt"></span>
         </a>
      </div>
      <div class="d">
         <a href="//detail.m.tmall.com/item.htm?id=17908859658&amp;sid=
3fe557e92dbae55f&amp;abtest=18&amp;rn=5aea8f64e9d8cf137dc63934e13ab0fd"
title="">
            <h3 class="d-title">艾淘春季夏男士白色衬衫男长袖韩版修身商务正装职业
工装男装衬衣</h3>
```

```
            </a>
            <p class="d-price">
                <em class="h">
                    <span class="price-icon">¥</span>
                    <span class="font-num">34.50</span>
                </em>
                <del><spanclass="price-icon">¥</span><span class="font-num">
236</span></del>
            </p>
            <div class="d-main">
                <p class="d-freight">免运费</p>
                <p class="d-num"><span class="font-num">1.6 万</span>人付款</p>
                <p class="d-area">金华</p>
            </div>
        </div>
    </div>
    <div class="icons-group">
        <div class="item-icons-zx">
            <div class="item-icon icons-miniphone"></div>已省 0.5 元
        </div>
    </div>
</li>
<li class="mark">
...
</li>
```

我们观察后可以得知，无线淘宝一次显示 22 个宝贝，这 22 个宝贝分别包含在

```
<li>
...
```

```
</li>

<li class="mark">
...
</li>
```

中，其中<li>和<li class="mark">交替循环。我们分别解析第一页的这 22 个宝贝，通过关键标签<h3 class="d-title">获得宝贝标题，通过关键词 span class="font-num"获得宝贝价格，通过解析 a href="//detail.m.tmall.com/item.htm?id=39842274812&..." 获得宝贝 ID，所以如果知道了宝贝 ID，就可以按照宝贝 ID 进行排名查询了。很遗憾的是，通过这种解析是获得不到卖家旺旺的，所以无法利用卖家旺旺的名字进行排名查询。我们换一种思路，用程序去请求下面这个 URL：

http://s.m.taobao.com/search?q= 衬 衣 &topSearch=1&from=1&abtest=2&m=api4h5&page=1

我们可得到如下 JSON 格式的数据：


```
{"result":"true","totalPage":"100","catmap":"","ppath":"","defaultViewType":"","listItem":[{"name":"欧比森 2015 夏季新款男士短袖衬衫商务正装韩版修身衬衣半袖工装
","img2":"//gw1.alicdn.com/bao/uploaded/i2/TB1PMC8HVXXXXaRXXXXXXXXXXXX_!!0-item_pic.jpg","iswebp":"","url":"//detail.m.tmall.com/item.htm?id=39842274812&sid=195509cbd2dbb5cd&abtest=2&rn=2f40543032a0bb5d82318ef3ed45d997","previewUrl":"//a.m.taobao.com/ajax/pre_view.do?sid=195509cbd2dbb5cd&abtest=2&itemId=39842274812","favoriteUrl":"//fav.m.taobao.com/favorite/to_collection.htm?sid=195509cbd2dbb5cd&abtest=2&itemNumId=39842274812","userType":"1","price":"29.50","originalPrice":"198.00","priceWap":"29.50","zkGroup":"66","mobileDiscount":" 已 省 0.4 元 ","zkType":" 无 线 专 享 价 ","freight":"0.00","area":" 金 华 ","act":"38573","itemNumId":"39842274812",
"nick":"欧比森旗舰店
```

","wwimUrl":"//im.m.taobao.com/ww/ad_ww_dialog.htm?item_num_id=3984227481
2&to_user=xbexyMmtxuy9orXq","category":"50011123","isMobileEcard":"fa
lse","auctionType":"b","coinLimit":"0","isP4p":"false"},{"**name**":"MUT 夏季白
色男士短袖衬衫男韩版修身型纯色半袖衬衣时尚青年男装
","img2":"//gw2.alicdn.com/bao/uploaded/i4/TB1.mEoHpXXXXcZXFXXXXXXXXXX_!!
0-item_pic.jpg","iswebp":"","url":"//detail.m.tmall.com/item.htm?id=42404
718228&sid=195509cbd2dbb5cd&abtest=2&rn=2f40543032a0bb5d82318ef3ed45d997"
,"previewUrl":"//a.m.taobao.com/ajax/pre_view.do?sid=195509cbd2dbb5cd&abt
est=2&itemId=42404718228","favoriteUrl":"//fav.m.taobao.com/favorite/to_c
ollection.htm?sid=195509cbd2dbb5cd&abtest=2&itemNumId=42404718228","userT
ype":"1","**price**":"29.80","originalPrice":"199.00","priceWap":"29.80","zkG
roup":"66","mobileDiscount":" 已 省 0.1 元 ","zkType":" 无 线 专 享 价
","freight":"0.00","area":"金华","act":"28729","itemNumId":"42404718228",
"**nick**":"mut 旗舰店
","wwimUrl":"//im.m.taobao.com/ww/ad_ww_dialog.htm?item_num_id=4240471822
8&to_user=bXV0xuy9orXq","category":"50011123","isMobileEcard":"false"
,"auctionType":"b","coinLimit":"0","isP4p":"false"},{"name":"MJX2015 夏季新
款男士短袖衬衫男士商务正装职业修身韩版短袖衬衣
","img2":"//gw3.alicdn.com/bao/uploaded/i4/TB12rt6HFXXXXbmapXXXXXXXXXX_!!
0-item_pic.jpg","iswebp":"","url":"//detail.m.tmall.com/item.htm?id=20395
147007&sid=195509cbd2dbb5cd&abtest=2&rn=2f40543032a0bb5d82318ef3ed45d997"
,"previewUrl":"//a.m.taobao.com/ajax/pre_view.do?sid=195509cbd2dbb5cd&abt
est=2&itemId=20395147007","favoriteUrl":"//fav.m.taobao.com/favorite/to_c
ollection.htm?sid=195509cbd2dbb5cd&abtest=2&itemNumId=20395147007","userT
ype":"1","price":"24.90","originalPrice":"199.00","priceWap":"24.90","zkG
roup":"66","mobileDiscount":"已省 0.1 元","zkType":"无线专享价","freight":
"0.00","area":"金华","act":"15995","itemNumId":"20395147007","nick":"mjx 雅
贵专卖店","wwimUrl":"//im.m.taobao.com/ww/ad_ww_dialog.htm?item_num_id=
20395147007&to_user=bWp40cW589eowvS16g%3D%3D","category":"50011123","

isMobileEcard":"false","auctionType":"b","coinLimit":"0","isP4p":"false"}
,{"name":"夏季男士短袖衬衫白色正装商务休闲职业短袖衬衣韩版修身男装
","img2":"//gw1.alicdn.com/bao/uploaded/i2/TB1bWD2HVXXXXbZXXXXXXXXXXXX_!!
0-item_pic.jpg","iswebp":"","url":"//a.m.taobao.com/i17734066791.htm?sid=
195509cbd2dbb5cd&abtest=2&rn=2f40543032a0bb5d82318ef3ed45d997","previewUr
l":"//a.m.taobao.com/ajax/pre_view.do?sid=195509cbd2dbb5cd&abtest=2&itemI
d=17734066791","favoriteUrl":"//fav.m.taobao.com/favorite/to_collection.h
tm?sid=195509cbd2dbb5cd&abtest=2&itemNumId=17734066791","userType":"0","p
rice":"24.65","originalPrice":"61.97","priceWap":"24.65","zkGroup":"66","
mobileDiscount":"已省 4.4 元","zkType":"无线专享价","freight":"0.00","area":"
金华","act":"9313","itemNumId":"17734066791","nick":"365style","wwimUrl":"
//im.m.taobao.com/ww/ad_ww_dialog.htm?item_num_id=17734066791&to_user
=MzY1c3R5bGU%3D","category":"50011123","isMobileEcard":"false","auctionTy
pe":"b","coinLimit":"100","isP4p":"false"},{"name":"男士修身型短袖衬衫七分袖夏
季衬衣韩版潮青少年春季中袖衬衫学生
","img2":"//gw2.alicdn.com/bao/uploaded/i4/TB1VZ4KHpXXXXatXXXXXXXXXXXX_!!
0-item_pic.jpg","iswebp":"","url":"//detail.m.tmall.com/item.htm?id=39827
511512&sid=195509cbd2dbb5cd&abtest=2&rn=2f40543032a0bb5d82318ef3ed45d997"
,"previewUrl":"//a.m.taobao.com/ajax/pre_view.do?sid=195509cbd2dbb5cd&abt
est=2&itemId=39827511512","favoriteUrl":"//fav.m.taobao.com/favorite/to_c
ollection.htm?sid=195509cbd2dbb5cd&abtest=2&itemNumId=39827511512","userT
ype":"1","price":"36.00","originalPrice":"159.00","priceWap":"36.00","zkG
roup":"66","mobileDiscount":"已省2元","zkType":"无线专享价","freight":"0.00",
"area":"苏州","act":"24259","itemNumId":"39827511512","nick":"dtt 旗舰店
","wwimUrl":"//im.m.taobao.com/ww/ad_ww_dialog.htm?item_num_id=3982751151
2&to_user=ZHR0xuy9orXq","category":"50011123","isMobileEcard":"false"
,"auctionType":"b","coinLimit":"0","isP4p":"false"},
....
, {"name":"AFS jeep 短袖衬衫战地吉普短袖衬衫

```
","img2":"//g.search2.alicdn.com/img/i2/19557067283361341/TB2jxDQbFXXXXaJXpXXXXX
XXXXX_!!42279557-0-saturn_solar.jpg","iswebp":"","url":"//mclick.simba.taobao.co
m/cc_im?p=%B3%C4%D2%C2&s=1714101493&k=313&e=Hbhohm8F4oUxrsVhbNDY1BzVCYVoTmjufSg7
t0BWZB61o8mjdiQUq2xM8iq%2BaV8NUDFS%2BfOEIRgLyE%2F6hBpUVArfTwgWU%2FZTohve%2B0Hlgo
UUFIlITWR6bEBdIgncM%2FpknPqG50o2dsRJ8NEQY3F02QTIqbXHC6l0HXzeF%2FyBO%2FOE%2FUe32O
%2Fe7ERwxukfbzNmScxk82JdCQbU49rtILzgKgJqo%2B5Ps1od3MnD2mRJ%2F16laogpQZyTdjOLCgfH
tkr5pRru0n12KMsdfN4X%2FIE785sGiA0c2r0ZSzWOYM1G7AMc1QmFaE5o7g%3D%3D","previewUrl"
:"//a.m.taobao.com/ajax/pre_view.do?sid=195509cbd2dbb5cd&abtest=2&itemId=2546903
2997","favoriteUrl":"//fav.m.taobao.com/favorite/to_collection.htm?sid=195509cbd
2dbb5cd&abtest=2&itemNumId=25469032997","userType":"1","price":"77.00","original
Price":"198.00","priceWap":"77.00","zkGroup":"66","mobileDiscount":" 已 省  1  元
","zkType":"手机专享价","freight":"0.00","area":"杭州","act":"1243","itemNumId":
"25469032997","nick":"占坤服饰专营店
","wwimUrl":"//im.m.taobao.com/ww/ad_ww_dialog.htm?item_num_id=25469032997&amp;t
o_user=1bzApLf%2Bys7XqNOqteo%3D","category":"","isMobileEcard":"false","auctionT
ype":"","coinLimit":"0","isP4p":"true"}]
```


我们找到关键词：name 就是宝贝的标题，price 或者 priceWap 就是宝贝在手机淘宝上的价格，nick 就是旺旺号，通过 URL 可获得宝贝 ID。例如，第一个宝贝的 URL 为 detail.m.tmall.com/item.htm?id=39842274812&sid=195509cbd2dbb5cd&abtest=2&rn=2f40543032a0bb5d82318ef3ed45d997"，从这里我们就可以得到该宝贝 ID 是 39842274812。

通过解析 JSON 格式的数据，我们就可以得到所有宝贝的价格、标题、旺旺号和宝贝 ID，这样，我们又可以从旺旺号、宝贝 ID 去查询宝贝在某个关键词的排名了。顺便说一下，透过该数据，还可以查看该宝贝是否做了直通车推广，即通过查看关键词 isP4p，如果 isP4p=true，则说明该宝贝做了直通车推广。

如图 4.2 和图 4.3 所示就是我们通过上面的原理做的查询无线端关键词排名的工具界面。

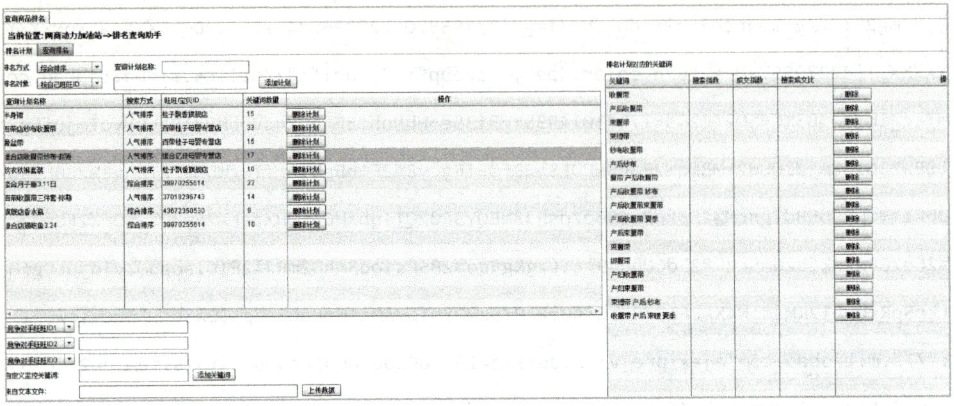

图 4.2

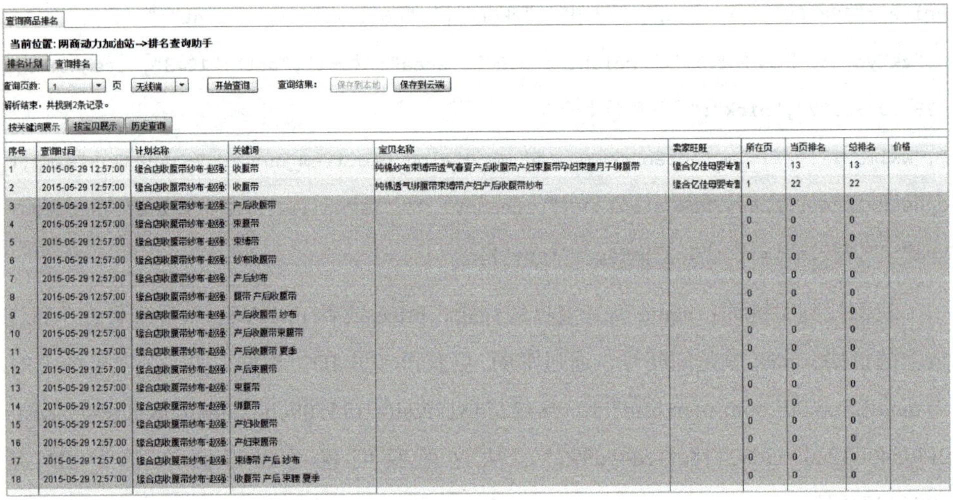

图 4.3

我们选择“综合店收腹带纱布”这个计划，查询无线端排名，可以看到查询到“收腹带”这个关键词有两个宝贝排在了第一页 13 位和第一页 22 位。

第 5 章

实时抓取直通车关键词排位

- 实时抓取直通车关键词排位的意义
- 如何实时抓取关键词对应的直通车排名

5.1 实时抓取直通车关键词排位的意义

直通车是淘宝三大引流工具（钻展、直通车、淘宝客）中一个非常好的引流工具，在宝贝销量比较小的情况下，相应的自然搜索流量也比较少，要想获得更多的展现，那么直通车就是一个使用门槛比较低的引流工具，卖家只需要二心就可以开了。直通车的操作手法也多种多样，在派代和淘宝论坛上有很多的讨论，这里不多做阐述，就谈谈如何实时抓取直通车关键词排位。

原来直通车关键词的排位是固定的，有的卖家就总结出了直通车排在哪个位置比较好，有利于转化，直通车的哪些位置比较差，找到这些规律后，就利用直通车工具卡在转化率较好的位置上。不过，从 2014 年开始综合排名和直通车排名淘宝都实行了千人千面政策，在千人千面政策下，每个人搜索同一个关键词，看到的结果是不一样的。由于性别、年龄、收入和买家购买地点的不同，淘宝推荐的商品也是不一样的。所以，有的人认为现在再关注直通车排位就无意义了。其实，利用直通车排位工具查询出来的位置，是没有任何登录信息查出来的直通车位置，理论上，与用户在退出淘宝（即不登录淘宝）后查询出来的结果是一致的，这个排名一样有参考意义。

5.2 如何实时抓取关键词对应的直通车排名

首先我们要明白直通车的位置在什么地方。我们还是拿“衬衣”这个关键词做例子。我们在淘宝搜索页输入“衬衣”这个关键词后，屏幕左边查询条件下半部分默认就是综合排名位置，而屏幕右边掌柜热卖部分则是直通车广告位，如图 5.1 所示。

虽然我们可以一眼看出直通车的位置，但是利用软件该如何查询直通车的位置呢？我们还是按照两个老办法来做。

（1）通过谷歌浏览器的“审查元素”方法。

（2）通过一些网页分析工具，分析直通车网页的显示过程，找到呈现直通车数据的 Ajax 链接，模拟一个浏览器请求这些 Ajax 链接，从而无须解析网页，直接解析这些 Ajax 返回来的数据就可以了。

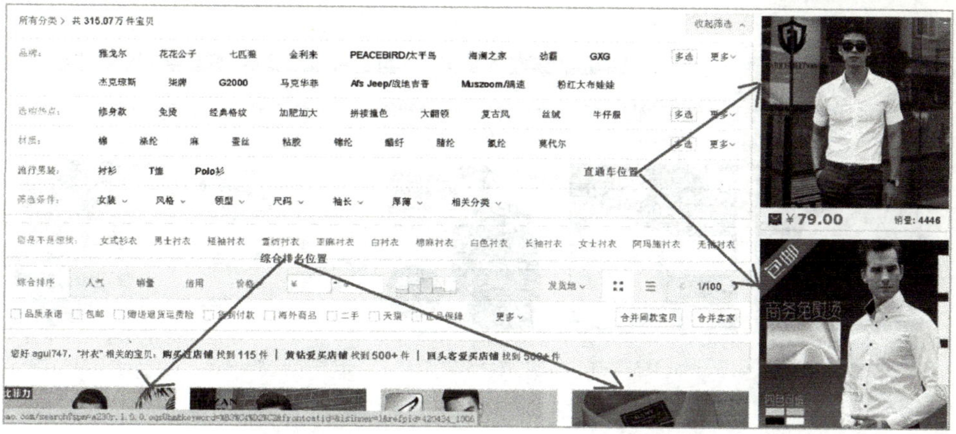

图 5.1

不过，直通车的排位查询我们就可以不用老办法了，我们在右边直通车排位的最下面找到“更多热卖”4 个字，然后点击这个链接，如图 5.2 所示。

图 5.2

在新打开的一个浏览器窗口中，我们看到如下的 URL 链接：

http://mosaic.re.taobao.com/search?spm=a230r.1.0.0.dM6XV1&keyword=%B3%C4%D2%C2&frontcatid=&isinner=1&refpid=420434_1006

新打开的窗口显示的就是做直通车推广的所有热卖宝贝，共 100 页，每页有 48 个宝贝，如图 5.3 所示。

图 5.3

只需要解析这个新打开的网页就可以得到所有直通车的关键词排位了。下面我们还是用谷歌浏览器的“审查元素”方法查看所有热卖宝贝的排位。

```
<div id="searchResult">
  <div class="views">
    <div id="J_waterfallWrapper" class="view waterfallWrapper">
      <div class="item">
        <div class="info">
          <a href="http://click.simba.taobao.com/cc_im?p=
%B3%C4%D2%C2&amp;s=1937812880&amp;k=353&amp;e=BUgRKz1vEJFAXzdWAK7nQnNPN%2
BR8cQ1GbRhSf0PIHGIdW51%2BQugDZB7eOlhkIHiVOAxvBSH20wEy95acDXyw6yhzn9FyMoUJ
s%2BHFh3IyvFlOw0CjEvQ0dDsbUK2sW40OHiH8na%2FLP7e%2FnxF%2BBNI83625zF02vc3wE
Fx7hcDYoYKULLnjMJl2ED6HJUjFH9KUfsECV8jczgOPiKgkMS5LV34WmKInb87TqiN9Bsg3tI
30LMnr0n2bo2qT%2Fg0BH9vHo3zrmqGSRp3zwFv4TuvjUaIzzVDvyvx%2BPoclSMUf0pSFJ2f
```

```
t8pFiRDOEJ%2FIx3ngdDjOY15YuwiiY4SMJM%2BRC21GlStWanmft" target="_blank" class=
"title" title="纯色短袖衬衫男韩版修身商务职业工装衬衣蓝" data-spm-anchor-id=
"a231k.7717563.1998539463.5">纯色短袖衬衫男韩版修身商务职业工装<font color=
"#ef470f">衬衣</font>蓝</a>
                <p class="shopName">
                    <a class="shopNick" href="http://click.simba.taobao.com/
cc_im?p=%B3%C4%D2%C2&amp;s=1937812880&amp;k=353&amp;e=BUgRKz1vEJFAXzdWAK7
nQnNPN%2BR8cQ1GbRhSf0PIHGIdW51%2BQugDZB7eOlhkIHiVOAxvBSH20wEy95acDXyw6yhz
n9FyMoUJs%2BHFh3IyvFlOw0CjEvQ0dDsbUK2sW40OHiH8na%2FLP7e%2FnxF%2BBNI83625z
F02vc3wEFx7hcDYoYKULLnjMJl2ED6HJUjFH9KUfsECV8jczgOPiKgkMS5LV34WmKInb87Tqi
N9Bsg3tI30LMnr0n2bo2qT%2Fg0BH9vHo3zrmqGSRp3zwFv4TuvjUaIzzVDvyvx%2BPoclSMU
f0pSFJ2ft8pFiRDOEJ%2FIx3ngdDjOY15YuwiiY4SMJM%2BRC21GlStWanmft"target="_blank"
data-spm-anchor-id="a231k.7717563.1998539463.6">faridshied法西盾旗舰店</a>
                    <a class="payNum" href="http://click.simba.taobao.com/
cc_im?p=%B3%C4%D2%C2&amp;s=1937812880&amp;k=353&amp;e=BUgRKz1vEJFAXzdWAK7
nQnNPN%2BR8cQ1GbRhSf0PIHGIdW51%2BQugDZB7eOlhkIHiVOAxvBSH20wEy95acDXyw6yhz
n9FyMoUJs%2BHFh3IyvFlOw0CjEvQ0dDsbUK2sW40OHiH8na%2FLP7e%2FnxF%2BBNI83625z
F02vc3wEFx7hcDYoYKULLnjMJl2ED6HJUjFH9KUfsECV8jczgOPiKgkMS5LV34WmKInb87Tqi
N9Bsg3tI30LMnr0n2bo2qT%2Fg0BH9vHo3zrmqGSRp3zwFv4TuvjUaIzzVDvyvx%2BPoclSMU
f0pSFJ2ft8pFiRDOEJ%2FIx3ngdDjOY15YuwiiY4SMJM%2BRC21GlStWanmft" target="_blank"
data-spm-anchor-id="a231k.7717563.1998539463.7">4446人付款</a>
                </p>

                <a href="http://click.simba.taobao.com/cc_im?p=
%B3%C4%D2%C2&amp;s=1937812880&amp;k=377&amp;e=%2Fr3nfxsViadAXzdWAK7nQnNPN
%2BR8cQ1GbRhSf0PIHGIdW51%2BQugDZB7eOlhkIHiVOAxvBSH20wEYFhZlm0RGgLo0ui7w4T
kgAOBL%2FjZpGYNOw0CjEvQ0dDsbUK2sW40OHiH8na%2FLP7e%2FnxF%2BBNI83625zF02vc3
wEFx7hcDYoYKU2mJvWlF8MB%2F8lwS3SjKZvgjoZqFzqhKxaj%2B5JcC5amAyAkw23C1mBxSl
y8XKNVcqfj1wbte%2BPdKiBkoZwSEQq8gZ%2FngjqxxtreT1sa6A8vQC0XhURfsWufqlaPrz6
```

```
R%2B32oNZW%2BphBpcyugVu5Bv1LYsvgIrMTanwABXLxMgGt2oQoU0CHFF4wzUoNEGmbboCvp
zG5rSJhQ%3D%3D" target="_blank" class="title" title="男士衬衫长袖纯棉 纯色春秋
款商务衬衣 韩版" data-spm-anchor-id="a231k.7717563.1998539463.13">男士衬衫长袖
纯棉 纯色春秋款商务<font color="#ef470f">衬衣</font> 韩版</a>
            <!--标题 end-->
            <!--店铺名称&&付款人数-->
            <p class="shopName">
                <a class="shopNick" href="http://click.simba.taobao.com/
cc_im?p=%B3%C4%D2%C2&amp;s=1937812880&amp;k=377&amp;e=%2Fr3nfxsViadAXzdWA
K7nQnNPN%2BR8cQ1GbRhSf0PIHGIdW51%2BQugDZB7eOlhkIHiVOAxvBSH20wEYFhZlm0RGgL
o0ui7w4TkgAOBL%2FjZpGYNOw0CjEvQ0dDsbUK2sW40OHiH8na%2FLP7e%2FnxF%2BBNI8362
5zF02vc3wEFx7hcDYoYKU2mJvWlF8MB%2F8lwS3SjKZvgjoZqFzqhKxaj%2B5JcC5amAyAkw2
3C1mBxSly8XKNVcqfj1wbte%2BPdKiBkoZwSEQq8gZ%2FngjqxxtreT1sa6A8vQC0XhURfsWu
fqlaPrz6R%2B32oNZW%2BphBpcyugVu5Bv1LYsvgIrMTanwABXLxMgGt2oQoU0CHFF4wzUoNE
GmbboCvpzG5rSJhQ%3D%3D" target="_blank" data-spm-anchor-id="a231k.7717563.
1998539463.14">职业门旗舰店</a>
                <a class="payNum" href="http://click.simba.taobao.com/
cc_im?p=%B3%C4%D2%C2&amp;s=1937812880&amp;k=377&amp;e=%2Fr3nfxsViadAXzdWA
K7nQnNPN%2BR8cQ1GbRhSf0PIHGIdW51%2BQugDZB7eOlhkIHiVOAxvBSH20wEYFhZlm0RGgL
o0ui7w4TkgAOBL%2FjZpGYNOw0CjEvQ0dDsbUK2sW40OHiH8na%2FLP7e%2FnxF%2BBNI8362
5zF02vc3wEFx7hcDYoYKU2mJvWlF8MB%2F8lwS3SjKZvgjoZqFzqhKxaj%2B5JcC5amAyAkw2
3C1mBxSly8XKNVcqfj1wbte%2BPdKiBkoZwSEQq8gZ%2FngjqxxtreT1sa6A8vQC0XhURfsWu
fqlaPrz6R%2B32oNZW%2BphBpcyugVu5Bv1LYsvgIrMTanwABXLxMgGt2oQoU0CHFF4wzUoNE
GmbboCvpzG5rSJhQ%3D%3D" target="_blank" data-spm-anchor-id="a231k.7717563.
1998539463.15">350人付款</a>
            </p>

            <a href="http://click.simba.taobao.com/cc_im?p=
%B3%C4%D2%C2&amp;s=1937812880&amp;k=353&amp;e=9uYicxUnLrZAXzdWAK7nQnNPN%2
```

```
BR8cQ1GbRhSf0PIHGIdW51%2BQugDZB7eOlhkIHiVOAxvBSH20wH9gaBhtQuYEh%2FWDmevdW
TyDUNeGjvOJx5Ow0CjEvQ0dDsbUK2sW40OHiH8na%2FLP7e%2FnxF%2BBNI83625zF02vc3wE
Fx7hcDYoYKULLnjMJl2ED6HJUjFH9KUfsECV8jczgPf6zAc%2FCqQBmAY8E4muW4atqNI4sGC
JGQFDwE5j7Jipf54UiRUIYB6SwbvQ1Yo8JJVy6OI7TysQ9Pe6buWfiM8jiO3TSX6USGe9Pep9
%2Bo2dNttON2WzbD5aa2%2FuTJ88pTcMmtwaCmIaGGCInr4nyfE"target="_blank"class=
"title" title="黑色衬衫男士长袖丝光棉免烫修身韩版衬衣" data-spm-anchor-id=
"a231k.7717563.1998539463.22">黑色衬衫男士长袖丝光棉免烫修身韩版<font color=
"#ef470f">衬衣</font></a>
            <!--标题 end-->
            <!--店铺名称&&付款人数-->
            <p class="shopName">
                <a class="shopNick" href="http://click.simba.taobao.com/
cc_im?p=%B3%C4%D2%C2&amp;s=1937812880&amp;k=353&amp;e=9uYicxUnLrZAXzdWAK7
nQnNPN%2BR8cQ1GbRhSf0PIHGIdW51%2BQugDZB7eOlhkIHiVOAxvBSH20wH9gaBhtQuYEh%2
FWDmevdWTyDUNeGjvOJx5Ow0CjEvQ0dDsbUK2sW40OHiH8na%2FLP7e%2FnxF%2BBNI83625z
F02vc3wEFx7hcDYoYKULLnjMJl2ED6HJUjFH9KUfsECV8jczgPf6zAc%2FCqQBmAY8E4muW4a
tqNI4sGCJGQFDwE5j7Jipf54UiRUIYB6SwbvQ1Yo8JJVy6OI7TysQ9Pe6buWfiM8jiO3TSX6U
SGe9Pep9%2Bo2dNttON2WzbD5aa2%2FuTJ88pTcMmtwaCmIaGGCInr4nyfE" target="_blank"
data-spm-anchor-id="a231k.7717563.1998539463.23">雷德西奥棉田专卖店</a>
                <a class="payNum" href="http://click.simba.taobao.com/
cc_im?p=%B3%C4%D2%C2&amp;s=1937812880&amp;k=353&amp;e=9uYicxUnLrZAXzdWAK7
nQnNPN%2BR8cQ1GbRhSf0PIHGIdW51%2BQugDZB7eOlhkIHiVOAxvBSH20wH9gaBhtQuYEh%2
FWDmevdWTyDUNeGjvOJx5Ow0CjEvQ0dDsbUK2sW40OHiH8na%2FLP7e%2FnxF%2BBNI83625z
F02vc3wEFx7hcDYoYKULLnjMJl2ED6HJUjFH9KUfsECV8jczgPf6zAc%2FCqQBmAY8E4muW4a
tqNI4sGCJGQFDwE5j7Jipf54UiRUIYB6SwbvQ1Yo8JJVy6OI7TysQ9Pe6buWfiM8jiO3TSX6U
SGe9Pep9%2Bo2dNttON2WzbD5aa2%2FuTJ88pTcMmtwaCmIaGGCInr4nyfE" target="_blank"
data-spm-anchor-id="a231k.7717563.1998539463.24">522人付款</a>
            </p>
            <a href="http://click.simba.taobao.com/cc_im?p=
```

```
%B3%C4%D2%C2&amp;s=1937812880&amp;k=321&amp;e=NenQ2vjqACxAXzdWAK7nQnNPN%2
BR8cQ1GbRhSf0PIHGIdW51%2BQugDZB7eOlhkIHiVOAxvBSH20wEYFhZlm0RGgHkjEs%2BQ%2
BcyzuatVvFb6YJdOw0CjEvQ0dDsbUK2sW40OHiH8na%2FLP7e%2FnxF%2BBNI83625zF02vc3
wEFx7hcDYoYKULLnjMJl2ED6HJUjFH9KUfsECV8jczgMsacEhNgHL4wPNS0HSdxe9Vk44HDJt
TXJhOx7nV2sgex6y046PlRKfZXQApk1ovIEitf4LsL%2B6SuMpOTBkeorYbUyCqc9jKUu50A4
9F992jwS%2BsCqY3i2m" target="_blank" class="title" title="顺丰包邮?!2 件减 15!!
衬衫男短袖修身免烫夏" data-spm-anchor-id="a231k.7717563.1998539463.30">顺丰包
邮?!2 件减 15!!衬衫男短袖修身免烫夏</a>
                    <!--标题 end-->
                    <!--店铺名称&&付款人数-->
                    <p class="shopName">
                        <a class="shopNick" href="http://click.simba.taobao.com/
cc_im?p=%B3%C4%D2%C2&amp;s=1937812880&amp;k=321&amp;e=NenQ2vjqACxAXzdWAK7
nQnNPN%2BR8cQ1GbRhSf0PIHGIdW51%2BQugDZB7eOlhkIHiVOAxvBSH20wEYFhZlm0RGgHkj
Es%2BQ%2BcyzuatVvFb6YJdOw0CjEvQ0dDsbUK2sW40OHiH8na%2FLP7e%2FnxF%2BBNI8362
5zF02vc3wEFx7hcDYoYKULLnjMJl2ED6HJUjFH9KUfsECV8jczgMsacEhNgHL4wPNS0HSdxe9
Vk44HDJtTXJhOx7nV2sgex6y046PlRKfZXQApk1ovIEitf4LsL%2B6SuMpOTBkeorYbUyCqc9
jKUu50A49F992jwS%2BsCqY3i2m" target="_blank" data-spm-anchor-id="a231k.
7717563.1998539463.31">职业门旗舰店</a>
                        <a class="payNum" href="http://click.simba.taobao.com/
cc_im?p=%B3%C4%D2%C2&amp;s=1937812880&amp;k=321&amp;e=NenQ2vjqACxAXzdWAK7
nQnNPN%2BR8cQ1GbRhSf0PIHGIdW51%2BQugDZB7eOlhkIHiVOAxvBSH20wEYFhZlm0RGgHkj
Es%2BQ%2BcyzuatVvFb6YJdOw0CjEvQ0dDsbUK2sW40OHiH8na%2FLP7e%2FnxF%2BBNI8362
5zF02vc3wEFx7hcDYoYKULLnjMJl2ED6HJUjFH9KUfsECV8jczgMsacEhNgHL4wPNS0HSdxe9
Vk44HDJtTXJhOx7nV2sgex6y046PlRKfZXQApk1ovIEitf4LsL%2B6SuMpOTBkeorYbUyCqc9
jKUu50A49F992jwS%2BsCqY3i2m" target="_blank" data-spm-anchor-id="a231k.
7717563.1998539463.32">6264 人付款</a>
                    </p>
```

```
                <a href="http://click.simba.taobao.com/cc_im?p=
%B3%C4%D2%C2&amp;s=1937812880&amp;k=353&amp;e=mOU0YAobTfRAXzdWAK7nQnNPN%2
BR8cQ1GbRhSf0PIHGIdW51%2BQugDZB7eOlhkIHiVOAxvBSH20wGfTqAvylStr11Bjdq1FHkz
h%2BbKLfHL6ZpOw0CjEvQ0dDsbUK2sW40OHiH8na%2FLP7e%2FnxF%2BBNI83625zF02vc3wE
Fx7hcDYoYKULLnjMJl2ED6HJUjFH9KUHH6bq6yswj5BrjWt0D69uHi%2B1bvt0hmJ99FLMJpL
Eqd2kh5bIELIJve6VUh8jclSfahlHc%2FakYvNhu%2Fsyxq4ReMpOTBkeorY4EPY679mdd5Ix
XHiNqs9Fc117Ewnl%2Fy82IdDEmD9yMPhf%2B8TMSMiKQK%2BnMbmtImF" target="_blank"
class="title" title="大码女装碎花轻薄棉中长款衬衣衬衫亚麻真丝" data-spm-anchor-
id="a231k.7717563.1998539463.39">大码女装碎花轻薄棉中长款<font color="#ef470f">
衬衣</font>衬衫亚麻真丝</a>
                <p class="shopName">
                    <a class="shopNick" href="http://click.simba.taobao.com/
cc_im?p=%B3%C4%D2%C2&amp;s=1937812880&amp;k=353&amp;e=mOU0YAobTfRAXzdWAK7
nQnNPN%2BR8cQ1GbRhSf0PIHGIdW51%2BQugDZB7eOlhkIHiVOAxvBSH20wGfTqAvylStr11B
jdq1FHkzh%2BbKLfHL6ZpOw0CjEvQ0dDsbUK2sW40OHiH8na%2FLP7e%2FnxF%2BBNI83625z
F02vc3wEFx7hcDYoYKULLnjMJl2ED6HJUjFH9KUHH6bq6yswj5BrjWt0D69uHi%2B1bvt0hmJ
99FLMJpLEqd2kh5bIELIJve6VUh8jclSfahlHc%2FakYvNhu%2Fsyxq4ReMpOTBkeorY4EPY6
79mdd5IxXHiNqs9Fc117Ewnl%2Fy82IdDEmD9yMPhf%2B8TMSMiKQK%2BnMbmtImF" target=
"_blank" data-spm-anchor-id="a231k.7717563.1998539463.40">seoulize</a>
                    <a class="payNum" href="http://click.simba.taobao.com/
cc_im?p=%B3%C4%D2%C2&amp;s=1937812880&amp;k=353&amp;e=mOU0YAobTfRAXzdWAK7
nQnNPN%2BR8cQ1GbRhSf0PIHGIdW51%2BQugDZB7eOlhkIHiVOAxvBSH20wGfTqAvylStr11B
jdq1FHkzh%2BbKLfHL6ZpOw0CjEvQ0dDsbUK2sW40OHiH8na%2FLP7e%2FnxF%2BBNI83625z
F02vc3wEFx7hcDYoYKULLnjMJl2ED6HJUjFH9KUHH6bq6yswj5BrjWt0D69uHi%2B1bvt0hmJ
99FLMJpLEqd2kh5bIELIJve6VUh8jclSfahlHc%2FakYvNhu%2Fsyxq4ReMpOTBkeorY4EPY6
79mdd5IxXHiNqs9Fc117Ewnl%2Fy82IdDEmD9yMPhf%2B8TMSMiKQK%2BnMbmtImF" target=
"_blank" data-spm-anchor-id="a231k.7717563.1998539463.41">491 人付款</a>
                </p>
                ..................
```

```
                    ..................
                    <a href="http://click.simba.taobao.com/cc_im?p=
%B3%C4%D2%C2&amp;s=1937812880&amp;k=321&amp;e=qmmXfPn6FoNAXzdWAK7nQnNPN%2
BR8cQ1GbRhSf0PIHGIdW51%2BQugDZB7eO1hkIHiVOAxvBSH20wGAVZh9LeB4jq2zc0%2F7u9
I4%2BrSda%2FJpB5BOw0CjEvQ0dDsbUK2sW40OHiH8na%2FLP7e%2FnxF%2BBNI83625zF02v
c3wEFx7hcDYoYKULLnjMJl2ED6HJUjFH9KUfsECV8jczgPq%2BmuSnRZ%2Bf4ssWIIqSr8dv7
uEG61ZBW8kJONn0QcWoU6AKP6nk7Y7NrufxtMD84DHNUnr3crjvbQOZcV1ymBaPoclSMUf0pS
oGwSAOVgKptgswKTSzXB6" target="_blank" class="title" title="夏季花花公子短袖
男士爸爸装丝光棉格子衬衫" data-spm-anchor-id="a231k.7717563.1998539463.1622">
夏季花花公子短袖男士爸爸装丝光棉格子衬衫</a>
                    <!--标题 end-->
                    <!--店铺名称&&付款人数-->
                    <p class="shopName">
                        <a class="shopNick" href="http://click.simba.taobao.com/
cc_im?p=%B3%C4%D2%C2&amp;s=1937812880&amp;k=321&amp;e=qmmXfPn6FoNAXzdWAK7
nQnNPN%2BR8cQ1GbRhSf0PIHGIdW51%2BQugDZB7eO1hkIHiVOAxvBSH20wGAVZh9LeB4jq2z
c0%2F7u9I4%2BrSda%2FJpB5BOw0CjEvQ0dDsbUK2sW40OHiH8na%2FLP7e%2FnxF%2BBNI83
625zF02vc3wEFx7hcDYoYKULLnjMJl2ED6HJUjFH9KUfsECV8jczgPq%2BmuSnRZ%2Bf4ssWI
IqSr8dv7uEG61ZBW8kJONn0QcWoU6AKP6nk7Y7NrufxtMD84DHNUnr3crjvbQOZcV1ymBaPoc
lSMUf0pSoGwSAOVgKptgswKTSzXB6" target="_blank" data-spm-anchor-id="a231k.
7717563.1998539463.1623">tb_4194132</a>
                        <a class="payNum" href="http://click.simba.taobao.com/
cc_im?p=%B3%C4%D2%C2&amp;s=1937812880&amp;k=321&amp;e=qmmXfPn6FoNAXzdWAK7
nQnNPN%2BR8cQ1GbRhSf0PIHGIdW51%2BQugDZB7eO1hkIHiVOAxvBSH20wGAVZh9LeB4jq2z
c0%2F7u9I4%2BrSda%2FJpB5BOw0CjEvQ0dDsbUK2sW40OHiH8na%2FLP7e%2FnxF%2BBNI83
625zF02vc3wEFx7hcDYoYKULLnjMJl2ED6HJUjFH9KUfsECV8jczgPq%2BmuSnRZ%2Bf4ssWI
IqSr8dv7uEG61ZBW8kJONn0QcWoU6AKP6nk7Y7NrufxtMD84DHNUnr3crjvbQOZcV1ymBaPoc
lSMUf0pSoGwSAOVgKptgswKTSzXB6" target="_blank" data-spm-anchor-id="a231k.
7717563.1998539463.1624">0人付款</a>
```

```
            </p>
          </div>
        </div>
      </div>
      <div id="J_waterfallPagination" class="pagination"><div class=
"pagination-pages"><div class="pagination-page"><span class="page-cur">1
</span><a class="page" href="http://mosaic.re.taobao.com/search?spm=
a231k.7717563.1998539463.1626.MX7GcI&amp;keyword=%E8%A1%AC%E8%A1%A3&amp;f
rontcatid=&amp;isinner=1&amp;refpid=420434_1006&amp;page=1&amp;_input_cha
rset=utf-8" data-spm-anchor-id="a231k.7717563.1998539463.1626">2</a><a class=
"page" href="http://mosaic.re.taobao.com/search?spm=a231k.7717563.
1998539463.1627.MX7GcI&amp;keyword=%E8%A1%AC%E8%A1%A3&amp;frontcatid=&amp
;isinner=1&amp;refpid=420434_1006&amp;page=2&amp;_input_charset=utf-8"
data-spm-anchor-id="a231k.7717563.1998539463.1627">3</a><span class="page-
split">...</span><a class="page" href="http://mosaic.re.taobao.com/search?spm=
a231k.7717563.1998539463.1628.MX7GcI&amp;keyword=%E8%A1%AC%E8%A1%A3&amp;
frontcatid=&amp;isinner=1&amp;refpid=420434_1006&amp;page=99&amp;_input_
charset=utf-8"  data-spm-anchor-id="a231k.7717563.1998539463.1628">100</a>
<a  href="http://mosaic.re.taobao.com/search?spm=a231k.7717563.1998539463.
1629.MX7GcI&amp;keyword=%E8%A1%AC%E8%A1%A3&amp;frontcatid=&amp;isinner=1&
amp;refpid=420434_1006&amp;page=1&amp;_input_charset=utf-8" class="page-
next  iconfont"  data-spm-anchor-id="a231k.7717563.1998539463.1629">下一页
</a><span class="totalPage">共100页</span><span class="text">去第</span>
<a href="javascript:;" class="pageJump" data-spm-anchor-id="a231k.7717563.
1998539463.1630"> <input id="Jumper" value="1" name="page" type="text"></a>
<span class="text2">页</span><a href="http://mosaic.re.taobao.com/search?spm=
a231k.7717563.1998539463.1631.MX7GcI&amp;keyword=%E8%A1%AC%E8%A1%A3&amp;f
rontcatid=&amp;isinner=1&amp;refpid=420434_1006&amp;page=0&amp;_input_cha
rset=utf-8" class="pageConfirm" data-spm-anchor-id="a231k.7717563.1998539463.
```

```
1631">确定</a></div></div></div>
      </div>
</div>
```

解析这个 HTML 源代码就可以了。对于不同的翻页，我们观察不同页码的 URL：

http://mosaic.re.taobao.com/search?spm=a231k.7717563.1998539463.1635.9ShNPD&keyword=%E8%A1%AC%E8%A1%A3&frontcatid=&isinner=1&refpid=420434_1006&**page=2**&_input_charset=utf-8

我们替换 page=*N* 就可以解析不同页码的直通车数据了。这里需要注意的是，每个淘宝搜索页的直通车席位是 17 个（12+5），假如我们要搜索淘宝自然搜索前 5 页的直通车排名，那么实际搜索直通车排名的个数是 17×5=85 个直通车排位，而上面的那个 URL 链接每页是 48 个，这时仅需搜索前 2 页（48×2=96）就可以满足淘宝搜索前 5 页的直通车排名了。

对于搜索出来的结果，我们还是按照前面讲的方法进行解析。例如，利用<a class="title" >标签获得所有的宝贝名称，利用<a class="shopNick">获得旺旺 ID，这时比较旺旺 ID，就可以获得该店铺对应某个关键词相应的直通车排名。利用这种方法，我们并不能获得该宝贝 ID，所以不能利用该宝贝 ID 进行比对。

第6章

实时抓取宝贝的订单数据

- 实时抓取宝贝的订单数据的意义
- 如何实时抓取宝贝的订单数据

6.1 实时抓取宝贝的订单数据的意义

古人云：作战要知己知彼。我们在日常运营过程中，每个时段都会有自己的主推款，而主推款的竞争宝贝是谁，我们是必须要知道的。而且我们也要经常对竞争对手进行分析，特别是人气排序下的主要竞争宝贝的流量结构、转化率、主图吸引点、宝贝描述里的卖点分析。

对于如何打造自己的爆款，如何对竞争宝贝 7 天螺旋流量进行分析，如何监测竞争对手的爆款，实现完整的竞争对手宝贝生命周期的监控，对于跟踪竞争对手的主推单品、监测关键词卡位、进而全方位监测竞争对手来说，实时抓取竞争宝贝的订单数据是至关重要的。

6.2 如何实时抓取宝贝的订单数据

如图 6.1 所示，我们可以从宝贝详情页上看到该宝贝的月成交记录。第一列是买家昵称，即购买该宝贝的顾客的旺旺号；第二列是款式/型号，即该宝贝的规格、型号；

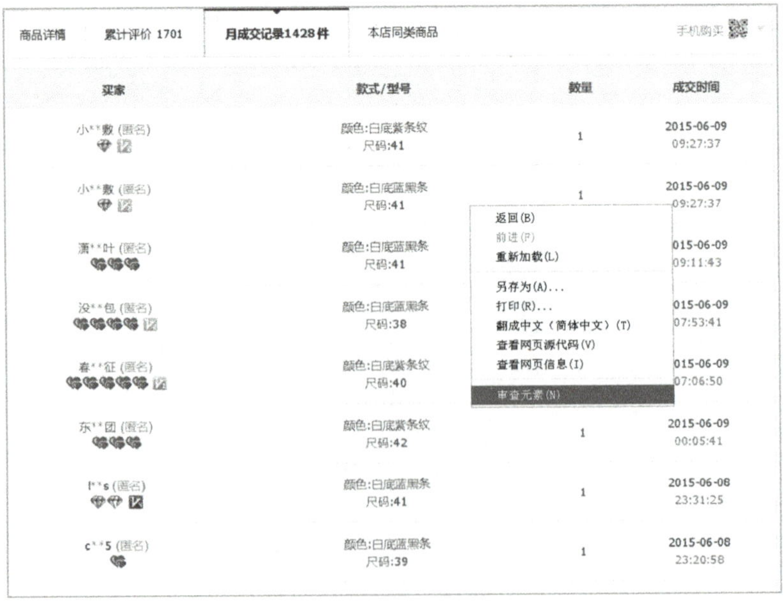

图 6.1

第三列是顾客购买该宝贝的数量；第四列就是顾客购买该宝贝的时间。对于分析一个宝贝的月成交记录来讲，我们并不关心是谁购买了该宝贝（由于绝大部分顾客都是匿名购买，你想关心是谁购买的，事实上也做不到），所以只要分析出该宝贝的购买数量和购买时间，就可以分析出该宝贝每天的销售数量了。

我们还是用老办法，使用谷歌浏览器打开该宝贝，然后单击鼠标右键，在弹出的快捷菜单中选择“审查元素”，看看月成交记录是如何显示的，然后再分析这个网页，就可以获得该宝贝所有的月成交记录了。不过，淘宝最多仅显示一个宝贝的前 1500 条记录，所以对于一个爆款来说，如果日销量过百或者过千，就只能查看前 1500 条记录了，不一定是 30 天的。

```
<div id="J_DealRecord" class="J_DetailSection tm-curTab">
    <h4 class="hd">月成交记录
        <span class="J_MonSales" style="display: inline;">
            <em class="J_TDealCount tm-MRswitchRecord">1428</em>件
        </span>
    </h4>
    <div class="wrap">
        <div class="summary-line" style="display: none;"></div>
        <div id="J_showBuyerList" class="J_TAjaxContainer tm-clear">
            <table summary="成交记录" border="0" cellspacing="0" cellpadding=
"0" class="table-deal-record" server-num="malldetailskip010178193179.n.et2">
                <colgroup>
                    <col class="col-buyer">
                    <col class="col-goods">
                    <col class="col-amount">
                    <col class="col-chargetime">
                </colgroup>
                <tbody>
                    <tr>
                        <th class="th-buyer">买家</th>
```

```
                    <th class="th-goods">款式/型号</th>
                    <th class="th-quantity">数量</th>
                    <th class="th-dealtime">成交时间</th>
                </tr>
                <tr>
                    <td class="cell-align-l buyer">
                        <div class="line"> 小<span class="tb-anonymous">**
</span>敷 <span class="tb-anonymous">(匿名)</span> </div>
                        <div  class="line">  <img  src="//img.alicdn.com/
newrank/b_blue_1.gif" title="251 — 500 个买家信用积分" border="0" align=
"absmiddle" class="rank"> <a target="_blank" href="//vip.taobao.com" title=
"V2 会员"><img src="//img.alicdn.com/tps/i4/T1FHuIXcNkXXXXXXXX-16-16.png"
alt="V2会员"></a> </div>
                    </td>
                    <td class="cell-align-l style"> 颜色:白底紫条纹<br>尺码:41
</td>
                    <td class="quantity"> 1 </td>
                    <td class="dealtime"> <p class="date">2015-06-09</p> <p
class="time">09:27:37</p> </td>
                </tr>
                <tr class="odd">
                    <td class="cell-align-l buyer">
                        <div class="line"> 小<span class="tb-anonymous">**
</span>敷 <span class="tb-anonymous">(匿名)</span> </div>
                        <div class="line"> <img src="//img.alicdn.com/newrank/
b_blue_1.gif" title="251—500 个买家信用积分" border="0" align="absmiddle"
class="rank"> <a target="_blank" href="//vip.taobao.com" title="V2会员"><img
src="//img.alicdn.com/tps/i4/T1FHuIXcNkXXXXXXXX-16-16.png"  alt="V2  会 员
"></a> </div>
                    </td>
```

```
                <td class="cell-align-l style"> 颜色:白底蓝黑条<br>尺码:41
</td>
                <td class="quantity"> 1 </td>
                <td class="dealtime"> <p class="date">2015-06-09</p> <p
class="time">09:27:37</p> </td>
            </tr>
            <tr>
                <td class="cell-align-l buyer">
                    <div class="line"> 潇<span class="tb-anonymous">**
</span>叶 <span class="tb-anonymous">(匿名)</span> </div>
                    <div class="line"> <img src="//img.alicdn.com/newrank/
b_red_3.gif" title="41-90 个买家信用积分" border="0" align="absmiddle" class=
"rank"> </div>
                </td>
                <td class="cell-align-l style"> 颜色:白底蓝黑条<br>尺码:41
</td>
                <td class="quantity"> 1 </td>
                <td class="dealtime"> <p class="date">2015-06-09</p> <p
class="time">09:11:43</p> </td>
            </tr>
..............................................................
..............................................................
..............................................................
        </tbody>
    </table>
    <div class="pagination">
        <div class="page-bottom"> <span class="page-info"></span>
            <span class="page-start"><span>上一页</span></span>
            <span class="page-cur">1</span>
            <a href="//ext-mdskip.taobao.com/extension/
```

```
dealRecords.htm?isOffline=&amp;pageSize=15&amp;isStart=false&amp;itemType
=b&amp;ends=1434419940000&amp;starts=1433815140000&amp;itemId=38548908945
&amp;soldTotalNum=1428&amp;sellerNumId=729426279&amp;isFromDetail=yes&amp
;totalSQ=4071&amp;sbn=a03a1870fcb9effa2881ed0358138186&amp;isSecKill=fals
e&amp;isOriginPrice=false&amp;bidPage=2" detail:params="//ext-mdskip.taobao.com/
extension/dealRecords.htm?isOffline=&amp;pageSize=15&amp;isStart=false&am
p;itemType=b&amp;ends=1434419940000&amp;starts=1433815140000&amp;itemId=3
8548908945&amp;soldTotalNum=1428&amp;sellerNumId=729426279&amp;isFromDeta
il=yes&amp;totalSQ=4071&amp;sbn=a03a1870fcb9effa2881ed0358138186&amp;isSe
cKill=false&amp;isOriginPrice=false&amp;bidPage=2,showBuyerList" class=
"J_TAjaxTrigger page-next">2
                </a>
                <span class="page-break">…</span>
                <a href="//ext-mdskip.taobao.com/extension/dealRecords.
htm?isOffline=&amp;pageSize=15&amp;isStart=false&amp;itemType=b&amp;ends=
1434419940000&amp;starts=1433815140000&amp;itemId=38548908945&amp;soldTot
alNum=1428&amp;sellerNumId=729426279&amp;isFromDetail=yes&amp;totalSQ=407
1&amp;sbn=a03a1870fcb9effa2881ed0358138186&amp;isSecKill=false&amp;isOrig
inPrice=false&amp;bidPage=2" detail:params="//ext-mdskip.taobao.com/
extension/dealRecords.htm?isOffline=&amp;pageSize=15&amp;isStart=false&am
p;itemType=b&amp;ends=1434419940000&amp;starts=1433815140000&amp;itemId=3
8548908945&amp;soldTotalNum=1428&amp;sellerNumId=729426279&amp;isFromDeta
il=yes&amp;totalSQ=4071&amp;sbn=a03a1870fcb9effa2881ed0358138186&amp;isSe
cKill=false&amp;isOriginPrice=false&amp;bidPage=2,showBuyerList" class=
"J_TAjaxTrigger page-next"><span>下一页</span>
                </a>
            </div>
        </div>
        <p class="view-all"><a id="J_LinkViewAll" detail:params="//ext-
mdskip.taobao.com/extension/dealRecords.htm?bidPgae=1&amp;isStart=true&am
```

```
p;isOffline=&amp;pageSize=15&amp;itemType=b&amp;ends=1434419940000&amp;st
arts=1433815140000&amp;itemId=38548908945&amp;soldTotalNum=1428&amp;selle
rNumId=729426279&amp;isFromDetail=yes&amp;totalSQ=4071&amp;sbn=a03a1870fc
b9effa2881ed0358138186&amp;isSecKill=false,showBuyerList"class="J_TAjaxTrigger"
href="//detail.tmall.com/item.htm?id=38548908945">查看更多历史记录<ins></ins>
</a>
        </p>
      </div>
    </div>
</div>
```

我们找到关键词<div id="J_DealRecord"class="J_DetailSection tm-curTab">，就找到该宝贝第一页的所有购买记录了，然后再多次点击“下一页”，就得到了所有的 1500 条购买记录，随后就可以做 7 天螺旋分析了。每天都这样做一遍，就可以跟踪该宝贝的 7 天、30 天甚至 90 天、180 天和一年的销售记录了。

这种技术适合于对谷歌 Chrome、Firefox 或者 IE 浏览器的插件技术比较熟悉的程序员。通过浏览器插件技术（无论是 IE、Firefox 还是 Chrome 都有自己的插件技术），淘宝无论如何增强反爬虫技术，最终总是要在浏览器里按照正常的数据格式显示出来的，订单数据在浏览器里正常显示后，那么通过浏览器插件接口就可以抓取到这些数据了。

我还是使用前面讲到的网页分析方法：通过一些网页分析工具，分析淘宝网页的显示过程，找到呈现商品月成交记录的 Ajax 链接，模拟一个浏览器请求这些 Ajax 链接，从而无须解析网页，直接解析这些 Ajax 返回来的数据就可以了。

这时我们注意到图 6.2 所示的内容。

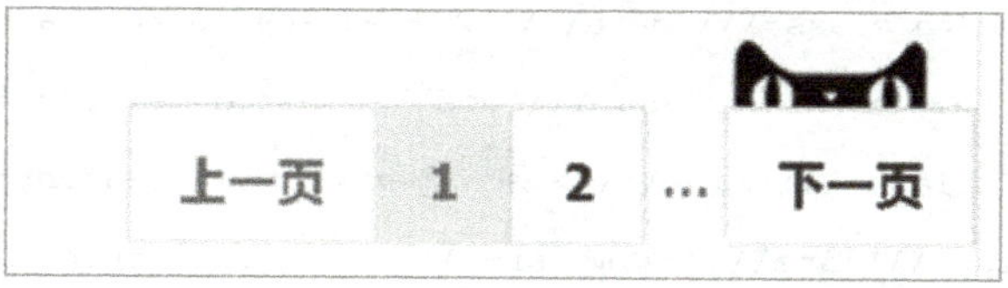

图 6.2

第“2”页的<a href…>链接如下：

```
<a href="//ext-mdskip.taobao.com/extension/dealRecords.htm?isOffline=&amp;
pageSize=15&amp;isStart=false&amp;itemType=b&amp;ends=1434419940000&amp;s
tarts=1433815140000&amp;itemId=38548908945&amp;soldTotalNum=1428&amp;sell
erNumId=729426279&amp;isFromDetail=yes&amp;totalSQ=4071&amp;sbn=a03a1870f
cb9effa2881ed0358138186&amp;isSecKill=false&amp;isOriginPrice=false&amp;
bidPage=2" >
```

我们只需要用模拟浏览器请求这个链接，就可以获得淘宝的 JSON 格式的数据。利用这种方法，我们获得的 JSON 格式的第一页 15 条数据如下：

```
<table summary=\\\"成交记录\\\" border=\\\"0\\\" cellspacing=\\\"0\\\"
cellpadding=\\\"0\\\" class=\\\"table-deal-record\\\" server-num=\\\
"malldetailskip010179034060.s.et2\\\"><colgroup><col class=\\\"col-buyer\\\"/>
<col class=\\\"col-goods\\\"/><col class=\\\"col-amount\\\"/><col class=
\\\"col-chargetime\\\"/></colgroup><tr><th class=\\\"th-buyer\\\">买家<span
class=\\\"tb-anonytip\\\">[登录后可见]</span></th><th class=\\\"th-goods\\\">
款式/型号</th><th class=\\\"th-quantity\\\">数量</th><th class=\\\"th-dealtime\\\">
成交时间</th></tr><tr ><td class=\\\"cell-align-l buyer\\\"><div class=\\\
"line\\\">依<span class=tb-anonymous>**</span>绯</div><div class=\\\"line\\\">
<img src=\\\"//img.alicdn.com/newrank/b_blue_3.gif\\\" title=\\\"1001-2000
个买家信用积分\\\" border=\\\"0\\\" align=\\\"absmiddle\\\" class=\\\"rank\\\"
/><a target=\\\"_blank\\\" href=\\\"//vip.taobao.com\\\" title=\\\"V3 会员
\\\"><img src=\\\"//img.alicdn.com/tps/i1/T1GYuIXcRkXXXXXXXX-16-16.png\\\"
alt=\\\"V3 会员\\\"></a></div></td><td class=\\\"cell-align-l style\\\">颜色:
白底蓝黑条<br/>尺码:42 </td><td class=\\\"quantity\\\"> 1 </td><td class=
\\\"dealtime\\\"><p class=\\\"date\\\">2015-06-09</p><p class=\\\"time\\\">
11:19:40</p></td></tr><tr class=\\\"odd\\\" ><td class=\\\"cell-align-l
buyer\\\"><div class=\\\"line\\\">阳<span class=tb-anonymous>**</span>o
</div><div class=\\\"line\\\"><img src=\\\"//img.alicdn.com/newrank/b_red_
4.gif\\\" title=\\\"91 - 150 个买家信用积分\\\" border=\\\"0\\\"
```

```
align=\\\"absmiddle\\\" class=\\\"rank\\\" /><a target=\\\"_blank\\\" href=
\\\"//vip.taobao.com\\\" title=\\\"V1 会员\\\"><img src=\\\"//img.alicdn.com/
tps/i3/T1PbuIXclkXXXXXXXX-16-16.png\\\" alt=\\\"V1 会员\\\"></a></div></td>
<td class=\\\"cell-align-l style\\\">颜色：白底蓝条纹<br/>尺码:40 </td><td
class=\\\"quantity\\\"> 1 </td><td class=\\\"dealtime\\\"><p class=\\\"date\\\">
2015-06-09</p><p class=\\\"time\\\">11:13:39</p></td></tr><tr ><td class=\\\
"cell-align-l buyer\\\"><div class=\\\"line\\\"> c<span class=tb-anonymous>
**</span>8 </div><div class=\\\"line\\\"><img src=\\\"//img.alicdn.com/
newrank/b_red_3.gif\\\" title=\\\"41—90 个买家信用积分\\\" border=\\\"0\\\"
align=\\\"absmiddle\\\" class=\\\"rank\\\" /><a target=\\\"_blank\\\" href=
\\\"//vip.taobao.com\\\" title=\\\"V2 会员\\\"><img src=\\\"//img.alicdn.com/
tps/i4/T1FHuIXcNkXXXXXXXX-16-16.png\\\" alt=\\\"V2 会员\\\"></a></div></td>
<td class=\\\"cell-align-l style\\\">颜色：白底蓝黑条<br/>尺码:38 </td><td
class=\\\"quantity\\\"> 1 </td><td class=\\\"dealtime\\\"><p class=\\\
"date\\\">2015-06-09</p><p class=\\\"time\\\">11:03:06</p></td></tr><tr class=
\\\"odd\\\" ><td class=\\\"cell-align-l buyer\\\"><div class=\\\"line\\\">
q<span class=tb-anonymous>**</span>s </div><div class=\\\"line\\\"><img
src=\\\"//img.alicdn.com/newrank/b_blue_3.gif\\\" title=\\\"1001—2000 个买
家信用积分\\\" border=\\\"0\\\" align=\\\"absmiddle\\\" class=\\\"rank\\\"
/><a target=\\\"_blank\\\" href=\\\"//vip.taobao.com\\\" title=\\\"V4 会员
\\\"><img src=\\\"//img.alicdn.com/tps/i2/T1HbuIXcNkXXXXXXXX-16-16.png\\\"
alt=\\\"V4 会员\\\"></a></div></td><td class=\\\"cell-align-l style\\\">颜色:
白底蓝条纹<br/> 尺码 :40 </td><td class=\\\"quantity\\\"> 1 </td><td
class=\\\"dealtime\\\"><p class=\\\"date\\\">2015-06-09</p><p class=\\\
"time\\\">11:00:35</p></td></tr><tr ><td class=\\\"cell-align-l buyer\\\">
<div class=\\\"line\\\">小<span class=tb-anonymous>**</span>敷</div><div
class=\\\"line\\\"><img src=\\\"//img.alicdn.com/newrank/b_blue_1.gif\\\"
title=\\\"251—500 个买家信用积分\\\" border=\\\"0\\\" align=\\\"absmiddle\\\"
class=\\\"rank\\\" /><a target=\\\"_blank\\\" href=\\\"//vip.taobao.com\\\"
title=\\\"V2 会员\\\"><img src=\\\"//img.alicdn.com/tps/i4/T1FHuIXcNkXXXXXXXX-
```

```
16-16.png\\\" alt=\\\"V2 会员\\\"></a></div></td><td class=\\\"cell-align-l
style\\\">颜色:白底紫条纹<br/>尺码:41 </td><td class=\\\"quantity\\\"> 1
</td><td class=\\\"dealtime\\\"><p class=\\\"date\\\">2015-06-09</p><p
class=\\\"time\\\">09:27:37</p></td></tr><tr class=\\\"odd\\\" ><td class=
\\\"cell-align-l buyer\\\"><div class=\\\"line\\\">小<span class=tb-
anonymous>**</span>数</div><div class=\\\"line\\\"><img src= \\\"//img.
alicdn.com/newrank/b_blue_1.gif\\\" title=\\\"251－500 个买家信用积分\\\"
border=\\\"0\\\" align=\\\"absmiddle\\\" class=\\\"rank\\\" /><a target=
\\\"_blank\\\" href=\\\"//vip.taobao.com\\\" title=\\\"V2 会员\\\"><img
src=\\\"//img.alicdn.com/tps/i4/T1FHuIXcNkXXXXXXXX-16-16.png\\\"alt=\\\"
V2 会员\\\"></a></div></td><td class=\\\"cell-align-l style\\\">颜色:白底蓝黑
条<br/>尺码:41 </td><td class=\\\"quantity\\\"> 1 </td><td class=\\\
"dealtime\\\"><p class=\\\"date\\\">2015-06-09</p><p class=\\\"time\\\">
09:27:37</p></td></tr><tr ><td class=\\\"cell-align-l buyer\\\"><div
class=\\\"line\\\">潇<span class=tb-anonymous>**</span>叶</div><div class=
\\\"line\\\"><img src=\\\"//img.alicdn.com/newrank/b_red_3.gif\\\" title=
\\\"41－90 个买家信用积分\\\" border=\\\"0\\\" align=\\\"absmiddle\\\"
class=\\\"rank\\\" /></div></td><td class=\\\"cell-align-l style\\\">颜色:
白底蓝黑条<br/>尺码:41 </td><td class=\\\"quantity\\\"> 1 </td><td class=
\\\"dealtime\\\"><p class=\\\"date\\\">2015-06-09</p><p class=\\\"time\\\
">09:11:43</p></td></tr><tr class=\\\"odd\\\" ><td class=\\\"cell-align-l
buyer\\\"><div class=\\\"line\\\">没<span class=tb-anonymous>**</span>包
</div><div class=\\\"line\\\"><img src=\\\"//img.alicdn.com/newrank/b_red_
4.gif\\\" title=\\\"91－150 个买家信用积分\\\" border=\\\"0\\\"
align=\\\"absmiddle\\\" class=\\\"rank\\\" /><a target=\\\"_blank\\\"
href=\\\"//vip.taobao.com\\\" title=\\\"V2 会员\\\"><img src=\\\"//img.
alicdn.com/tps/i4/T1FHuIXcNkXXXXXXXX-16-16.png\\\" alt=\\\"V2 会员\\\"></a>
</div></td><td class=\\\"cell-align-l style\\\">颜色:白底蓝黑条<br/>尺码:38
</td><td class=\\\"quantity\\\"> 1 </td><td class=\\\"dealtime\\\"><p
class=\\\"date\\\">2015-06-09</p><p class=\\\"time\\\">07:53:41</p></td>
```

```
</tr><tr><td class=\\\"cell-align-l buyer\\\"><div class=\\\"line\\\">春
<span class=tb-anonymous>**</span> 征 </div><div class=\\\"line\\\"><img
src=\\\"//img.alicdn.com/newrank/b_red_5.gif\\\" title=\\\"151—250 个买家信
用积分\\\" border=\\\"0\\\" align=\\\"absmiddle\\\" class=\\\"rank\\\" /><a
target=\\\"_blank\\\" href=\\\"//vip.taobao.com\\\" title=\\\"V1 会 员
\\\"><img src=\\\"//img.alicdn.com/tps/i3/T1PbuIXclkXXXXXXXX-16-16.png\\\"
alt=\\\"V1会员\\\"></a></div></td><td class=\\\"cell-align-l style\\\">颜色:
白底紫条纹 <br/> 尺码 :40 </td><td class=\\\"quantity\\\"> 1 </td><td
class=\\\"dealtime\\\"><p class=\\\"date\\\">2015-06-09</p><p class=\\\"time\\\">
07:06:50</p></td></tr><tr class=\\\"odd\\\" ><td class=\\\"cell-align-l
buyer\\\"><div class=\\\"line\\\">东 <span class=tb-anonymous>**</span> 团
</div><div class=\\\"line\\\"><img src=\\\"//img.alicdn.com/newrank/b_red_
3.gif\\\" title=\\\"41 — 90 个 买 家 信 用 积 分 \\\" border=\\\"0\\\"
align=\\\"absmiddle\\\" class=\\\"rank\\\" /></div></td><td class=\\\"cell-
align-l style\\\">颜色:白底紫条纹<br/>尺码:42 </td><td class=\\\"quantity\\\">
1 </td><td class=\\\"dealtime\\\"><p class=\\\"date\\\">2015-06-09</p><p
class=\\\"time\\\">00:05:41</p></td></tr><tr ><td class=\\\"cell-align-l
buyer\\\"><div class=\\\"line\\\"> 1<span class=tb-anonymous>**</span>s
</div><div class=\\\"line\\\"><img src=\\\"//img.alicdn.com/newrank/b_blue_
2.gif\\\"title=\\\"501 — 1000 个 买 家 信 用 积 分 \\\" border=\\\"0\\\" align=
\\\"absmiddle\\\" class=\\\"rank\\\" /><a target=\\\"_blank\\\" href=\\\"//
vip.taobao.com\\\" title=\\\"V4 会 员 \\\"><img src=\\\"//img.alicdn.com/
tps/i2/T1HbuIXcNkXXXXXXXX-16-16.png\\\" alt=\\\"V4 会 员 \\\"></a></div>
</td><td class=\\\"cell-align-l style\\\">颜色:白底蓝黑条<br/>尺码:41 </td><td
class=\\\"quantity\\\"> 1 </td><td class=\\\"dealtime\\\"><p class=\\\"
"date\\\">2015-06-08</p><p class=\\\"time\\\">23:31:25</p></td></tr><tr
class=\\\"odd\\\" ><td class=\\\"cell-align-l buyer\\\"><div class=\\\"line\\\">
c<span class=tb-anonymous>**</span>5 </div><div class=\\\"line\\\"><img
src=\\\"//img.alicdn.com/newrank/b_red_1.gif\\\" title=\\\"4—10 个买家信用积
分\\\" border=\\\"0\\\" align=\\\"absmiddle\\\" class=\\\"rank\\\" /></div>
```

```
</td><td class=\\\"cell-align-l style\\\">颜色:白底蓝黑条<br/>尺码:39 </td><td
class=\\\"quantity\\\"> 1 </td><td class=\\\"dealtime\\\"><p class=\\\"date\\\">
2015-06-08</p><p class=\\\"time\\\">23:20:58</p></td></tr><tr ><td class=\\\
"cell-align-l buyer\\\"><div class=\\\"line\\\">怡<span class=tb-anonymous>
**</span>2  </div><div  class=\\\"line\\\"><img  src=\\\"//img.alicdn.com/
newrank/b_red_5.gif\\\" title=\\\"151—250 个买家信用积分\\\" border=\\\"0\\\"
align=\\\"absmiddle\\\"   class=\\\"rank\\\"   /><a   target=\\\"_blank\\\"
href=\\\"//vip.taobao.com\\\"  title=\\\"V1  会 员 \\\"><img  src=\\\"//img.
alicdn.com/tps/i3/T1PbuIXclkXXXXXXXX-16-16.png\\\" alt=\\\"V1 会员\\\"></a>
</div></td><td class=\\\"cell-align-l style\\\">颜色:白底紫条纹<br/>尺码:41
</td><td  class=\\\"quantity\\\">  1  </td><td  class=\\\"dealtime\\\"><p
class=\\\"date\\\">2015-06-08</p><p  class=\\\"time\\\">22:57:43</p></td>
</tr><tr  class=\\\"odd\\\"  ><td  class=\\\"cell-align-l  buyer\\\"><div
class=\\\"line\\\"> x<span class=tb-anonymous>**</span>h </div><div class=
\\\"line\\\"><img src=\\\"//img.alicdn.com/newrank/b_blue_1.gif\\\" title=
\\\"251 — 500 个买家信用积分\\\" border=\\\"0\\\" align=\\\"absmiddle\\\"
class=\\\"rank\\\" /><a target=\\\"_blank\\\" href=\\\"//vip.taobao.com\\\"
title=\\\"V3 会员\\\"><img src=\\\"//img.alicdn.com/tps/i1/T1GYuIXcRkXXXXXXXX-
16-16.png\\\" alt=\\\"V3 会员\\\"></a></div></td><td class=\\\"cell-align-l
style\\\">颜色:白底蓝黑条<br/>尺码:40  </td><td class=\\\"quantity\\\">  1
</td><td   class=\\\"dealtime\\\"><p   class=\\\"date\\\">2015-06-08</p><p
class=\\\"time\\\">22:50:34</p></td></tr><tr  ><td  class=\\\"cell-align-l
buyer\\\"><div  class=\\\"line\\\">  t<span  class=tb-anonymous>**</span>2
</div><div class=\\\"line\\\"><img src=\\\"//img.alicdn.com/newrank/b_red_
5.gif\\\"  title=\\\"151 — 250 个买家信用积分\\\"  border=\\\"0\\\"  align=
\\\"absmiddle\\\"   class=\\\"rank\\\"   /><a   target=\\\"_blank\\\"   href=
\\\"//vip.taobao.com\\\"   title=\\\"V2  会 员  \\\"><img   src=\\\"//img.
alicdn.com/tps/i4/T1FHuIXcNkXXXXXXXX-16-16.png\\\"  alt=\\\"V2  会 员 \\\">
</a></div></td><td class=\\\"cell-align-l  style\\\">颜色:白底紫条纹<br/>尺
码:42 </td><td class=\\\"quantity\\\"> 1 </td><td class=\\\"dealtime\\\"><p
```

```
class=\\\"date\\\">2015-06-08</p><p class=\\\"time\\\">22:32:40</p></td></tr>
</table>
```

解析这 15 条数据，就得到了前 15 条记录，然后类似这样解析 100 页数据，就拿到这个宝贝的 1500 条记录了。

如何才能知道第 2 页、第 3 页直至第 100 页的数据请求格式呢？我们注意到第 2 页那个 URL 有这么几项数据：bidPage=2；itemId=38548908945；pageSize=15。bidPage=2 就是表示该数据是第 2 页，itemId=38548908945 表示该宝贝 ID 是 38548908945，pageSize=15 表示每页有 15 条记录。理论上，只需要修改 bidPage=*N* 就可以循环获得最多 100 页的购买记录了。

通过上述方法，我们就可以获得最多 1500 条购买记录。我们做的软件截图如图 6.3 所示。

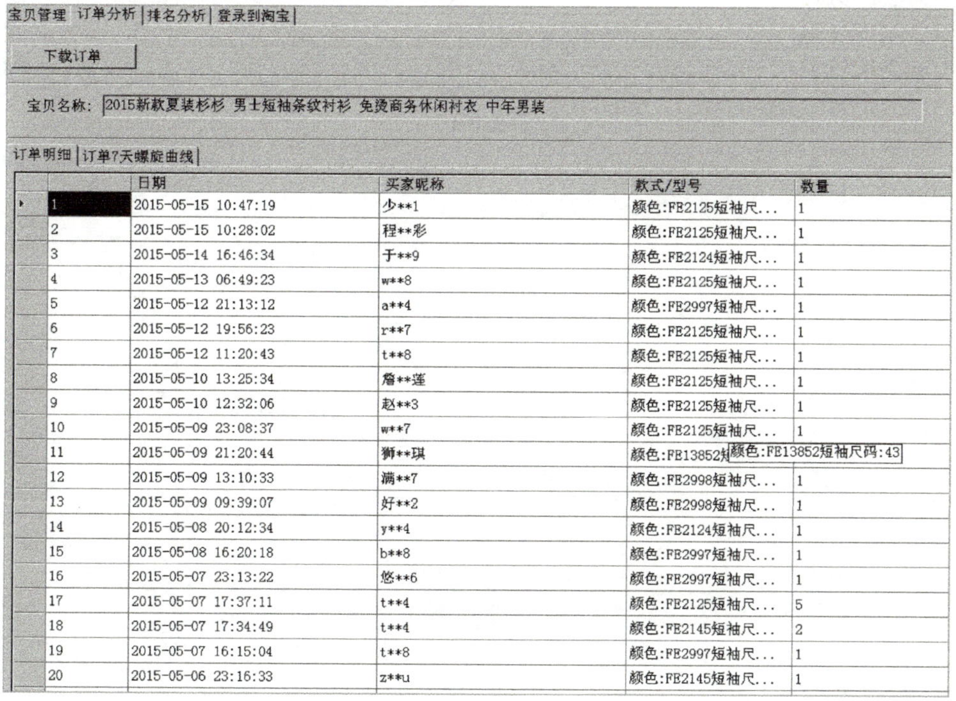

	日期	买家昵称	款式/型号	数量
1	2015-05-15 10:47:19	少**1	颜色:FE2125短袖尺...	1
2	2015-05-15 10:28:02	程**彩	颜色:FE2125短袖尺...	1
3	2015-05-14 16:46:34	于**9	颜色:FE2124短袖尺...	1
4	2015-05-13 06:49:23	w**8	颜色:FE2125短袖尺...	1
5	2015-05-12 21:13:12	a**4	颜色:FE2997短袖尺...	1
6	2015-05-12 19:56:23	r**7	颜色:FE2125短袖尺...	1
7	2015-05-12 11:20:43	t**8	颜色:FE2125短袖尺...	1
8	2015-05-10 13:25:34	詹**莲	颜色:FE2125短袖尺...	1
9	2015-05-10 12:32:06	赵**3	颜色:FE2125短袖尺...	1
10	2015-05-09 23:08:37	w**7	颜色:FE2125短袖尺...	1
11	2015-05-09 21:20:44	狮**琪	颜色:FE13852短袖尺码:43	
12	2015-05-09 13:10:33	满**7	颜色:FE2998短袖尺...	1
13	2015-05-09 09:39:07	好**2	颜色:FE2998短袖尺...	1
14	2015-05-08 20:12:34	y**4	颜色:FE2124短袖尺...	1
15	2015-05-08 16:20:18	b**8	颜色:FE2997短袖尺...	1
16	2015-05-07 23:13:22	悠**6	颜色:FE2997短袖尺...	1
17	2015-05-07 17:37:11	t**4	颜色:FE2125短袖尺...	5
18	2015-05-07 17:34:49	t**4	颜色:FE2145短袖尺...	2
19	2015-05-07 16:15:04	t**8	颜色:FE2997短袖尺...	1
20	2015-05-06 23:16:33	z**u	颜色:FE2145短袖尺...	1

图 6.3

获得该宝贝的每天购买记录后，我们查看其 7 天螺旋销售记录，发现其 6 月 3 日到 6 月 9 日的销量并不是严格按照 7 天螺旋每日增长上升的，但是排名在 6 月 9 日早上 10:00 左右依然非常靠前，如图 6.4 所示。

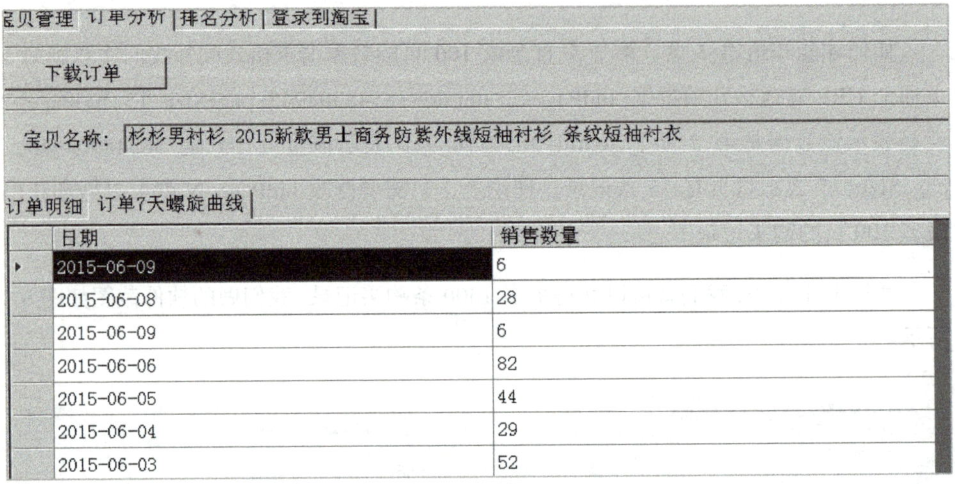

图 6.4

第 7 章

实时抓取宝贝的评价数据

- 实时抓取宝贝的评价数据的意义
- 如何实时抓取宝贝的评价数据

7.1　实时抓取宝贝的评价数据的意义

在上一章中，我们讲了实时抓取宝贝销量的意义。其实，抓取宝贝的实时评价数据也是有意义的。比如某山地车旗舰店，在其 1 万多个评价中，“物超所值”这 **4** 个字出现的频率很高，这说明购买这款车的买家，最看重的还是性价比，对我们的定价就有很好的指导意义。

7.2　如何实时抓取宝贝的评价数据

实时抓取宝贝的评价数据与实时抓取宝贝的订单数据采用的技术是一样的，最常见的就是查看网页源代码技术和使用网页分析方法：通过一些网页分析工具，分析淘宝网页的显示过程，找到呈现商品评价数据的 Ajax 链接，模拟一个浏览器请求这些 Ajax 链接，从而无须解析网页，直接解析这些 Ajax 返回来的数据就可以了。

方法一：如图 7.1 所示，我们可以从宝贝详情页上看到该宝贝的累计评价。第一列是评价内容；第二列是款式/型号，即该宝贝的规格、型号；第三列是买家昵称，即购

图 7.1

买该宝贝的顾客的旺旺号。对于分析一个宝贝的评价内容来讲，我们并不关心是谁购买了该宝贝（由于绝大部分顾客都是匿名购买，你想关心是谁购买的，事实上也做不到），所以只要分析出该宝贝的评价内容就行了。

通过谷歌浏览器的“审查元素”功能，我们可以看到评价的内容 HTML 源代码如下：

```
<div class="rate-grid">
    <table>
        <tbody>
            <tr>
                <td class="tm-col-master">
                    <div class="tm-rate-content">
                        <div class="tm-rate-fulltxt">包装完好，很严密，收到宝贝时包装完好无损。商家发货很快，物流也很给力。宝贝很不错，真的很不错哦！超好。卖家服务态度好，宝贝性价比高，值得入手，推荐！宝贝与商家店铺的宝贝描述是一致的。非常喜欢这件宝贝。全是 5 分好评。下次还来购买。
                        </div>
                    </div>
                    <div class="tm-rate-date">01.10</div>
                </td>
                <td class="col-meta">
                    <div class="rate-sku">
                        <p title="颜色分类:SYS-35(中号)">
                            <span>颜色分类: </span>
                            SYS-35(中号)
                        </p>
                    </div>
                    <div class="rate-user-profile">
                        <p title=""></p>
```

```
            </div>
        </td>
        <td class="col-author">
            <div class="rate-user-info">
                p
                <span>***</span>
                8
                <span>（匿名）</span>
            </div>
            <div class="rate-user-grade">
                <a href="//vip.tmall.com" target="_blank" title="天猫 T4
达人">
                    <img src="//g.alicdn.com/tm/member-club/4.6.0/img/
tmall-grade-t4-18.png">
                </a>
                <img title="10001 - 20000 个买家信用积分"
            src="//assets.alicdn.com/sys/common/icon/rank_s/b_cap_
1.gif">
            </div>
        </td>
    </tr>
    <tr>
        <td class="tm-col-master">
            <div class="tm-rate-content">
                <div class="tm-rate-fulltxt">质量不错，而且大小正好，很满意
</div>
            </div>
            <div class="tm-rate-date">05.24</div>
        </td>
```

```
            <td class="col-meta">
                <div class="rate-sku">
                    <p title="颜色分类:SYS-35(中号)">
                        <span>颜色分类: </span>
                        SYS-35(中号)
                    </p>
                </div>
                <div class="rate-user-profile">
                    <p title=""></p>
                </div>
            </td>
            <td class="col-author">
                <div class="rate-user-info">
                    6
                    <span>***</span>
                    g
                    <span>(匿名)</span>
                </div>
                <div class="rate-user-grade">
                    <a href="//vip.tmall.com" target="_blank" title="天猫 T3
达人">
                        <img  src="//g.alicdn.com/tm/member-club/4.6.0/img/
tmall-grade-t3-18.png">
                    </a>
                    <img title="91 - 150 个买家信用积分" src="//assets.alicdn.com/
sys/common/icon/rank_s/ b_red_4.gif">
                </div>
            </td>
        </tr>
```

```
        <tr>
            <td class="tm-col-master">
                <div class="tm-rate-premiere">
                    <div class="tm-rate-tag">
                        <div class="tm-rate-title">初次评价:</div>
                        <div class="tm-rate-date">02.14</div>
                    </div>
                    <div class="tm-rate-content">
                        <div class="tm-rate-fulltxt">质量很好，老板推荐的，满意
</div>
                    </div>
                </div>
                <div class="tm-rate-append">
                    <div class="tm-rate-tag">
                        <div class="tm-rate-title">
                            <span class="tm-rate-daydiff">收货 68 天后追加:
</span>
                        </div>
                        <div class="tm-rate-date"></div>
                    </div>
                    <div class="tm-rate-content">
                        <div class="tm-rate-fulltxt">很好用。质量好</div>
                    </div>
                    <s></s>
                </div>
            </td>
            <td class="col-meta">
                <div class="rate-sku">
                    <p title="颜色分类:SYS-35(中号）">
```

```
                    <span>颜色分类：</span>
                    SYS-35(中号)
                </p>
            </div>
            <div class="rate-user-profile">
                <p title=""></p>
            </div>
        </td>
        <td class="col-author">
            <div class="rate-user-info">
                顾
                <span>***</span>
                9
                <span>(匿名)</span>
            </div>
            <div class="rate-user-grade">
                <a href="//vip.tmall.com" target="_blank" title="天猫 T2
达人">
                    <img src="//g.alicdn.com/tm/member-club/4.6.0/img/
tmall-grade-t2-18.png">
                </a>
                <img title="151 - 250个买家信用积分" src="//assets.alicdn.com/
sys/common/icon/rank_s/b_ red_5.gif">
            </div>
        </td>
    </tr>
............................................................
............................................................
............................................................
```

```
<tr>
    <td class="tm-col-master">
        <div class="tm-rate-content">
            <div class="tm-rate-fulltxt">还行</div>
        </div>
        <div class="tm-rate-date">05.27</div>
    </td>
    <td class="col-meta">
        <div class="rate-sku">
            <p title="颜色分类:SYS-35(中号)">
                <span>颜色分类: </span>
                SYS-35(中号)
            </p>
        </div>
        <div class="rate-user-profile">
            <p title=""></p>
        </div>
    </td>
    <td class="col-author">
        <div class="rate-user-info">
            皎
            <span>***</span>
            6
            <span>(匿名)</span>
        </div>
        <div class="rate-user-grade">
            <a href="//vip.tmall.com" target="_blank" title="天猫 T3
达人">
                <img src="//g.alicdn.com/tm/member-club/4.6.0/img/
```

```
tmall-grade-t3-18.png">
                    </a>
                    <img title="91 - 150 个买家信用积分" src="//assets.alicdn.com/
sys/common/icon/rank_s/ b_red_4.gif">
                </div>
            </td>
        </tr>
    </tbody>
  </table>
</div>

<div class="rate-page">
  <div class="rate-paginator">
      <span class="rate-page-prev"><<上一页</span>
      <span>1</span>
      <a href="?page=2">2</a>
      <a href="?page=3">3</a>
      <span class="rate-page-break">...</span>
      <a data-page="2" href="?page=2">下一页>></a>
  </div>
</div>
```

通过解析这个网页，就可以获取到该宝贝在第一页的所有评价了。然后再分页解析所有页的评论，就可以获得该宝贝的所有评论了。

方法二：通过一些网页分析工具，分析淘宝网页的显示过程，我们找到呈现商品评价数据的 Ajax 链接如下。

天猫链接：

http://rate.tmall.com/list_detail_rate.htm?itemId="+宝贝 ID+"&sellerId="+卖家旺旺对

应 ID+"&order=1&currentPage="+页码+"&append=0&content=1&callback=jsonp1692

淘宝链接：

http://rate.taobao.com/feedRateList.htm?callback=jsonp_reviews_list&userNumId="+卖家旺旺对应 ID+"&auctionNumId="+宝贝 ID+"&siteID="+site_id+"&currentPageNum="+评价页码+"&orderType=sort_weight&showContent=1

需要注意的是，我们这里传入的卖家旺旺对应 ID 并不是卖家的旺旺号，而是卖家旺旺号对应的数字 ID。下面就先给出如何通过宝贝的 URL 找到卖家旺旺号对应的数字 ID 和 siteID。例如，某淘宝宝贝的 URL 是：

http://item.taobao.com/item.htm? id=23119512998

该店是一个卖衬衣的双金冠淘宝店铺。打开该宝贝，如图 7.2 所示。

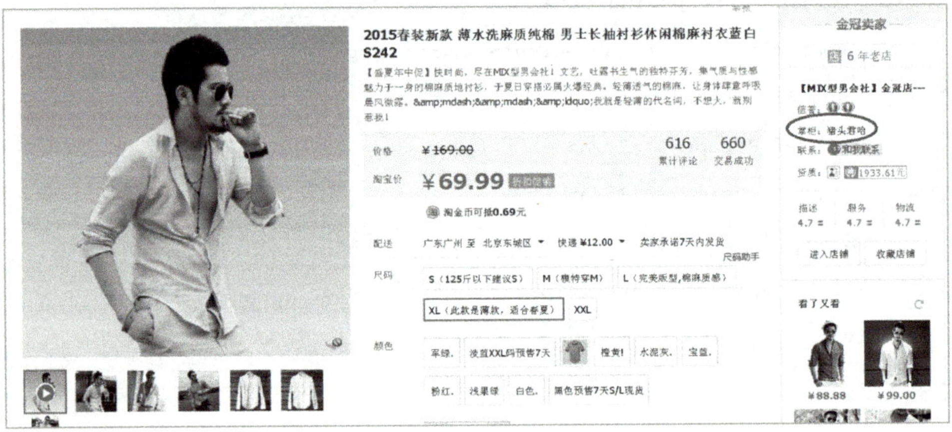

图 7.2

该宝贝对应的掌柜的旺旺号是“猪头君哈”，通过查看该网页源文件，我们找到如下一行：

```
<meta name="microscope-data" content="pageId=515745628;prototypeId=2;
siteId=7; shopId=57275796; userid=180432984;">
```

这时我们就知道掌柜旺旺号“猪头君哈”对应的 userid 的值是 180432984，siteid 的值是 7。假设获取第一页的评价，即 currentPageNum 设置为 1，auctionNumId 即宝贝 ID 是 23119512998，把这四个参数传入到：

http://rate.taobao.com/feedRateList.htm?callback=jsonp_reviews_list&userNumId="+卖家旺旺对应 ID+"&auctionNumId="+宝贝 ID+"&siteID="+site_id+"&currentPageNum="+评价页码+"&orderType=sort_weight&showContent=1

得到如下 URL：

http://rate.taobao.com/feedRateList.htm?callback=jsonp_reviews_list&userNumId=180432984&auctionNumId=23119512998&siteID=null&currentPageNum=1&orderType=sort_weight&showContent=1

在浏览器中直接打开该 URL，我们就可以获得该宝贝第一页的所有评价了。评价结果 HTML 源代码如下（由于篇幅原因，这里只列出前三页和最后一个评价的内容）：


```
jsonp_reviews_list({"watershed":100,"maxPage":5,"currentPageNum":1,"comme
nts":[{"auction":{"title":"2015 春装新款薄水洗麻质纯棉男士长袖衬衫休闲棉麻衬衣蓝白
S242","thumbnail":"","aucNumId":"23119512998","link":"//item.taobao.com/i
tem.htm?id=23119512998","auctionPic":"//img.alicdn.com/bao/uploaded/i3/TB
1KNwxHXXXXXbCXXXXXXXXXXXX_!!0-item_pic.jpg_40x40.jpg","sku":"颜色:粉红.  尺
码:XL（此款是薄款，适合春夏）"},"promotionType":"活动促销 ","enableSNS":false,
"appendCanExplainable":false,"tag":"","showCuIcon":true,"award":"","valid
score":1,"noQna":true,"appendList":[],"from":"","date":"2015 年 05 月 25 日
09:54","payTime":{"time":1432176304000,"minutes":45,"seconds":4,"hours":1
0,"month":4,"timezoneOffset":-480,"year":115,"day":4,"date":21},"dayAfter
Confirm":0,"bidPriceMoney":{"amount":69.99,"cent":6999,"currencyCode":"CN
Y","centFactor":100,"displayUnit":"元","currency":{"defaultFractionDigits":
2,"currencyCode":"CNY","symbol":"￥"}},"rate":"1","o2oRate":null,"propertiesAvg":
"0.0","showDepositIcon":false,"creditFraudRule":0,"rateId":242549719308,"
useful":0,"reply":null,"append":null,"spuRatting":[],"status":0,"raterTyp
```

e":0,"photos":[],"content":"衣服质量一般，做工也一般，不过挺薄的，夏天穿应该很舒服，老公身高 182 体重 163.穿的 xl，上身基本合适，袖子有点长，给大家参考一下","vicious":"","shareInfo":{"share":false,"userNumIdBase64":"","reply":0,"pic":0,"lastReplyTime":""},"lastModifyFrom":0,"user":{"vip":"","rank":1039,"nick":"y***w","userId":"","displayRatePic":"b_blue_3.gif","nickUrl":"","vipLevel":0,"avatar":"//assets.alicdn.com/app/sns/img/default/avatar-40.png","anony":true,"rankUrl":""},"buyAmount":1},{"auction":{"title":"2015 春装新款薄水洗麻质纯棉男士长袖衬衫休闲棉麻衬衣蓝白 S242","thumbnail": "","aucNumId":"23119512998","link":"//item.taobao.com/item.htm?id=23119512998","auctionPic":"//img.alicdn.com/bao/uploaded/i3/TB1KNwxHXXXXXbCXXXXXXXXXXXX_!!0-item_pic.jpg_40x40.jpg","sku":"颜色:淡蓝（预售 7 天） 尺码:S（125 斤以下建议 S）"},"promotionType":" 活动促销 ","enableSNS":false,"appendCanExplainable":false,"tag":"","showCuIcon":true,"award":"","validscore":1,"noQna":true,"appendList":[],"from":"","date":"2015 年 05 月 29 日 13:53","payTime":{"time":1431936822000,"minutes":13,"seconds":42,"hours":16,"month":4,"timezoneOffset":-480,"year":115,"day":1,"date":18},"dayAfterConfirm":0,"bidPriceMoney":{"amount":69.99,"cent":6999,"currencyCode":"CNY","centFactor":100,"displayUnit":"元","currency":{"defaultFractionDigits":2,"currencyCode":"CNY","symbol":" ¥ "}},"rate":"1","o2oRate":null,"propertiesAvg":"34500208.0","showDepositIcon":false,"creditFraudRule":0,"rateId":243008422562,"useful":0,"reply":null,"append":null,"spuRatting":[{"desc":"62 公斤","name":"体重","value":"62"},{"desc":"166 厘米","name":"身高","value":"166"},{"desc":"刚好 ","name":" 是否合身 ","value":"103500400"}],"status":0,"raterType":0,"photos":[],"content":"超喜欢这个款和颜色，穿起来很轻，很舒服，夏天穿真的不错！就是预售期长一点，不过等到了很喜欢！料子很薄，痞子风，容易皱，但洗完又好了，嗯，就是适合我这种衣柜乱乱的男人！","vicious":"","shareInfo":{"share":false,"userNumIdBase64":"","reply":0,"pic":0,"lastReplyTime":""},"lastModifyFrom":0,"user":{"vip":"","rank":199,"nick":"d***t","userId":"","displayRatePic":"b_red_5.gif","nickUrl":"","vipLevel":0,"avatar":"//assets.alicdn.com/app/sns/img/defau lt/avatar-40.png","anony":true,"rankUrl":""},"buyAmount":1},{"auction":{"title":"2015 春装新款薄水洗麻质纯棉男士长袖衬衫休闲棉麻衬衣蓝白 S242","thumbnail":"","aucNumId":"23119512998","link":"//item.taobao.com/item.htm?id=23119512998","auctionPic":"//img.alicdn.com/bao/uploaded/i3/T1x4P2FwhcXXXXXXXX_!!0-item_pic.jpg_40x40.jpg","sku":"颜色:黑色　尺码:M（模特穿M）"},"promotionType":"活动促销 ","enableSNS":false,"appendCanExplainable":false,"tag":"","showCuIcon":true,"award":"","validscore":1,"noQna":true,"appendList":[],"from":"","date":"2015年05月05日 16:02","payTime":{"time":1430548095000,"minutes":28,"seconds":15,"hours":14,"month":4,"timezoneOffset":-480,"year":115,"day":6,"date":2},"dayAfterConfirm":0,"bidPriceMoney":{"amount":169,"cent":16900,"currencyCode":"CNY","centFactor":100,"displayUnit":" 元 ","currency":{"defaultFractionDigits":2,"currencyCode":"CNY","symbol":"￥"}},"rate":"1","o2oRate":null,"propertiesAvg":"0.0","showDepositIcon":false,"creditFraudRule":0,"rateId":240729689006,"useful":0,"reply":null,"append":null,"spuRatting":[],"status":0,"raterType":0,"photos":[],"content":"大小很合适。男票平时穿一个加，在这家买M号就刚好了。上过一次当，以前也在这家买过一件xl的T…超级大…所以这次很合适。好评。大爱。面料和描述一样。我是做服装生意的，所以比较挑剔。这家的做工和面料都很好！本来打算再入手灰色。但是男票说够穿了…等过段时间把灰色也买了。","vicious":"","shareInfo":{"share":false,"userNumIdBase64":"","reply":0,"pic":0,"lastReplyTime":""},"lastModifyFrom":0,"user":{"vip":"","rank":385,"nick":"y***g","userId":"","displayRatePic":"b_blue_1.gif","nickUrl":"","vipLevel":0,"avatar":"//assets.alicdn.com/app/sns/img/default/avatar-40.png","anony":true,"rankUrl":""},"buyAmount":1},{"auction":{"title":"2015 春装新款薄水洗麻质纯棉男士长袖衬衫休闲棉麻衬衣蓝白 S242","thumbnail":"","aucNumId":"23119512998","link":"//item.taobao.com/item.htm?id=23119512998","auctionPic":"//img.alicdn.com/bao/uploaded/i3/T1x4P2FwhcXXXXXXXX_!!0-item_pic.jpg_40x40.jpg","sku":"颜色:水泥灰.　尺码:S（125斤以下建议S）"},"..

```
"spuRatting":[{"desc":"75公斤","name":"体重","value":"75"},{"desc":"178厘米","name":"身高","value":"178"},{"desc":"偏大","name":"是否合身","value":"103500200"}],"status":0,"raterType":0,"photos":[],"content":"衣服很薄，很凉快，同码洗后白色比黄色大，袖子太长，休闲的人士可以选，现在流行透视装…","vicious":"","shareInfo":{"share":false,"userNumIdBase64":"","reply":0,"pic":0,"lastReplyTime":""},"lastModifyFrom":0,"user":{"vip":"","rank":59,"nick":"唯***烟","userId":"","displayRatePic":"b_red_3.gif","nickUrl":"","vipLevel":0,"avatar":"//assets.alicdn.com/app/sns/img/default/avatar-40.png","anony":true,"rankUrl":""},"buyAmount":1}],"qnaDisabled":false})
```


通过解析这个 JSON 格式的源文件，就可以获得第一页所有的评价信息，然后循环执行 currentPageNum=*N*，就可以获取到所有页的评价了。这里举例的是如何获取淘宝平台宝贝的评价记录，对于天猫平台，除了 URL 不一样之外，其余都是一样的。

第 8 章

查询整店动销率

- 什么是店铺动销率
- 如何计算店铺动销率
- 如何整店下载一个店铺的所有商品

8.1　什么是店铺动销率

所谓动销率，淘宝一般以 30 天为一个周期，有销量的宝贝数量与全部宝贝数量的比值。比如你有 100 个宝贝，30 天内有 60 个宝贝有销量，那么动销率就是 60%。淘宝为什么要弄出这样一个概念呢？因为动销率关系到店铺权重，而店铺权重会影响宝贝排名。

8.2　如何计算店铺动销率

从动销率的定义我们可以知道，要想计算淘宝某个店铺的动销率，依赖两个参数：一个是店铺全部宝贝数量；一个是 30 天内有销量的宝贝数量。所以，我们要想计算任何一个店铺的动销率，一是必须下载该店铺的所有宝贝；二是下载完该店铺的所有宝贝后，再一个个去查询该店铺所有宝贝的 30 天销量，计算出 30 天内有销量的宝贝。因此，我们就从两个方面去讲，一是如何整店下载一个店铺的所有宝贝；二是查询任何一个宝贝的月销量。关于如何查询任何一个宝贝的月销量，可以参考本书 2.4 节或者第 6 章内容。下面我们就探讨如何整店下载一个店铺的所有商品。

8.3　如何整店下载一个店铺的所有商品

打开任何一个店铺，我们都会看到“本店所有商品”→“所有宝贝”→“按销量”排序的链接，如图 8.1 所示。

我随意找了一家店铺，例如，这家店铺按照销量排序的 URL 如下：

http://qidefs.tmall.com/search.htm?spm=a1z10.1-b.0.0.foXy7O&search=y&orderType=hotsell_desc

打开按照销量排序的 URL 链接后，出现类似淘宝搜索排序的宝贝列表页，如图 8.2 所示。

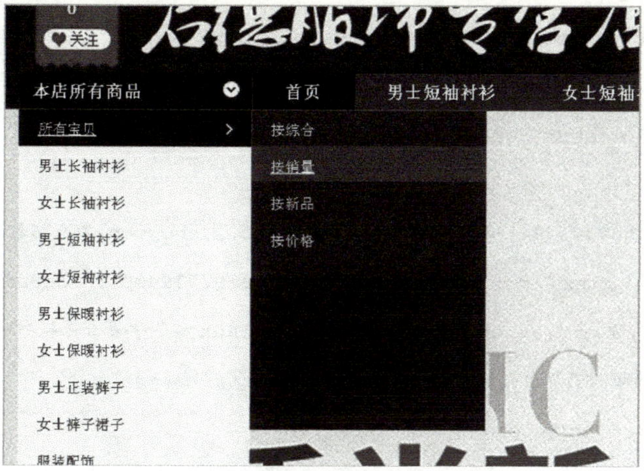

图 8.1

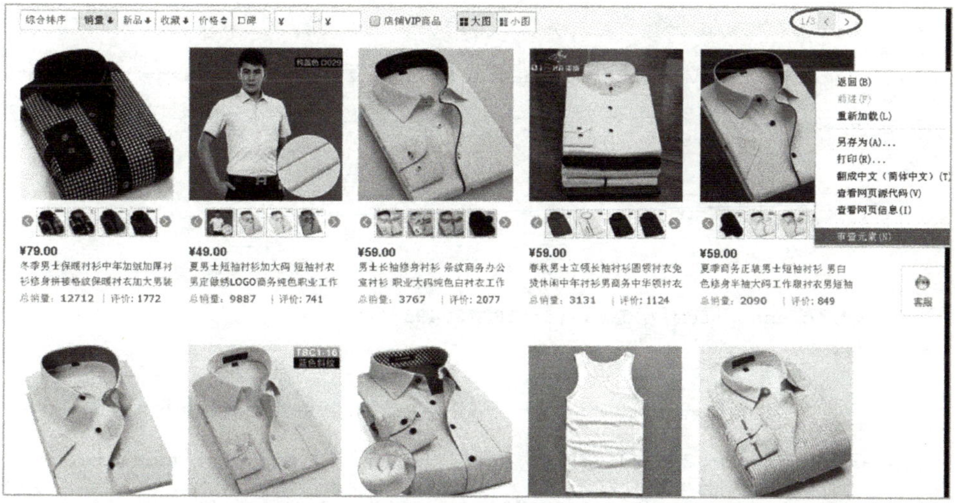

图 8.2

这家店铺的宝贝共有 3 页，每页展示 60 个宝贝，共 149 个宝贝。我们用谷歌浏览器的“审查元素”方法，就可以得到该店铺所有宝贝列表的 HTML 源代码如下：

```
<p class="ui-page-s"><b class="ui-page-s-len">1/3</b></p>
..........................................................................
<div class="J_TItems">
```

```
    <div class="item5line1">
        <dl class="item " data-id="41067329791">
            <dd class="detail">
                <a class="item-name"
atpanel="1,41067329791,50011123,,shopsearch,1,shopcon,2051640146,,"
href="//detail.tmall.com/item.htm?id=41067329791&amp;rn=de8a471fc00279b8a
6d82a262a9e10e4&amp;abbucket=2" target="_blank">冬季男士保暖衬衫中年加绒加厚衬
衫修身拼接格纹保暖衬衣加大男装</a><div class="attribute">
                    <div class="cprice-area">
                        <span class="symbol">¥</span>
                        <span class="c-price">79.00</span>
                    </div>
                    <div  class="sale-area"> 总 销 量 :  <span  class="sale-num">
12712</span></div>
                </div>
            </dd>
        </dl>
        <dl class="item " data-id="38378049356">
            <dd class="detail">
                <a class="item-name" atpanel="2,38378049356,50011123,,
shopsearch,,shopcon,2051640146,," href="//detail.tmall.com/item.htm?id=
38378049356&amp;rn=de8a471fc00279b8a6d82a262a9e10e4&amp;abbucket=2"
target="_blank">夏男士短袖衬衫加大码短袖衬衣男定做绣 LOGO 商务纯色职业工作服</a>
                <div class="attribute">
                    <div class="cprice-area">
                        <span class="symbol">¥</span><span class="c-price">
49.00</span>
                    </div>
                    <div  class="sale-area"> 总 销 量 :  <span  class="sale-num">
```

```
9887</span></div>
            </div>
         </dd>
      </dl>
      <dl class="item " data-id="40472081019">
         <dd class="detail">
            <a class="item-name" atpanel="3,40472081019,50011123,,
shopsearch,1,shopcon,2051640146,," href="//detail.tmall.com/item.htm?id=
40472081019&amp;rn=de8a471fc00279b8a6d82a262a9e10e4&amp;abbucket=2"
target="_blank">男士长袖修身衬衫条纹商务办公室衬衫职业大码纯色白衬衣工作服</a>
            <div class="attribute">
               <div class="cprice-area">
                  <span class="symbol">¥</span><span class="c-price">
59.00</span>
               </div><div class="sale-area">总销量:
                  <span class="sale-num">3767</span>
               </div>
            </div>
         </dd>
      </dl>
      <dl class="item " data-id="40471054186">
         <dd class="detail">
            <a class="item-name" atpanel="4,40471054186,50011123,,
shopsearch,1,shopcon,2051640146,," href="//detail.tmall.com/item.htm?id=
40471054186&amp;rn=de8a471fc00279b8a6d82a262a9e10e4&amp;abbucket=2"
target="_blank">春秋男士立领长袖衬衫圆领衬衣免烫休闲中年衬衫男商务中华领衬衣</a>
            <div class="attribute">
               <div class="cprice-area">
                  <span class="symbol">¥</span><span class="c-price">
```

```
59.00</span>
                </div><div class="sale-area">总销量:
                    <span class="sale-num">3131</span>
                </div>
            </div>
        </dd>

        <dl class="item last" data-id="44310524612">
            <dd class="detail">
                <a class="item-name" atpanel="10,44310524612,162104,,
shopsearch,1,inshopcombo,2051640146,," href="//detail.tmall.com/item.htm?
id=44310524612&amp;rn=de8a471fc00279b8a6d82a262a9e10e4" target="_blank">白
衬衫女工装女短袖夏装韩版修身 OL 大码工作服女士衬衣职业装 V 领</a>
                <div class="attribute">
                    <div class="cprice-area">
                        <span class="symbol">¥</span><span class="c-price">
59.00</span>
                    </div><div class="sale-area">总销量:
                        <span class="sale-num">221</span>
                    </div>
                </div>
            </dd>
        </dl>
    </div>
  </div>
</div>
......................................................................
......................................................................
......................................................................
```

```
<div class="pagination">
    <a class="disable">上一页</a>
    <a class="page-cur">1</a><a class="J_SearchAsync" href="//qidefs.
tmall.com/search.htm?spm=a1z10.3-b.w4011-6630516687.398.1cJai9&amp;search
=y&amp;orderType=hotsell_desc&amp;viewType=grid&amp;pageNo=2&amp;tsearch=
y#anchor" data-spm-wangpu-module-id="4011-6630516687" data-spm-anchor-id=
"a1z10.3-b. w4011-6630516687.398">2</a><a class="J_SearchAsync" href="//qidefs.
tmall.com/search.htm?spm=a1z10.3-b.w4011-6630516687.399.1cJai9&amp;search=
y&amp;orderType=hotsell_desc&amp;viewType=grid&amp;pageNo=3&amp;tsearch=y
#anchor" data-spm-wangpu-module-id="4011-6630516687" data-spm-anchor-id=
"a1z10.3-b. w4011-6630516687.399">3</a><a class="J_SearchAsync next" href="//
qidefs. tmall.com/search.htm?spm=a1z10.3-b.w4011-6630516687.400.1cJai9&amp;
search=y&amp;orderType=hotsell_desc&amp;viewType=grid&amp;pageNo=2&amp;ts
earch=y#anchor" data-spm-wangpu-module-id="4011-6630516687" data-spm-anchor-id=
"a1z10.3-b.w4011-6630516687.400">下一页</a>
```

（1）我们找到 HTML 源代码中的关键词 ui-page-s-len，找到该卖家的宝贝共有多少页，当前是第几页。这里我们看到该店所有宝贝共 3 页，当前是第一页。

（2）我们找到 HTML 源代码中的关键词 J_TItems，根据这个关键词获取到该页所有宝贝的信息。注意这里获得的总销量：<span class="sale-num">3767</span>是没有用的，这个销量是宝贝上架以来所获得的所有销量，而我们要获得的是最近 30 天的销量，才能计算动销率。

例如，对于销量最大的第一个宝贝，我们通过<a class="item-name">关键词找到宝贝的标题“冬季男士保暖衬衫中年加绒加厚衬衫修身拼接格纹保暖衬衣加大男装”；还是通过该关键词找到宝贝的 URL 是 detail.tmall.com/item.htm?id=41067329791，得到该宝贝的详细 URL 后，就可以根据本书第 6 章中介绍的内容，抓取该宝贝最后一个订单的订单日期。如果该宝贝最后一个订单日期与当前日期在 30 天之内，就可以加入到 30 天内有销量的宝贝中；否则就加入到 30 天内无销量的宝贝中。通过这种方法，我们就可以获得第一页所有宝贝的信息。

（3）我们点击下一页的时候，发现其 URL 是：

http://qidefs.tmall.com/search.htm?spm=a1z10.3-b.w4011-6630516687.97.nHbeWC&search=y&orderType=hotsell_desc&**pageNo**=2&tsearch=y#anchor

这时我们注意到其 URL 中多了一个参数 pageNo=2，就可以推测出第三页的参数 pageNo=3，然后根据上面的方法，就可以整店下载该店铺所有的宝贝，并解析出该宝贝的所有订单信息，然后计算动销率。

当然，上面介绍的方法是理论上的。实际上，通过这种方法，整店下载任何一个店铺的所有宝贝都是很容易的，但是根据第 6 章中介绍的方法，批量解析一个店铺的所有宝贝的订单信息是非常难的。在解析过程中，我们会经常遇到淘宝的反爬虫提示，要么返回一个验证码，要么直接返回错误提示，所以这也是我们做这样的工具不得不面对的一个问题。

第 9 章

淘宝关键词获取技术

- 淘宝关键词获取技术综述
- 如何实时抓取淘宝搜索下拉框数据
- 如何生成自己的关键词组词工具

9.1　淘宝关键词获取技术综述

想必大家也都知道，无论是标题优化还是直通车，淘宝的关键词在淘宝搜索中起着至关重要的作用，也可以说是淘宝 SEO 优化的核心。获取淘宝关键词的方法有很多，常见的无外乎如下几种。

（1）在淘宝搜索框中输入关键词的时候会出现下拉框，下拉框中的关键词可以作为参考，如图 9.1 所示。

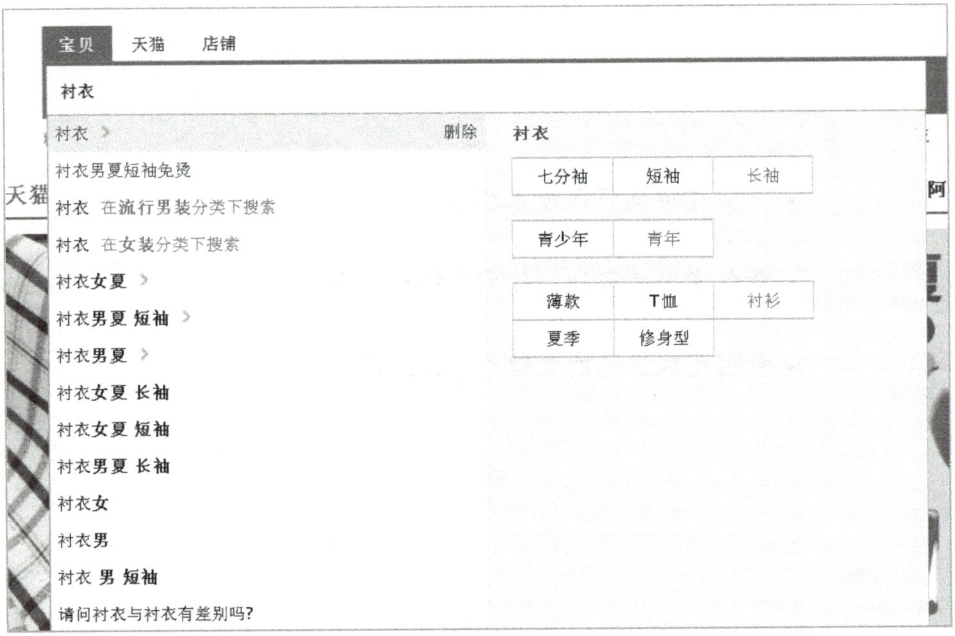

图 9.1

（2）top.taobao.com 是淘宝搜索排行榜，在这里可以从各类目的完整榜单中寻找对自己有价值的关键词。例如，连衣裙类目“搜索上升榜”、“搜索热门排行”以及“品牌上升榜”等当前关键词如图 9.2、图 9.3、图 9.4 所示。

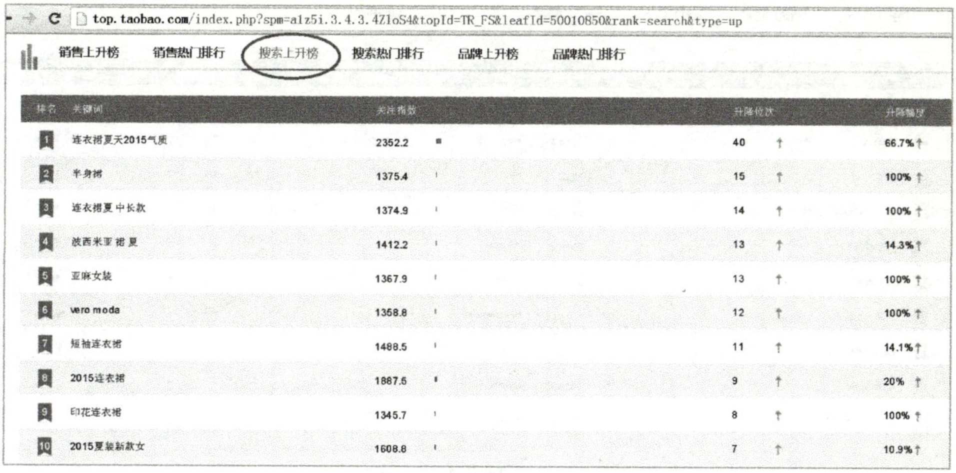

排名	关键词	关注指数	升降位次	升降幅度
1	连衣裙夏天2015气质	2352.2	40 ↑	66.7% ↑
2	半身裙	1375.4	15 ↑	100% ↑
3	连衣裙夏 中长款	1374.9	14 ↑	100% ↑
4	波西米亚 裙 夏	1412.2	13 ↑	14.3% ↑
5	亚麻女装	1367.9	13 ↑	100% ↑
6	vero moda	1358.8	12 ↑	100% ↑
7	短袖连衣裙	1488.5	11 ↑	14.1% ↑
8	2015连衣裙	1887.5	9 ↑	20% ↑
9	印花连衣裙	1345.7	8 ↑	100% ↑
10	2015夏装新款女	1608.8	7 ↑	10.9% ↑

图 9.2

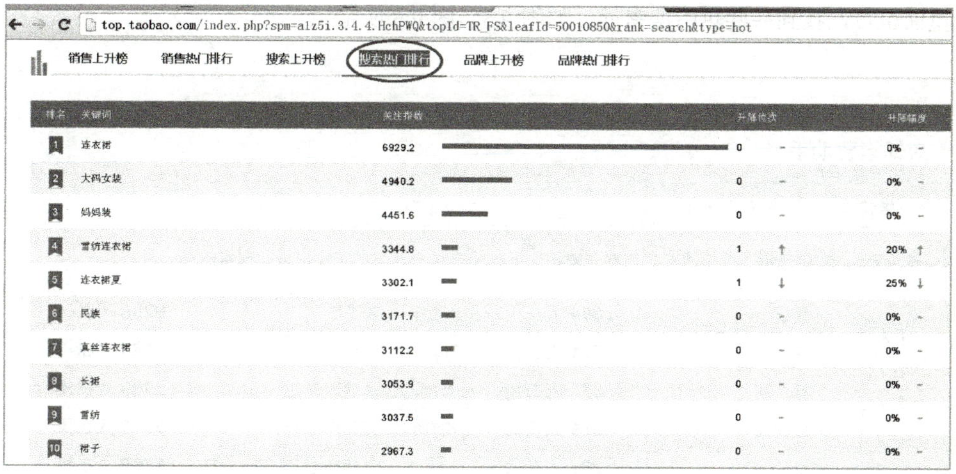

排名	关键词	关注指数	升降位次	升降幅度
1	连衣裙	6929.2	0 -	0% -
2	大码女装	4940.2	0 -	0% -
3	妈妈装	4451.6	0 -	0% -
4	雪纺连衣裙	3344.8	1 ↑	20% ↑
5	连衣裙夏	3302.1	1 ↓	25% ↓
6	民族	3171.7	0 -	0% -
7	真丝连衣裙	3112.2	0 -	0% -
8	长裙	3053.9	0 -	0% -
9	雪纺	3037.5	0 -	0% -
10	裙子	2967.3	0 -	0% -

图 9.3

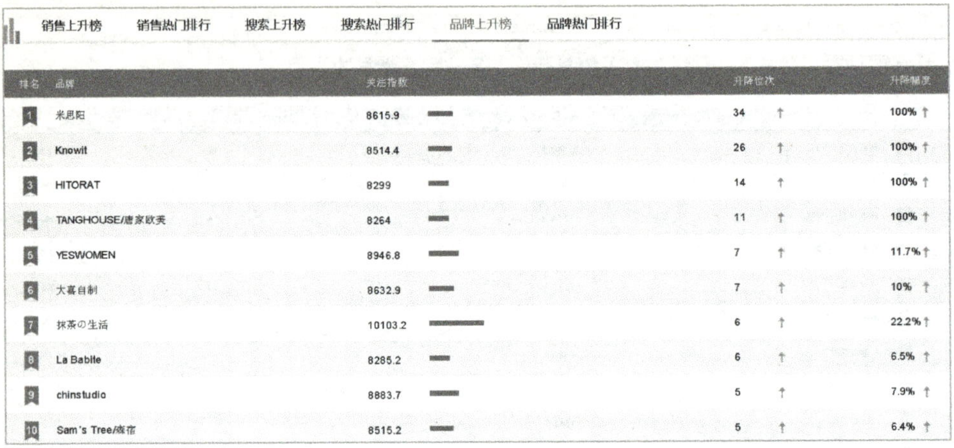

排名	品牌	关注指数	升降位次	升降幅度
1	米思阳	8615.9	34 ↑	100% ↑
2	Knowit	8514.4	26 ↑	100% ↑
3	HITORAT	8299	14 ↑	100% ↑
4	TANGHOUSE/唐家欧美	8264	11 ↑	100% ↑
5	YESWOMEN	8946.8	7 ↑	11.7% ↑
6	大嘉自制	8632.9	7 ↑	10% ↑
7	抹茶の生活	10103.2	6 ↑	22.2% ↑
8	La Babite	8285.2	6 ↑	6.5% ↑
9	chinstudio	8883.7	5 ↑	7.9% ↑
10	Sam's Tree/森宿	8515.2	5 ↑	6.4% ↑

图 9.4

（3）进入卖家中心，查看店铺运营助手，点击进入更多热门关键词，在淘宝情报里面也可以找到一些热门搜索词，如图 9.5、图 9.6 所示。

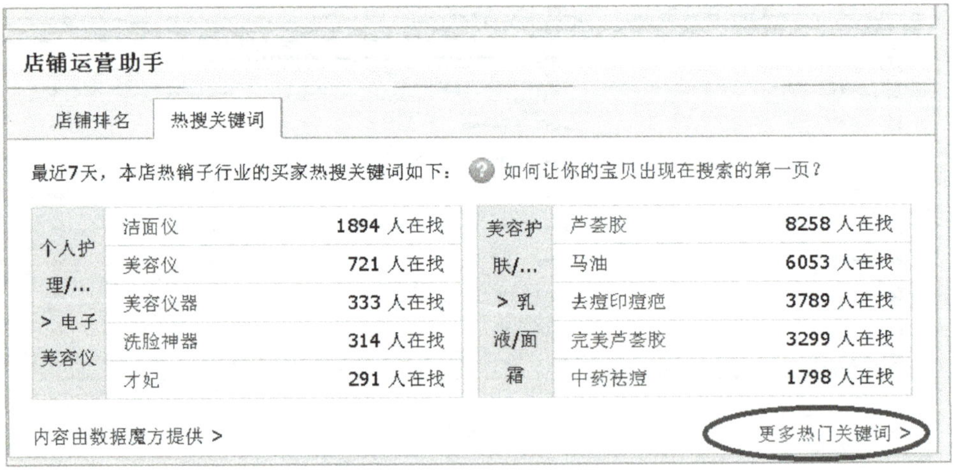

图 9.5

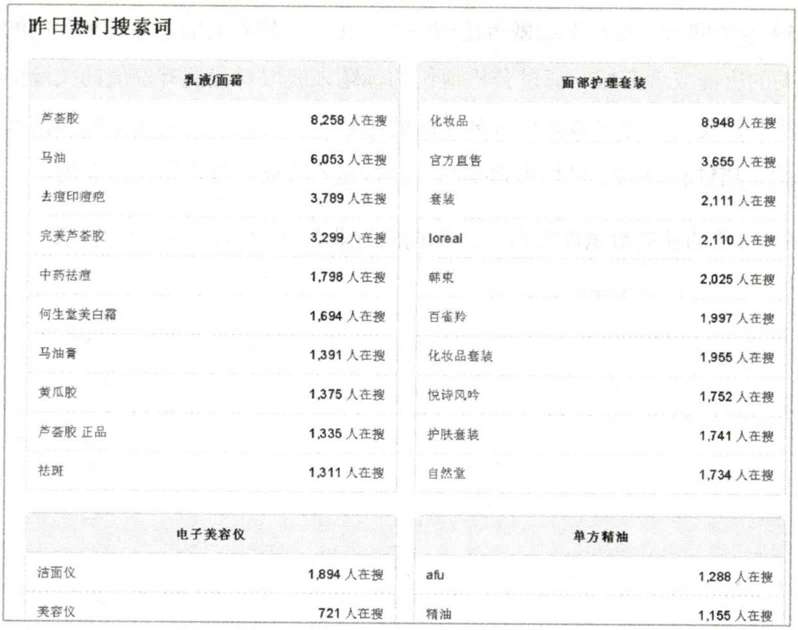

昨日热门搜索词

乳液/面霜	
芦荟胶	8,258 人在搜
马油	6,053 人在搜
去痘印痘疤	3,789 人在搜
完美芦荟胶	3,299 人在搜
中药祛痘	1,798 人在搜
何生堂美白霜	1,694 人在搜
马油膏	1,391 人在搜
黄瓜胶	1,375 人在搜
芦荟胶 正品	1,335 人在搜
祛斑	1,311 人在搜

面部护理套装	
化妆品	8,948 人在搜
官方直售	3,655 人在搜
套装	2,111 人在搜
loreal	2,110 人在搜
韩束	2,025 人在搜
百雀羚	1,997 人在搜
化妆品套装	1,955 人在搜
悦诗风吟	1,752 人在搜
护肤套装	1,741 人在搜
自然堂	1,734 人在搜

电子美容仪	
洁面仪	1,894 人在搜
美容仪	721 人在搜

单方精油	
afu	1,288 人在搜
精油	1,155 人在搜

图 9.6

（4）在淘宝首页的搜索框里输入关键词的时候，我们会看到有一栏“你是不是想找某某关键词”，这里也可以作为我们寻找关键词的参考，如图 9.7 所示。

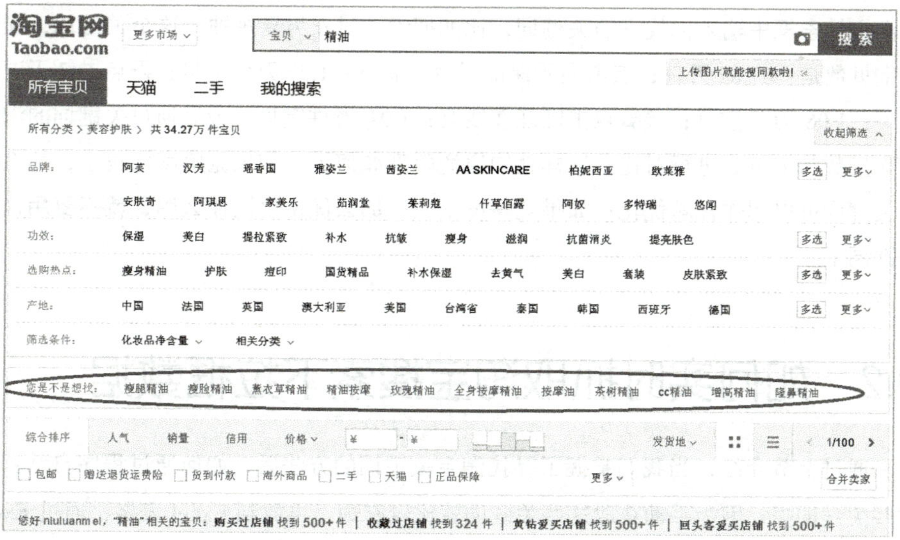

图 9.7

（5）参考同行，查找那些做得比较好的、排名比较靠前的，并且与我们的类目相同或相关的店铺或者商城，通过分析他们的标题来获取对我们有价值的关键词，为我所用。注意，我们不要照抄同行排名靠前的标题，因为同行排名靠前的店铺和宝贝背后的 DSR、店铺权重和宝贝权重都很高，照抄是不可能获得很好的排名的。

（6）付费的还有数据魔方所带的淘词的行业热词榜等，如图 9.8 所示。

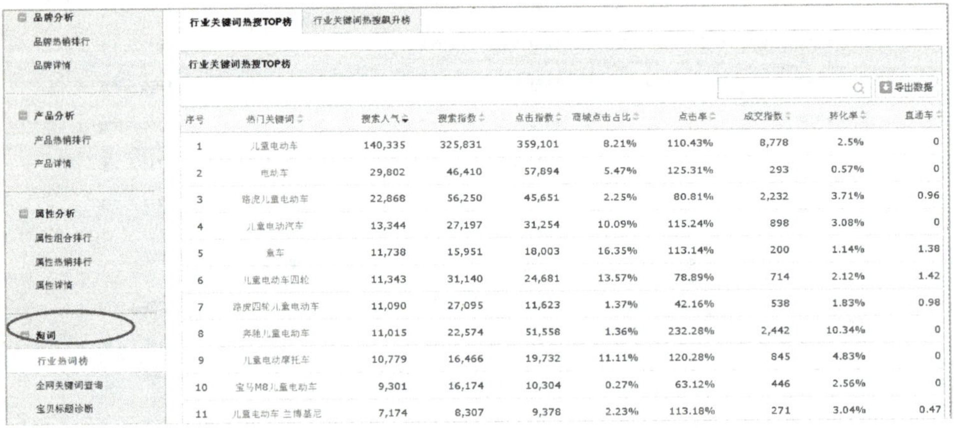

序号	热门关键词	搜索人气	搜索指数	点击指数	商城点击占比	点击率	成交指数	转化率	直通车
1	儿童电动车	140,335	325,831	359,101	8.21%	110.43%	8,778	2.5%	0
2	电动车	29,802	46,410	57,894	5.47%	125.31%	293	0.57%	0
3	路虎儿童电动车	22,868	56,250	45,651	2.25%	80.81%	2,232	3.71%	0.96
4	儿童电动汽车	13,344	27,197	31,254	10.09%	115.24%	898	3.08%	0
5	童车	11,738	15,951	18,003	16.35%	113.14%	200	1.14%	1.38
6	儿童电动车四轮	11,343	31,140	24,681	13.57%	78.89%	714	2.12%	1.42
7	路虎四轮儿童电动车	11,090	27,095	11,623	1.37%	42.16%	538	1.83%	0.98
8	奔驰儿童电动车	11,015	22,574	51,558	1.36%	232.28%	2,442	10.34%	0
9	儿童电动摩托车	10,779	16,466	19,732	11.11%	120.28%	845	4.83%	0
10	宝马M8儿童电动车	9,301	16,174	10,304	0.27%	63.12%	446	2.56%	0
11	儿童电动车 兰博基尼	7,174	8,307	9,378	2.23%	113.18%	271	3.04%	0.47

图 9.8

当我们找到足够的关键词时，就要在这些词当中去挑选。那么，怎么选呢？首先，在淘宝搜索框中输入你找来的关键词，比如搜索“衬衣男夏短袖”这个关键词，起始的宝贝数是：67.82 万件；点击品质保证居然只剩下：1.27 万件宝贝；再点击 7 天退换剩下：1.08 万件宝贝；接着点击旺旺在线有：1.01 万件宝贝；最后通过关键词的淘宝搜索指数与宝贝数进行对比，这样就知道竞争度如何了。如果竞争度比较小，那么这个关键词可以用作标题优化；如果竞争度很大，那么优化也没什么用，就不要用这个关键词了。

9.2　如何实时抓取淘宝搜索下拉框数据

通过上节介绍，当我们掌握了寻找淘宝关键词的方法后，如何通过程序自动获取这些关键词呢？因为手动获取这些关键词就比较麻烦，再放到 Excel 表格，通过 Excel 表格公式进行计算，这个工作量还是蛮大的。如何才能更智能化一点呢？下面就教大家一个方法，例如，如何通过软件实时抓取淘宝搜索下拉框数据？我们先把下拉框关键词划分等级，直接下拉出来的关键词我们叫作二级下拉框关键词，比如搜索“衬衣”这个关键词，下拉框中的“衬衣女夏”、“衬衣男夏”、“衬衣女”、“衬衣男”等都属于二级下拉框关键词；而选择“衬衣男夏短袖”后出来的“青年”、“中年”、“修身”、“商务”等关键词我们叫作三级下拉框关键词，如图 9.9 所示。注意，三级下拉框关键词是依附于二级下拉框关键词的，独立没有太大的意义。

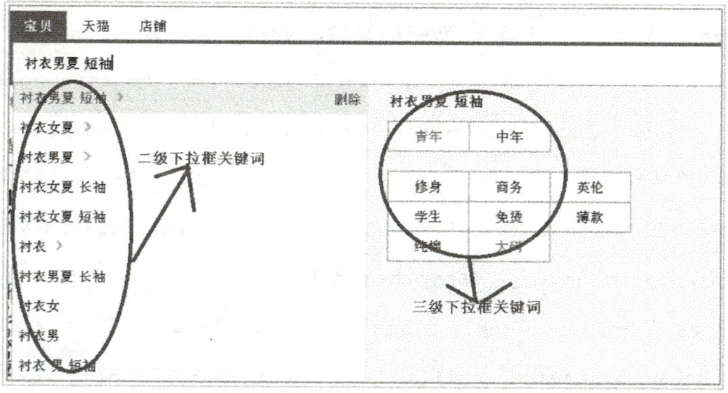

图 9.9

方法一：利用谷歌浏览器的“审查元素”功能，如图 9.10 所示。

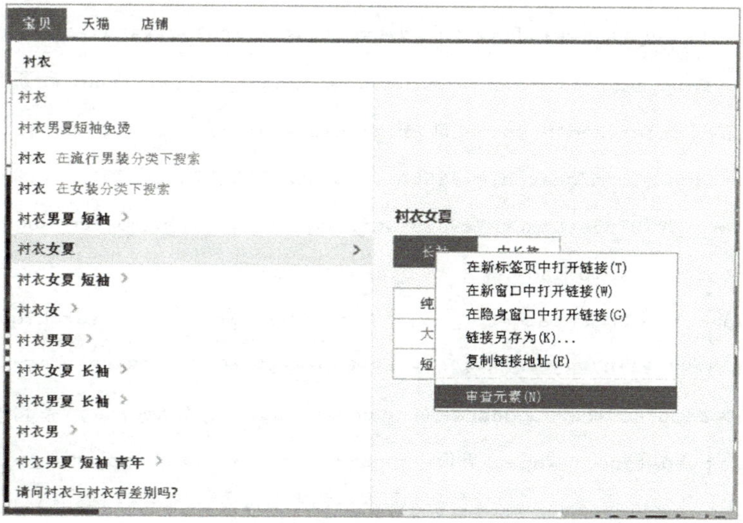

图 9.10

得到如下的 HTML 源代码（由于篇幅原因，这里仅截取前面几页和最后一页的数据）：

```
<div class="cloud-box" style="height: 100%;"><div id="J_CloudList1" data-
align="true" class="J_cloud-handle cloud-list type-taggroup" style="display:
none;"><div class="inner-wrap" style="padding-top: 73px;"><h3>衬衣男夏短袖
</h3><ul><li class="tag-group"><ul><li><a target="_self" href="//.taobao.com/
search?q=%E8%A1%AC%E8%A1%A3%E7%94%B7%E5%A4%8F%20%E7%9F%AD%E8%A2%96%20%E4%
B8%AD%E5%B9%B4&amp;wq= 衬 衣 &amp;source=suggest&amp;suggest=magic_1_1&amp;
tag= 中 年 " class="cloud-link undefined"><span> 中 年 </span></a></li><li><a
target="_self" href="//s.taobao.com/search?q=%E8%A1%AC%E8%A1%A3%E7%94%B7%-
E5%A4%8F%20%E7%9F%AD%E8%A2%96%20%E9%9D%92%E5%B9%B4&amp;wq=衬衣&amp;source=
suggest&amp;suggest=magic_1_2&amp;tag=青年" class="cloud-link hot"><span>青
年</span></a></li></ul></li><li class="tag-group"><ul><li><a target="_self"
href="//s.taobao.com/search?q=%E8%A1%AC%E8%A1%A3%E7%94%B7%E5%A4%8F%20%E7%
9F%AD%E8%A2%96%20%E5%85%8D%E7%83%AB&amp;wq= 衬 衣 &amp;source=suggest&amp;
suggest=magic_1_1&amp;tag= 免 烫 " class="cloud-link undefined"><span> 免 烫
</span></a></li><li><a target="_self" href="//s.taobao.com/search?q=%E8%A1%-
AC%E8%A1%A3%E7%94%B7%E5%A4%8F%20%E7%9F%AD%E8%A2%96%20%E5%95%86%E5%8A%A1&a
mp;wq= 衬 衣 &amp;source=suggest&amp;suggest=magic_1_2&amp;tag= 商 务 " class=
"cloud-link undefined"><span> 商 务 </span></a></li><li><a target="_self"
href="//s.taobao.com/search?q=%E8%A1%AC%E8%A1%A3%E7%94%B7%E5%A4%8F%20%E7%
9F%AD%E8%A2%96%20%E5%AD%A6%E7%94%9F&amp;wq= 衬 衣 &amp;source=suggest&amp;
suggest=magic_1_3&amp;tag= 学 生 " class="cloud-link undefined"><span> 学 生
</span></a></li><li><a target="_self" href="//s.taobao.com/search?q=%E8%A1%-
AC%E8%A1%A3%E7%94%B7%E5%A4%8F%20%E7%9F%AD%E8%A2%96%20%E8%8B%B1%E4%BC%A6&a
mp;wq= 衬 衣 &amp;source=suggest&amp;suggest=magic_1_4&amp;tag= 英 伦 " class=
"cloud-link undefined"><span>英伦</span></a></li><li><a target="_self" href=
"//s.taobao.com/search?q=%E8%A1%AC%E8%A1%A3%E7%94%B7%E5%A4%8F%20%E7%9F%AD
%E8%A2%96%20%E5%A4%A7%E7%A0%81&amp;wq=衬衣&amp;source=suggest&amp;suggest=
```

```
magic_1_5&amp;tag=大码" class="cloud-link hot"><span>大码</span></a></li><li>
<a target="_self" href="//s.taobao.com/search?q=%E8%A1%AC%E8%A1%A3%E7%94%-
B7%E5%A4%8F%20%E7%9F%AD%E8%A2%96%20%E8%96%84%E6%AC%BE&amp;wq=衬衣&amp;
source=suggest&amp;suggest=magic_1_6&amp;tag=薄款" class="cloud-link undefined">
<span>薄款</span></a></li><li><a target="_self" href="//s.taobao.com/search?q=
%E8%A1%AC%E8%A1%A3%E7%94%B7%E5%A4%8F%20%E7%9F%AD%E8%A2%96%20%E7%BA%AF%E6%
A3%89&amp;wq=衬衣&amp;source=suggest&amp;suggest=magic_1_7&amp;tag=纯棉"
class="cloud-link undefined"><span>纯棉</span></a></li><li><a target="_self"
href="//s.taobao.com/search?q=%E8%A1%AC%E8%A1%A3%E7%94%B7%E5%A4%8F%20%E7%
9F%AD%E8%A2%96%20E4%BF%AE%E8%BA%AB&amp;wq=衬衣&amp;source=suggest&amp;
suggest=magic_1_8&amp;tag=修身" class="cloud-link undefined"><span>修身
</span></a></li></ul></li></ul></div></div><div id="J_CloudList2" data-align=
"true" class="J_cloud-handle cloud-list type-taggroup" style="display:
block;"><div class="inner-wrap" style="padding-top: 99px;"><h3>衬衣女夏
</h3><ul><li class="tag-group"><ul><li><a target="_self" href="//s.taobao.com/
search?q=%E8%A1%AC%E8%A1%A3%E5%A5%B3%E5%A4%8F%20%E9%95%BF%E8%A2%96&amp;wq
=衬衣&amp;source=suggest&amp;suggest=magic_2_1&amp;tag=长袖" class="cloud-link
hot"> <span>长袖</span></a></li><li><a target="_self" href="//s.taobao.com/
search?spm=a21bo.7724922.0.0.dstuTI&amp;q=%E8%A1%AC%E8%A1%A3%E5%A5%B3%E5%
A4%8F%20%E4%B8%AD%E9%95%BF%E6%AC%BE&amp;wq=衬衣&amp;source=suggest&amp;
suggest=magic_2_2&amp;tag=中长款" class="cloud-link undefined" data-spm-
anchor-id="a21bo.7724922.0.0"><span>中长款</span></a></li></ul></li><li
class="tag-group"><ul><li><a target="_self" href="//s.taobao.com/search?q=
%E8%A1%AC%E8%A1%A3%E5%A5%B3%E5%A4%8F%20%E7%BA%AF%E6%A3%89&amp;wq=衬衣&amp;
source=suggest&amp;suggest=magic_2_1&amp;tag=纯棉" class="cloud-link undefined">
<span>纯棉</span></a></li><li><a target="_self" href="//s.taobao.com/
search?q=%E8%A1%AC%E8%A1%A3%E5%A5%B3%E5%A4%8F%20%E5%AD%A6%E7%94%9F&amp;wq
=衬衣&amp;source=suggest&amp;suggest=magic_2_2&amp;tag=学生" class="cloud-link
undefined"><span>学生</span></a></li><li><a target="_self" href="//
```

```
s.taobao.com/search?q=%E8%A1%AC%E8%A1%A3%E5%A5%B3%E5%A4%8F%20%E6%98%BE%E7
%98%A6&amp;wq=衬衣&amp;source=suggest&amp;suggest=magic_2_3&amp;tag=显瘦"
class="cloud-link undefined"><span>显瘦</span></a></li><li><a target=
"_self" href="//s.taobao.com/search?q=%E8%A1%AC%E8%A1%A3%E5%A5%B3%E5%A4%-
8F%20%E5%A4%A7%E7%A0%81&amp;wq=衬衣&amp;source=suggest&amp;suggest=magic_2_4&amp;
tag=大码" class="cloud-link hot"><span>大码</span></a></li><li><a
target="_self" href="//s.taobao.com/search?q=%E8%A1%AC%E8%A1%A3%E5%A5%B3%-
E5%A4%8F%20%E4%BF%AE%E8%BA%AB&amp;wq=衬衣&amp;source=suggest&amp;suggest=
magic_2_5&amp;tag=修身" class="cloud-link undefined"><span>修身</span></a>
</li><li><a target="_self" href="//s.taobao.com/search?q=%E8%A1%AC%E8%-
A1%A3%E5%A5%B3%E5%A4%8F%20%E9%9F%A9%E5%9B%BD&amp;wq=衬衣&amp;source=
suggest&amp;suggest=magic_2_6&amp;tag=韩国" class="cloud-link undefined">
<span>韩国</span></a></li><li><a target="_self" href="// s.taobao.com/
search?q=%E8%A1%AC%E8%A1%A3%E5%A5%B3%E5%A4%8F%20%E7%9F%AD%E6%AC%BE&amp;wq
=衬衣&amp;source=suggest&amp;suggest=magic_2_7&amp;tag=短款" class="cloud-
link undefined"><span>短款</span></a></li><li><a target="_self" href=
"//s.taobao.com/search?q=%E8%A1%AC%E8%A1%A3%E5%A5%B3%E5%A4%8F%20%E5%AE%BD
%E6%9D%BE&amp;wq=衬衣&amp;source=suggest&amp;suggest=magic_2_8&amp;tag=宽松
" class="cloud-link undefined"><span>宽松</span></a></li></ul></li>
</ul></div></div><div id="J_CloudList3" data-align="true" class="J_cloud-
cloud-list type-taggroup" style="display: none;"><div class="inner-wrap"
style="padding-top: 125px;"><h3>衬衣女夏短袖</h3><ul><li class="tag-group">
<ul><li><a target="_self" href="//s.taobao.com/search?q=%E8%A1%AC%E8%A1%-
A3%E5%A5%B3%E5%A4%8F%20%E7%9F%AD%E8%A2%96%20%E7%BA%AF%E6%A3%89&amp;wq=衬衣
&amp;source=suggest&amp;suggest=magic_3_1&amp;tag=纯棉" class="cloud-link
undefined"><span>纯棉</span></a></li><li><a target="_self" href="//s.taobao.com/
search?q=%E8%A1%AC%E8%A1%A3%E5%A5%B3%E5%A4%8F%20%E7%9F%AD%E8%A2%96%20%E5%
AD%A6%E7%94%9F&amp;wq=衬衣&amp;source=suggest&amp;suggest=magic_3_2&amp;tag=学
生" class="cloud-link undefined"><span>学生</span></a></li><li><a target=
```

```
"_self" href="//s.taobao.com/search?q=%E8%A1%AC%E8%A1%A3%E5%A5%B3%E5%A4%8F%-
20%E7%9F%AD%E8%A2%96%20%E5%B8%B8%E8%A7%84&amp;wq=衬衣&amp;source=suggest&amp;
suggest=magic_3_3&amp;tag=常规" class="cloud-link undefined"><span>常规
</span></a></li><li><a target="_self" href="//s.taobao.com/search?q=
%E8%A1%AC%E8%A1%A3%E5%A5%B3%E5%A4%8F%20%E7%9F%AD%E8%A2%96%20%E5%8D%B0%E8%
8A%B1&amp;wq=衬衣&amp;source=suggest&amp;suggest=magic_3_4&amp;tag=印花"
class="cloud-link undefined"><span>印花</span></a></li><li><a target="_self"
href="//s.taobao.com/search?q=%E8%A1%AC%E8%A1%A3%E5%A5%B3%E5%A4%8F%20%E7%
9F%AD%E8%A2%96%20%E8%A1%AC%E8%A1%AB&amp;wq=衬衣&amp;source=suggest&amp;
suggest=magic_3_5&amp;tag=衬衫" class="cloud-link undefined"><span>衬衫
</span></a></li><li><a target="_self" href="//s.taobao.com/search?q=
%E8%A1%AC%E8%A1%A3%E5%A5%B3%E5%A4%8F%20%E7%9F%AD%E8%A2%96%20%E4%B8%AD%E9%
95%BF%E6%AC%BE&amp;wq=衬衣&amp;source=suggest&amp;suggest=magic_3_6&amp;
tag=中长款" class="cloud-link undefined"><span>中长款</span></a></li><li><a
target="_self" href="//s.taobao.com/search?q=%E8%A1%AC%E8%A1%A3%E5%A5%B3%E5%-
A4%8F%20%E7%9F%AD%E8%A2%96%20%E6%98%BE%E7%98%A6&amp;wq=衬衣&amp;source=
suggest&amp;suggest=magic_3_7&amp;tag=显瘦" class="cloud-link undefined">
<span>显瘦</span></a></li><li><a target="_self" href="//s.taobao.com/search?q=
%E8%A1%AC%E8%A1%A3%E5%A5%B3%E5%A4%8F%20%E7%9F%AD%E8%A2%96%20%E4%BF%AE%E8%
BA%AB&amp;wq=衬衣&amp;source=suggest&amp;suggest=magic_3_8&amp;tag=修身"
class="cloud-link undefined"><span>修身</span></a></li><li><a target=
"_self" href="//s.taobao.com/search?q=%E8%A1%AC%E8%A1%A3%E5%A5%B3%E5%A4%-
8F%20%E7%9F%AD%E8%A2%96%20%E5%A4%A7%E7%A0%81&amp;wq=衬衣&amp;source=
suggest&amp;suggest=magic_3_9&amp;tag=大码" class="cloud-link hot"><span>大
码</span></a></li><li><a target="_self" href="//s.taobao.com/search?q=
%E8%A1%AC%E8%A1%A3%E5%A5%B3%E5%A4%8F%20%E7%9F%AD%E8%A2%96%20%E5%AE%BD%E6%
9D%BE&amp;wq=衬衣&amp;source=suggest&amp;suggest=magic_3_10&amp;tag=宽松"
class="cloud-link undefined"><span>宽松</span></a></li></ul></li></ul></div>
</div><div id="J_CloudList4" data-align="true" class="J_cloud-handle cloud-list
```

```
type-taggroup" style="display: none;"><div class="inner-wrap"><h3>衬衣女
</h3><ul><li class="tag-group"><ul><li><a target="_self" href="//s.taobao.com/
search?q=%E8%A1%AC%E8%A1%A3%E5%A5%B3%20%E4%B8%AD%E9%95%BF%E6%AC%BE&amp;wq
=衬衣&amp;source=suggest&amp;suggest=magic_4_1&amp;tag=中长款" class=
"cloud-link undefined"><span>中长款</span></a></li><li><a target="_self"
href="//s.taobao.com/search?q=%E8%A1%AC%E8%A1%A3%E5%A5%B3%20%E9%95%BF%E8%
A2%96&amp;wq=衬衣&amp;source=suggest&amp;suggest=magic_4_2&amp;tag=长袖"
class="cloud-link hot"><span>长袖</span></a></li><li><a target="_self"
href="//s.taobao.com/search?q=%E8%A1%AC%E8%A1%A3%E5%A5%B3%20%E7%9F%AD%E8%
A2%96&amp;wq=衬衣&amp;source=suggest&amp;suggest=magic_4_3&amp;tag=短袖"
class="cloud-link undefined"><span>短袖</span></a></li></ul></li><li
class="tag-group"><ul><li><a target="_self" href="//s.taobao.com/search?q=
%E8%A1%AC%E8%A1%A3%E5%A5%B3%20%E5%A8%83%E5%A8%83%E9%A2%86&amp;wq=衬衣&amp;
source=suggest&amp;suggest=magic_4_1&amp;tag=娃娃领" class="cloud-link
undefined"><span>娃娃领</span></a></li><li><a
........................................................................
........................................................................
........................................................................

<li class="tag-group"><ul><li><a target="_self" href="//s.taobao.com/
search?q=%E8%A1%AC%E8%A1%A3%E7%94%B7%E5%A4%8F%20%E7%9F%AD%E8%A2%96%20%E9%
9D%92%E5%B9%B4%20%E4%B8%9D%E5%85%89%E6%A3%89&amp;wq=衬衣&amp;source=
suggest&amp;suggest=magic_9_1&amp;tag=丝光棉" class="cloud-link undefined">
<span>丝光棉</span></a></li><li><a target="_self" href="//s.taobao.com/
search?q=%E8%A1%AC%E8%A1%A3%E7%94%B7%E5%A4%8F%20%E7%9F%AD%E8%A2%96%20%E9%
9D%92%E5%B9%B4%20%E7%BA%AF%E6%A3%89&amp;wq=衬衣&amp;source=suggest&amp;
suggest=magic_9_2&amp;tag=纯棉" class="cloud-link hot"><span>纯棉</span>
</a></li></ul></li><li class="tag-group"><ul><li><a target="_self" href=
"//s.taobao.com/search?q=%E8%A1%AC%E8%A1%A3%E7%94%B7%E5%A4%8F%20%E7%9F%AD
```

```
%E8%A2%96%20%E9%9D%92%E5%B9%B4%20%E5%AD%A6%E7%94%9F&amp;wq=衬衣&amp;source=
suggest&amp;suggest=magic_9_1&amp;tag=学生" class="cloud-link undefined">
<span>学生</span></a></li><li><a target="_self" href="//s.taobao.com/search?q=
%E8%A1%AC%E8%A1%A3%E7%94%B7%E5%A4%8F%20%E7%9F%AD%E8%A2%96%20%E9%9D%92%E5%
B9%B4%20%E8%8B%B1%E4%BC%A6&amp;wq=衬衣&amp;source=suggest&amp;suggest= magic_
9_2&amp;tag=英伦" class="cloud-link undefined"><span>英伦</span></a></li><li>
<a target="_self" href="//s.taobao.com/search?q=%E8%A1%AC%E8%A1%A3%E7%94%-
B7%E5%A4%8F%20%E7%9F%AD%E8%A2%96%20%E9%9D%92%E5%B9%B4%20%E5%95%86%E5%8A%A
1&amp;wq=衬衣&amp;source=suggest&amp;suggest=magic_9_3&amp;tag=商务"
class="cloud-link hot"><span>商务</span></a></li><li><a target="_self"
href="//s.taobao.com/search?q=%E8%A1%AC%E8%A1%A3%E7%94%B7%E5%A4%8F%20%E7%
9F%AD%E8%A2%96%20%E9%9D%92%E5%B9%B4%20%E5%8D%B0%E8%8A%B1&amp;wq=衬衣
&amp;source=suggest&amp;suggest=magic_9_4&amp;tag=印花" class="cloud-link
undefined"><span>印花</span></a></li><li><a target="_self" href="//s.taobao
.com/search?q=%E8%A1%AC%E8%A1%A3%E7%94%B7%E5%A4%8F%20%E7%9F%AD%E8%A2%96%2
0%E9%9D%92%E5%B9%B4%20%E5%85%8D%E7%83%AB&amp;wq=衬衣&amp;source=suggest&amp;
suggest=magic_9_5&amp;tag=免烫" class="cloud-link undefined"><span>免烫
</span></a></li><li><a target="_self" href="//s.taobao.com/search?q=
%E8%A1%AC%E8%A1%A3%E7%94%B7%E5%A4%8F%20%E7%9F%AD%E8%A2%96%20%E9%9D%92%E5%
B9%B4%20%E4%BF%AE%E8%BA%AB&amp;wq=衬衣&amp;source=suggest&amp;suggest=
magic_9_6&amp;tag=修身" class="cloud-link undefined"><span>修身</span></a>
</li></ul></li></ul></div></div></div>
```

我们解析这个 HTML 源代码，找到相应的关键词，就可以获得所有的下拉框关键词表了。

方法二：借助于网络分析工具，发现当我们在淘宝的主搜索框中输入“衬衣”这个关键词时，淘宝的后台是非常忙碌的，它请求的 URL 地址是：

http://suggest.taobao.com/sug?code=utf-8&q=%E8%A1%AC%E8%A1%A3%20&_ksTS=1434080649436_8621&callback=jsonp8622&k=1&area=c2c&bucketid=20

其中，q=%E8%A1%AC%E8%A1%A3%20 的意思是查询关键词为“衬衣”，我们通过模拟浏览器请求这个 URL，获得的返回值如下：


```
jsonp8622({"result":[["衬衣男夏短袖","1272112"],["衬衣女夏","1643460"],["衬衣
女夏短袖","665332"],["衬衣女","1837132"],["衬衣男夏","1212247"],["衬衣女夏长袖
","222382"],["衬衣男夏长袖","106431"],["衬衣男","2308595"],["衬衣男夏短袖青年
","134253"],["请问衬衣与衬衣有差别吗?","1"]],"magic":[{"index":"1",
"type":"tag_group","data":[[{"title":"中年"},{"title":"青年
","type":"hot"}],[{"title":"免烫"},{"title":"商务"},{"title":"学生
"},{"title":"英伦"},{"title":"大码","type":"hot"},{"title":"薄款
"},{"title":"纯棉"},{"title":"修身"}]]},{"index":"2","type":"tag_group",
"data":[[{"title":"长袖","type":"hot"},{"title":"中长款"}],[{"title":"纯棉
"},{"title":"学生"},{"title":"显瘦"},{"title":"大码","type":"hot"},
{"title":"修身"},{"title":"韩国"},{"title":"短款"},{"title":"宽松
"}]]},{"index":"3","type":"tag_group","data":[[{"title":"纯棉"},{"title":"
学生"},{"title":"常规"},{"title":"印花"},{"title":"衬衫"},{"title":"中长款
"},{"title":"显瘦"},{"title":"修身"},{"title":"大码
","type":"hot"},{"title":"宽松"}]]},{"index":"4","type":"tag_group",
"data":[[{"title":"中长款"},{"title":"长袖","type":"hot"},{"title":"短袖
"}],[{"title":"娃娃领"},{"title":"立领","type":"hot"}],[{"title":"衬衫
"},{"title":"简约","type":"hot"},{"title":"修身"},{"title":"POLO领
"},{"title":"清新"}]]},{"index":"5","type":"tag_group","data":[[{"title":"
短袖","type":"hot"},{"title":"长袖"}],[{"title":"宽松"},{"title":"薄款
"},{"title":"商务"},{"title":"修身"},{"title":"学生"},{"title":"大码
","type":"hot"},{"title":"正装"},{"title":"免烫"}]]},{"index":"6","type":
"tag_group","data":[[{"title":"宽松"},{"title":"大码"},{"title":"学生
"},{"title":"外套"},{"title":"简约"},{"title":"中长款"},{"title":"显瘦
"},{"title":"翻领"},{"title":"修身"},{"title":"雪纺","type":"hot"}]]},
{"index":"7","type":"tag_group","data":[[{"title":"常规"},{"title":"薄款
```

```
","type":"hot"}],[{"title":"中年","type":"hot"},{"title":"中老年"}],[{"title":"英伦"},{"title":"修身"},{"title":"衬衫"},{"title":"商务"},{"title":"学生"},{"title":"修身型","type":"hot"}]]},{"index":"8","type":"tag_group","data":[[{"title":"青年","type":"hot"},{"title":"青少年"}],[{"title":"修身型","type":"hot"},{"title":"修身款"}],[{"title":"短袖"},{"title":"长袖","type":"hot"},{"title":"衬衫"},{"title":"青春流行"},{"title":"商务绅士"},{"title":"夏季"}]]},{"index":"9","type":"tag_group","data":[[{"title":"常规"},{"title":"薄款","type":"hot"}],[{"title":"丝光棉"},{"title":"纯棉","type":"hot"}],[{"title":"学生"},{"title":"英伦"},{"title":"商务","type":"hot"},{"title":"印花"},{"title":"免烫"},{"title":"修身"}]]}],"cat":[["流行男装","50344007","衬衣"],["女装","50102996","衬衣"]]})
```


我们仔细观察后就可以发现，这个返回值恰好就是淘宝下拉框的返回值，如图 9.11 所示。

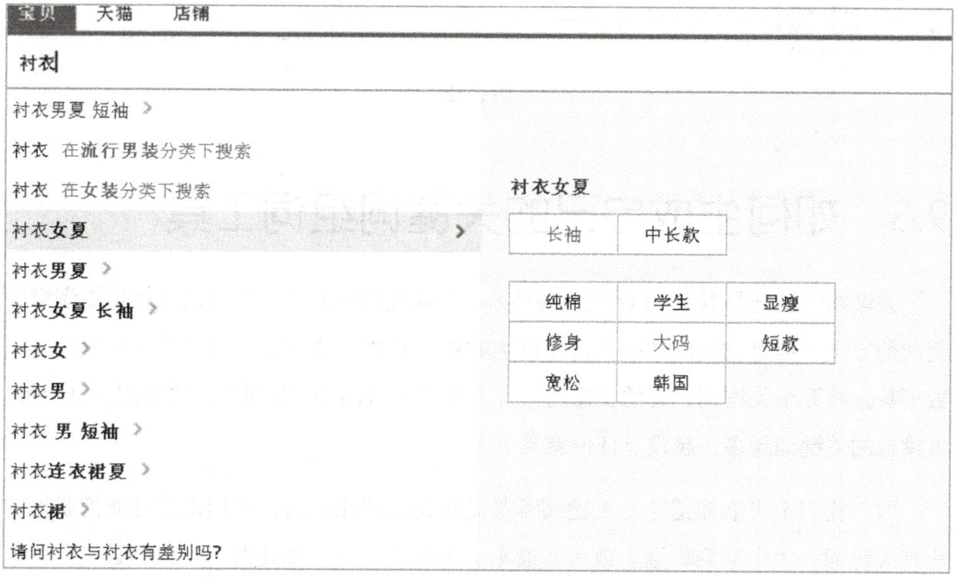

图 9.11

通过解析这个返回值，我们就拿到了淘宝下拉框的所有关键词，如图 9.12 所示。

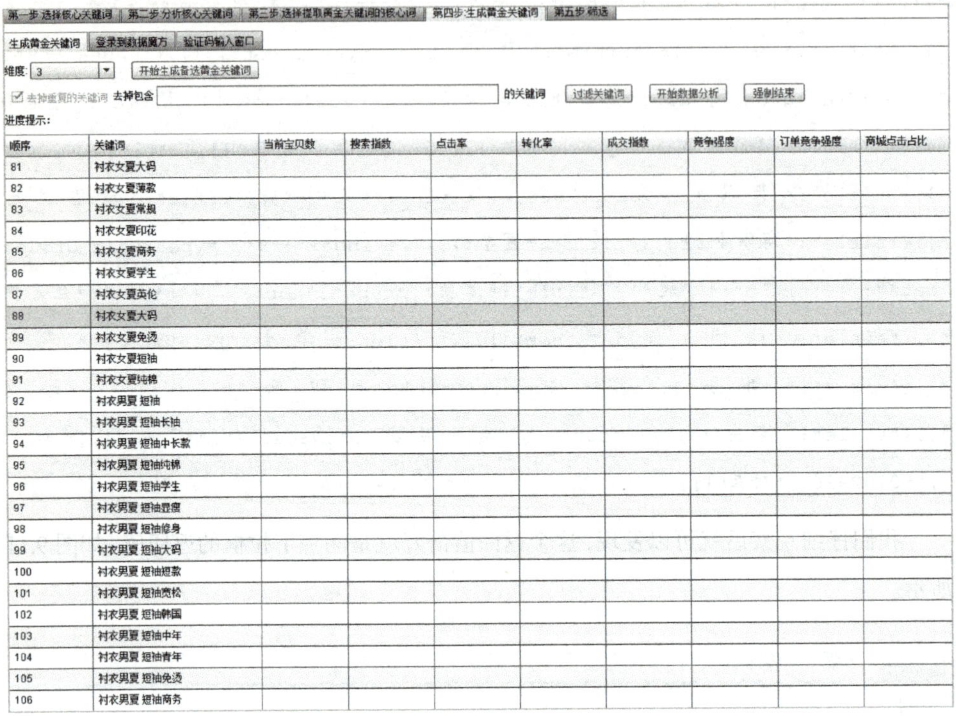

图 9.12

9.3　如何生成自己的关键词组词工具

关键词的挑选是淘宝 SEO 优化的核心，前面我们也介绍了常见的几种生成淘宝关键词的方法，但是淘宝的数据是海量的大数据，利用上述方法，随便就能生成数百、数千甚至数万个关键词，有的卖家还会参考直通车 TOP20 万词表，关键词一旦上量，可挑选的关键词越多，越没有任何意义。

因为我们不可能知道这些关键词哪些流量大、转化率高，我们也不可能把获得的所有关键词一个个拿到标题上或者直通车上去测试，时间都耽误了，我们必然要舍弃 99.99%的关键词，只可能从成百上千甚至 20 万关键词表中，选择几个或者几十个关键词放到标题上和直通车关键词表上。问题是如何挑选这些关键词呢？下面我们就探讨如何生成自己的关键词组词工具，如何利用程序把这些关键词都跑一遍，自动抓取这些关键词的淘宝搜索指数和相应的宝贝数，然后进行对比，这样就知道竞争度如何了。如果竞争度比较小，那么这个关键词可以用作标题优化；如果竞争度很大，那么优化也没什么用，就不要用这个关键词了。

这里给出一个计算公式：

（关键词）竞争强度=淘宝搜索指数/当前竞争宝贝数

这个公式的意义就是：用当前淘宝搜索指数除以当前竞争宝贝数，这个值越大，说明这个关键词竞争力越强，越值得我们去关注这个关键词。例如图 9.13 所示（理论上，下面 9 个关键词均可以搜索到当前竞争宝贝数，由于程序不完善，仅搜索到三个关键词的当前竞争宝贝数。由于时间原因，我也没完善，仅当作一个例子）。

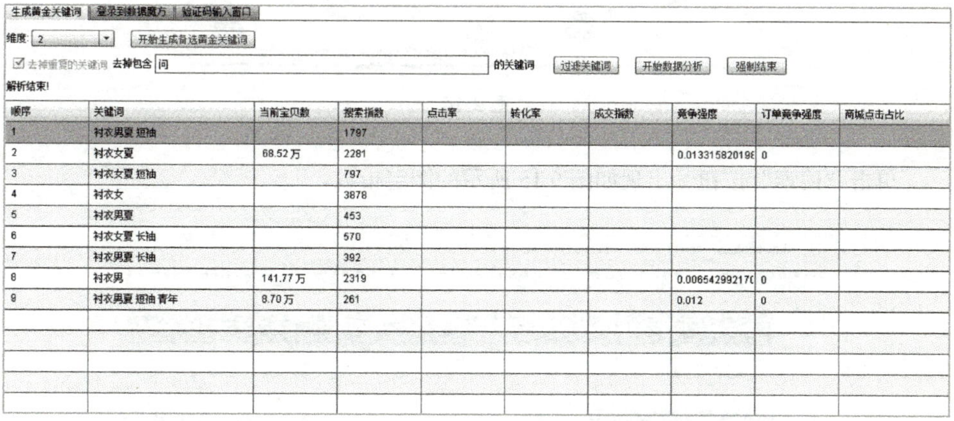

顺序	关键词	当前宝贝数	搜索指数	点击率	转化率	成交指数	竞争强度	订单竞争强度	商城点击占比
1	衬衣男夏 短袖		1797						
2	衬衣女夏	68.52 万	2281				0.01331582019(	0	
3	衬衣女夏 短袖		797						
4	衬衣女		3878						
5	衬衣男夏		453						
6	衬衣女夏 长袖		570						
7	衬衣男夏 长袖		392						
8	衬衣男	141.77 万	2319				0.00654299217(	0	
9	衬衣男夏 短袖 青年	8.70 万	261				0.012	0	

图 9.13

“衬衣男”这个关键词的搜索指数很高，为 2319，但是其竞争宝贝数也高，有 141.77 万个竞争宝贝；而“衬衣男夏短袖青年”这个关键词，虽然搜索指数是 261，但是其竞争宝贝数也只有 8.70 万，用搜索指数/当前宝贝数，就可以发现“衬衣男夏短袖青年”这个关键词的竞争强度比“衬衣男”关键词的竞争强度大。如果我们卖的恰好是面向青年的男款短袖衬衣，那么就可以把“衬衣男夏短袖青年”这个关键词作为黄金长尾关键词，放在标题上、直通车关键词表上，并设置好这个宝贝的属性。

下面告诉大家如何寻找一个关键词的淘宝搜索指数。打开谷歌浏览器，输入 URL：http://shu.taobao.com/。

在搜索框中输入“衬衣男”，如图 9.14 所示。

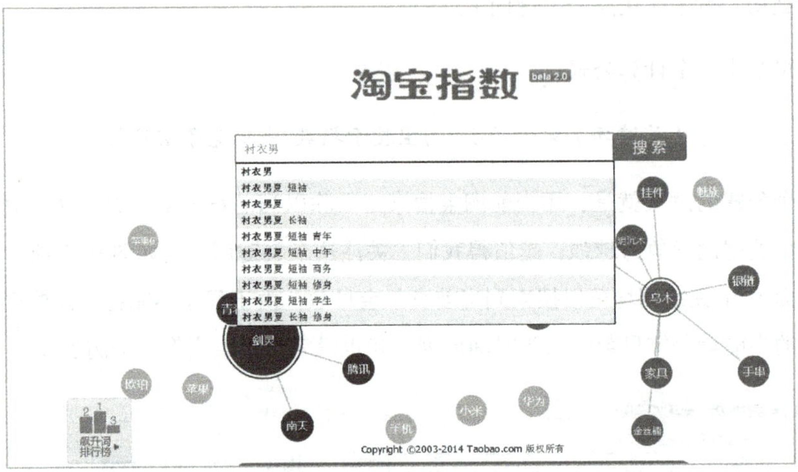

图 9.14

单击“搜索”按钮，出现如图 9.15 所示的淘宝指数。

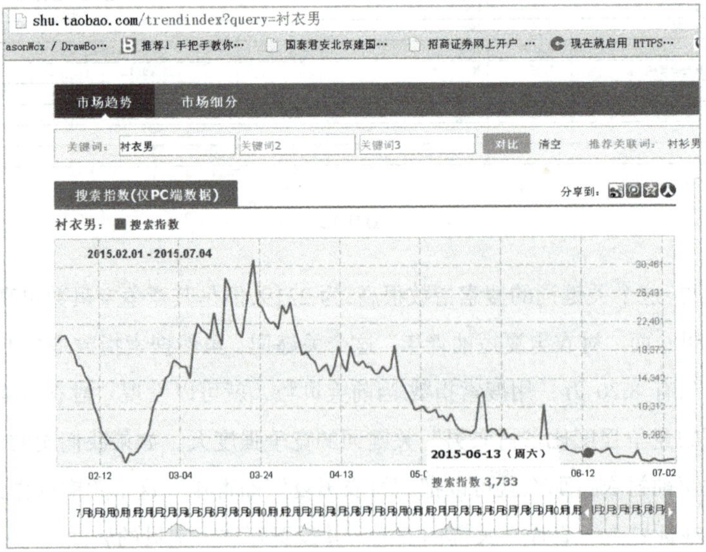

图 9.15

图中所示的就是从 2015 年 2 月 1 日到 2015 年 7 月 4 日共 154 天的淘宝指数数据（我们看到从 2015 年 3 月 4 日到 2015 年 3 月 24 日这段时间，“衬衣男”这个关键词的搜索关键词指数最高），我们通过“查看网页源代码”的方式，看到这 154 天的淘宝指数的数据如下：


```
"query","trend":[3243,3131,3393,3129,3237,3392,3176,2993,3037,3456,3512,3
433,3060,3183,3260,3288,3380,3509,3451,3483,3202,3338,3128,3044,3318,3141
,3534,3347,3461,3081,3735,3734,4550,4160,3853,3758,3631,3760,4372,4060,42
03,4341,4015,4300,4390,4497,4594,4492,4817,4812,4792,5095,5256,5481,6032,
5560,5412,5245,5576,6038,5647,5295,5131,5632,5819,6151,6524,6524,1678,686
4,7761,8925,9023,8839,10147,9142,10119,10270,10679,13257,13706,13713,1354
0,12189,11858,13095,13614,13221,10685,9418,8945,8652,9005,9757,10115,9992
,10147,10487,11547,11587,11954,11287,10373,10380,9597,8796,10254,10303,10
583,10342,9227,9626,9422,9587,10509,9973,9042,8970,9476,8232,9010,9221,10
399,10151,9788,9205,9187,9962,10552,10646,9337,9630,11233,22193,10460,103
95,10707,9097,9788,9750,9112,12137,11794,9296,9580,9305,9088,8845,10268,1
0977,10567,9402,9112,8007,7656,8833,8669,8650,9710,9332,8774,8104,8598,10
297,15094,8715,8854,8522,8435,9435,9162,9857,8849,9216,9077,8253,8494,100
76,10215,9632,8769,10371,9268,8560,9231,10938,11051,10037,9471,8876,9084,
9817,10181,9340,8712,8471,7780,7442,7432,6531,5311,4777,4618,4289,3529,24
29,3373,3808,3857,4821,5744,5832,7548,9827,9515,10186,10129,10289,10831,1
1290,11965,12552,12623,12906,12095,12582,14002,12838,12679,13905,13910,13
881,16989,16350,16825,16966,17220,26447,26076,28412,27954,25242,25105,231
00,23600,28977,32979,34387,31673,31668,29857,29760,28907,33136,34634,3333
7,36119,36683,44374,52286,62119,68767,63701,56746,56357,64748,64882,73479
,87811,85621,82901,82668,83613,86111,81958,85398,98846,100912,100557,1047
31,99346,105379,111765,105354,96898,94264,90716,89180,97599,98414,101031,
98315,90426,90678,88840,84526,83546,84396,87518,81560,72274,72198,61878,6
2460,59979,59048,58362,57982,52208,51832,51057,48270,46979,41548,40325,39
208,40103,43280,41612,41553,42612,41830,43527,45751,46160,44494,43750,419
70,39246,49298,53789,52261,53178,53529,21955,18916,18005,20191,19546,1602
```

```
8,16062,16222,14374,14457,16539,17217,17113,17678,14934,14543,15194,14403
,16160,14420,13676,12211,12567,12271,12020,12125,13125,12828,12232,11211,
9645,10573,10793,11230,10922,11066,10660,9617,9228,9507,10470,9683,9434,1
0048,10861,10237,10770,11469,11213,10964,10644,10414,9389,9227,9901,10678
,9863,9276,9658,8852,9411,9866,10835,10925,11717,12214,12002,11967,12617,
12315,13263,13879,16027,17064,16800,19448,18893,18383,19142,19429,20018,2
0350,21743,21364,17331,16782,17094,16457,18304,18064,16440,16430,15799,15
671,11780,12222,12682,13615,14293,15273,14562,17982,19861,18857,19904,217
82,24250,23526,26209,27250,27491,25885,26130,25826,24507,27050,27159,2608
7,24681,22126,20198,18497,18128,18591,19598,20507,20608,20982,20467,20631
,21930,22927,21605,19385,17162,16910,17202,18294,19034,18324,17816,17250,
17382,18584,19810,18255,17129,16470,16501,16144,17646,18375,17724,16925,1
6391,15378,15914,17361,17666,16890,16384,16372,17053,18460,32539,74207,18
512,15824,15231,13815,14474,15635,16632,16168,16825,16617,15445,15043,160
31,17663,16006,14497,14533,13923,14019,14977,16725,14731,15228,14349,1395
9,13498,14574,16489,16087,18237,28862,14584,14974,16052,17913,16869,15212
,14709,14544,14543,15566,16505,15002,13465,12288,12628,12065,13378,11514,
12628,13667,14455,13569,13985,13643,14613,14791,15844,15013,15318,16849,1
8962,21344,20993,19728,20568,20915,20715,22525,26130,26519,26558,26115,25
242,25294,25145,26052,28351,26218,24092,20426,17146,15305,14095,13124,106
64,8773,7641,6271,3685,5682,6822,7571,8574,9659,12665,17982,18962,19835,1
9202,20319,22256,22102,24465,24065,26638,28188,29119,29531,28197,30036,33
229,45832,54566,61584,71104,83272,104852,93671,72853,68783,51117,41265,43
781,49947,52362,55878,54265,51351,45482,43929,48920,47804,39433,38809,383
82,37314,34913,38499,38511,35458,33414,34662,39715,37622,33301,34400,3012
9,29453,28008,28737,32102,38305,43651,40532,39382,36173,30521,29398,27668
,27903,28392,27429,28406,29490,30155,29931,29247,29957,28724,30423,26259,
24585,24289,23809,23295,22733,20654,19350,16923,18133,18004,17078,15628,1
3713,13795,12547,12115,12466,11574,10961,10419,10338,10698,10701,11739,10
824,10847,10861,9746,9235,10852,11256,10449,10445,10713,9995,9502,9637,10
```

```
029,9783,9844,9630,9844,9539,9867,10848,10042,9979,9423,9103,9063,9372,84
87,9077,8194,8753,8163,8277,8113,8459,8330,7837,7568,8315,7570,7014,8164,
8506,8344,8118,8131,6856,7441,7523,8259,8101,7615,8300,6999,7655,7375,762
1,6998,7820,6757,6684,6584,7017,7061,7299,6766,7206,6253,6236,6658,7233,6
747,6532,7241,7612,7009,7624,7770,8053,8387,9150,8510,8782,10113,10661,10
804,10414,9986,9402,10268,11785,10824,10140,12362,11919,12134,13259,14763
,15118,16689,17378,18289,17889,18739,20427,20065,19871,19349,19715,17890,
18669,19052,17877,17292,15263,17111,19774,20894,22234,23395,23367,22975,2
1466,20806,19056,19980,19644,20105,19840,19900,19851,19769,21158,21728,20
802,21118,21192,19176,20184,21443,24339,24639,23359,26832,24785,26266,294
99,27902,24676,27386,22178,23429,26130,26336,23936,25350,23411,21832,2256
3,25891,28299,27775,29158,27041,29561,28008,34969,64186,112737,24661,2322
3,21904,22486,25617,27670,27657,24880,24959,23720,23590,25456,28358,24574
,30134,23835,22626,22584,24611,25888,24559,23474,24286,23388,23355,24762,
28728,27075,26849,33976,61399,22493,24572,26381,25532,24735,24886,22605,2
2017,24638,24357,24786,22414,23435,24404,23414,24815,27550,27473,24910,31
663,35238,32164,35103,37951,33415,34206,37875,31477,33147,34045,38840,392
80,36856,34805,37190,36235,36448,36912,33185,27705,24757,19313,16336,1324
2,11434,10410,9433,8622,6167,8493,10018,11911,12904,13447,14717,17844,223
33,22399,23519,25395,24449,23078,22516,19769,25114,27410,27428,28225,2822
7,31223,30775,34938,36342,40415,40116,39883,38979,37234,44985,46258,42416
,42011,44382,38335,38274,50059,49610,48370,42548,42149,41847,45479,58961,
65209,70448,72796,82100,73663,71632,80847,81745,78886,80214,84242,106249,
114606,125681,121470,105894,66990,49123,44934,45131,45911,47985,44393,434
71,41410,40490,37921,40309,40933,40466,37772,35244,51666,41059,39403,3946
8,35286,34450,34043,31479,27273,27559,27513,25430,27158,25491,27162,26029
,27231,23872,24990,26827,24359,22670,22797,24415,26513,23766,23364,23585,
23640,21139,25883,23124,23833,23930,23397,23593,22435,20532,22801,21079,1
9046,19330,18213,17789,18155,17155,17204,16509,16172,15317,17470,15667,16
224,16390,11906,15538,15994,14425,15643,18519,17136,15243,15624,15441,146
```

```
80,14527,15428,14440,14671,13898,1116197092,16790,16188,16230,14526,19935
,22325,21427,20986,20211,23887,20896,19261,28777,27419,23060,21054,20309,
24174,27892,31355,25109,24629,23050,22345,22444,21511,24920,23632,25341,2
2083,19987,17845,18336,17298,16858,15376,15935,16426,14694,16018,19022,16
478,15416,19068,16792,16272,16901,15971,16062,15118,15084,16116,15352,158
02,19141,14559,13543,12383,11283,9885,10138,10410,9580,9596,9979,8836,910
9,8300,9344,7862,7061,6819,6739,6540,7210,11766,12482,6613,7205,7065,6126
,7218,5925,6390,6177,5102,4834,4526,4234,4573,4485,10615,4487,4805,4251,4
536,4769,4126,4032,3742,3933,3132,3733,4059,4177,3804,4060,4431,3177,3013
,3242,3170,3123,3025,4115,2701,2602,2503,2887,2629,2539,2659,2738,2773]
```

我们获取最后 7 天的淘宝指数加权平均一下即可：

$$(2503+2887+2629+2539+2659+2738+2773)/7=2299.86$$

找到淘宝指数后，我们再看看如何找到竞争宝贝数。在淘宝网主搜索框中搜索“衬衣男”，如图 9.16 所示。

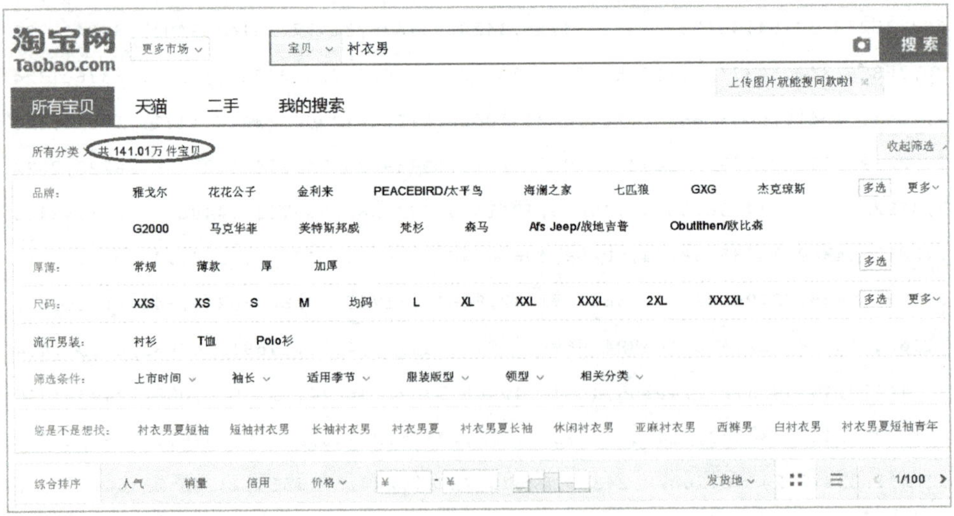

图 9.16

在所有分类的右边看到“共 141.01 万件宝贝”，这就是我们要找的当前宝贝数。我们用公式“竞争强度=淘宝指数/当前竞争宝贝数”来计算：

竞争强度=2299.86/1410100=0.0016

当然，我们可以把这个当前宝贝数的质量再提高一下，寻找“高质宝贝数”。例如，把“品质承诺”、“包邮”、“正品保障”、“24 小时发货”、“旺旺在线”等条件选上，这时我们发现，141.01 万件宝贝神奇地剧减为 2230 件宝贝，如图 9.17 所示。

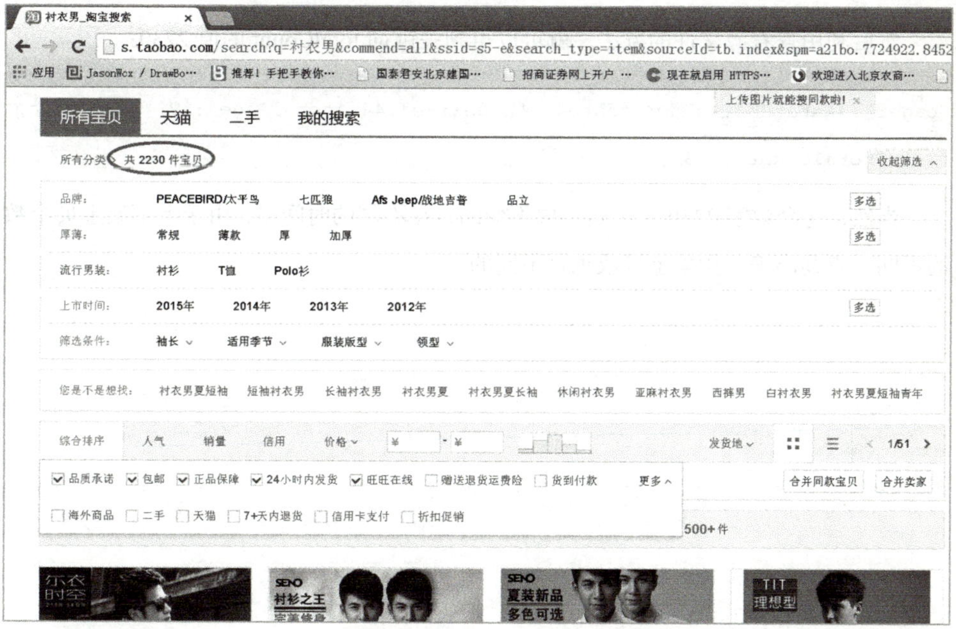

图 9.17

这就是说“衬衣男”这个关键词实际的竞争宝贝只有 2230 件，这时我们再来计算竞争强度：

竞争强度=2299.86/2230=1.03

利用这种方法，通过程序就可以自动计算“衬衣男短袖”、“衬衣女夏”、“衬衣女”、“衬衣男夏”、“衬衣女夏长袖”、“衬衣男夏长袖”、“衬衣男短袖青年”等关键词，找出竞争强度最大的前几位、几十位关键词放在标题上、直通车关键词表上就可以了。

至于在程序中如何获得 2230 件宝贝这个数字，我们用前面讲过的搜索淘宝关键词排名的方法，输入下面的 URL：

http://s.taobao.com/search?q=%E8%A1%AC%E8%A1%A3%E7%94%B7&commend=all&ssid=s5-e&search_type=item&sourceId=tb.index&spm=a21bo.7724922.8452-taobao-item.2&initiative_id=tbindexz_&fs=1&baoyou=1&auction_tag%5B%5D=4742&user_type=1&consign_date=1&olu=yes

然后利用查看源文件的方法，就可以得到关键词 totalCount 的值 2230：

```
"pager":{"status":"show","data":{"pageSize":44,"totalPage":52,"currentPage":1,"totalCount":2230}
```

当然，这个数字 2230 并不是一成不变的，在不同的时间段，由于上下架宝贝个数的不同，查询出来的竞争宝贝数也是不同的。

第 10 章

抓取生 e 经数据辅助 SEO 优化

正确的类目属性、最优的关键词、最具优势的上下架时间，这是 SEO 优化最常见和最有效的三种方式。对于宝贝的上下架时间，有很多关于淘宝 SEO 的文章都会谈到，在宝贝较多的情况下，一般用“平均分配，打散原则”来做。例如，我们有 140 个宝贝，周一到周日共 7 天，每天上下架的宝贝就是 140/7=20 个，假设该类目每天销售的黄金时段是早上 10:30 到晚上 22:30 共 12 个小时，那么每小时上架的宝贝数就是 20/12=1.67 个。

对于上下架时间的优化，粗略这么计算是可以的。但是每个行业不一样，不同的行业每天销售的黄金时间段的差异是很大的。例如，同样是母婴这个行业，我们通过生 e 经的行业分析可以看到不同的时间段，即使行业相同，不同子行业的上下架时间段和销售额分布的差异也是很大的。比如“婴幼儿奶粉”这个子类目，虽然热门时间段是早上 9:00 到晚上 23:00，但是凌晨 0:00 同样是销售热门时间，如图 10.1 所示。

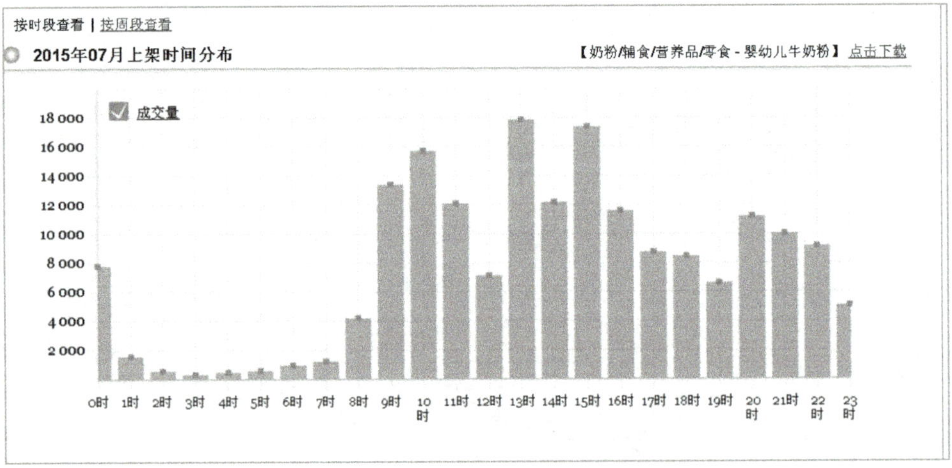

图 10.1

类似同样销售热门时间段的还有纸尿片，如图 10.2 所示。

我们再次选择“推车床”这个子类目，更可以看到居然凌晨 5:00 同样是销售黄金时间段，比晚上 19:00 这个时间段的销售量要高得多，如图 10.3 所示。

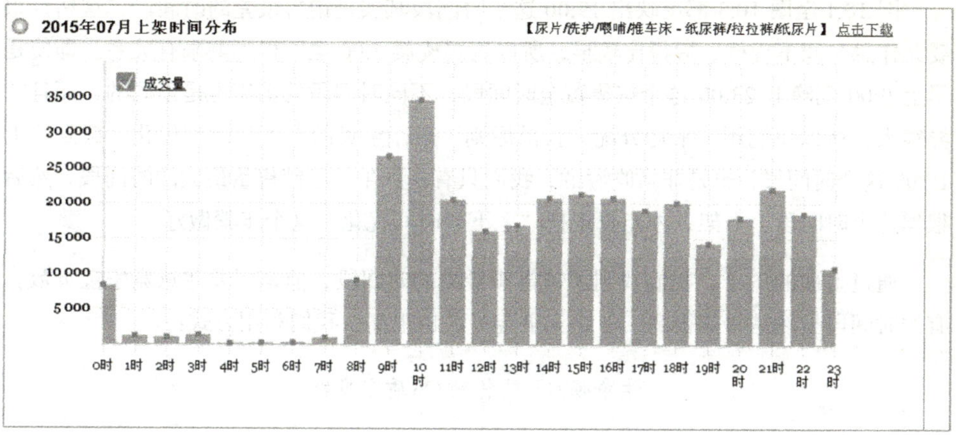

图 10.2

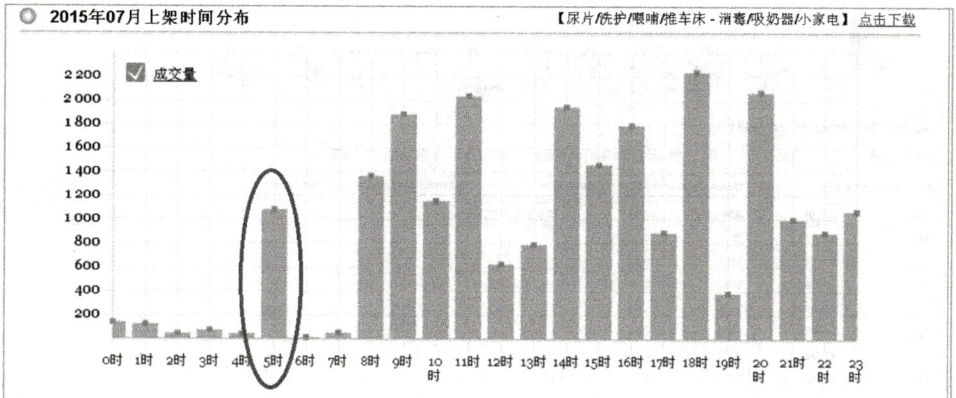

"销售额指数"是根据销售额计算出的一个相对值，最大值10000。计算公式为：销售额指数 = 10000*销售额/销售额最大值

上架时段	成交量	销售额指数	高质宝贝数
0时	136	668	15
1时	121	418	8
2时	44	209	4
3时	71	267	6
4时	40	86	4
5时	1080	3176	3
6时	9	53	4

图 10.3

图 10.1 至图 10.3 都反映出 19:00 这个时间段其实是销售最差的时间段，这估计跟婴儿作息时间不规律、醒得比较早，所以妈妈凌晨 5:00 也不得不醒来有关系。即使是早上 9:00 到晚上 23:00 这个销售黄金时间段，不同时间段的销售也是不同的，而且差异很大，所以我们用“平均分配，打散原则”来做宝贝的上下架时间优化。碰到晚上 19:00 这个时间段，也是非常吃亏的，我们只有找到生 e 经销售量最大的时间段，然后根据这个时间段上下架，才能真正把“上下架时间优化”这个步骤做好。

通过上面的例子，我们找到了销售额最高的时间段，但是还要注意竞争宝贝数，有的时间段虽然销售额很高，但是竞争宝贝数也很高。我们利用公式：

竞争强度=销售额/高质宝贝数

来寻找适合自己类目的宝贝的最佳上下架时间。例如，我们选择“纸尿片”这个子类目，通过上述计算公式，找到“纸尿片”子类目的最佳上下架时间，如图 10.4 所示。

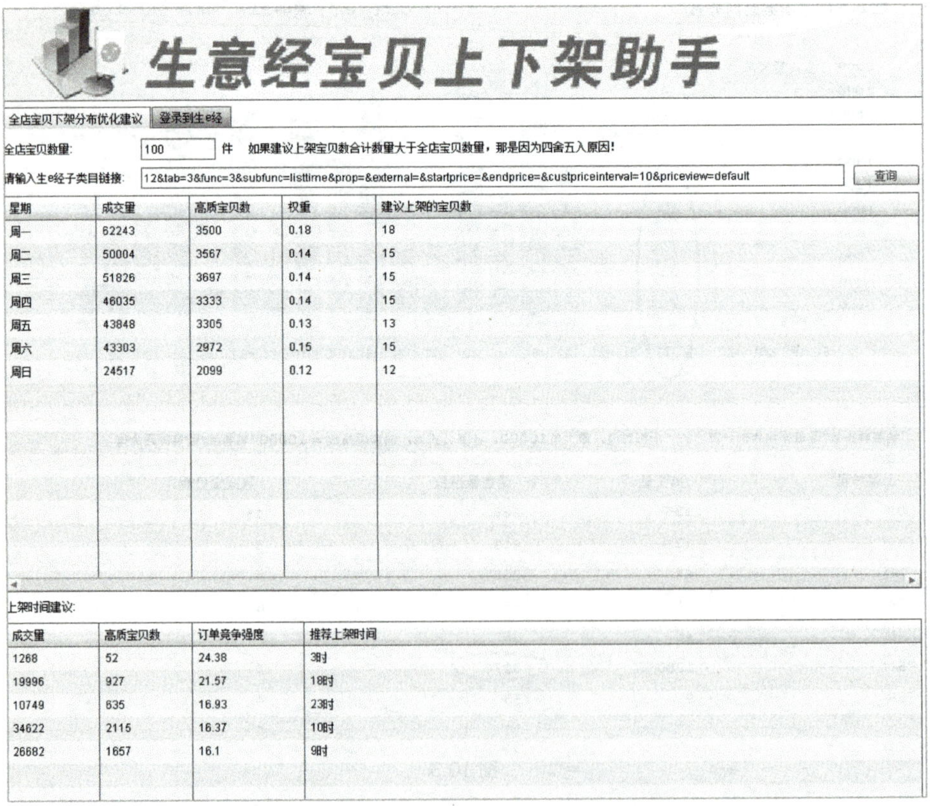

星期	成交量	高质宝贝数	权重	建议上架的宝贝数
周一	62243	3500	0.18	18
周二	50004	3567	0.14	15
周三	51826	3697	0.14	15
周四	46035	3333	0.14	15
周五	43848	3305	0.13	13
周六	43303	2972	0.15	15
周日	24517	2099	0.12	12

成交量	高质宝贝数	订单竞争强度	推荐上架时间
1268	52	24.38	3时
19996	927	21.57	18时
10749	635	16.93	23时
34622	2115	16.37	10时
26682	1657	16.1	9时

图 10.4

通过上述计算我们可以看到，“纸尿片”这个子类目，从周一到周日，宝贝的销售量和高质宝贝数并不是均匀分布的，所以宝贝的上下架时间也不是均匀分布的。假如我们有 100 个宝贝，周一上架时间是最多的，有 18 个宝贝，周日最少，只有 12 个宝贝（细心的同学会注意到：18+15+15+15+13+15+12=93，并不是 100 个，这是计算中每天的数字都舍弃掉尾数造成的，共计算了 7 天，所以少了 7 个宝贝数）。而销售时间段，我们取了前 5 个时间段，大家可以看到，凌晨 3 时的竞争强度反而最高，这还是跟宝宝的睡眠生理周期有关系。宝宝常常半夜醒来要吃奶，妈妈不得不也跟着醒来，醒来喂完宝贝后又睡不着，所以就来到淘宝购物。

我们上面讲了利用生 e 经做宝贝上下架时间分析助手的原理，下面就从落地的角度讲讲如何获得这些数据。我们还是拿“纸尿片”来举例，用“查看网页源代码”的方式获得 HTML 网页数据后，找到关键词为“markettable1”的标签，得到如下 HTML 源代码：

```
<table id=central name='marketable1' width='98%' align=center class='sorted
regroup'>
    <thead>
        <tr>
            <th id=上架周段  class=nosort>上架周段</th>
            <th id=成交量><u>成交量</u></th>
            <th id=销售额指数><u>销售额指数</u></th>
            <th id=高质宝贝数><u>高质宝贝数</u></th>
        </tr>
    </thead>
    <tbody>
        <tr>
            <td  axis=''  headers='上架周段'  style='padding-top:5px;padding-
bottom:5px;padding-left:5px;'></td>
            <td axis='number' headers='成交量' style='padding-top:5px;padding-
bottom:5px;padding-left:5px;'></td>
```

```
        <td axis='number' headers='销售额指数' style='padding-top:5px;
padding-bottom:5px;padding-left:5px;'></td>
        <td axis='number' headers='高质宝贝数' style='padding-top:5px;
padding-bottom:5px;padding-left:5px;'></td>
    </tr>
    <tr>
        <td axis='' headers='上架周段' style='padding-top:5px;padding-
bottom:5px;padding-left:5px;'>周一</td>
        <td axis='number' headers='成交量' style='padding-top:5px;padding-
bottom:5px;padding-left:5px;'>62243</td>
        <td axis='number' headers='销售额指数' style='padding-top:5px;
padding-bottom:5px;padding-left:5px;'>10000</td>
        <td axis='number' headers='高质宝贝数' style='padding-top:5px;
padding-bottom:5px;padding-left:5px;'>3500</td>
    </tr>
    <tr>
        <td axis='' headers='上架周段' style='padding-top:5px;padding-
bottom:5px;padding-left:5px;'>周二</td>
        <td axis='number' headers='成交量' style='padding-top:5px;padding-
bottom:5px;padding-left:5px;'>50004</td>
        <td axis='number' headers='销售额指数' style='padding-top:5px;
padding-bottom:5px;padding-left:5px;'>7810</td>
        <td axis='number' headers='高质宝贝数' style='padding-top:5px;
padding-bottom:5px;padding-left:5px;'>3567</td>
    </tr>
    <tr>
        <td axis='' headers='上架周段' style='padding-top:5px;padding-
bottom:5px;padding-left:5px;'>周三</td>
        <td axis='number' headers='成交量' style='padding-top:5px;padding-
```

```
bottom:5px;padding-left:5px;'>51826</td>
            <td axis='number' headers='销售额指数' style='padding-top:5px;
padding-bottom:5px;padding-left:5px;'>7871</td>
            <td axis='number' headers='高质宝贝数' style='padding-top:5px;
padding-bottom:5px;padding-left:5px;'>3697</td>
        </tr>
        <tr>
            <td axis='' headers='上架周段' style='padding-top:5px;padding-
bottom:5px;padding-left:5px;'>周四</td>
            <td axis='number' headers='成交量' style='padding-top:5px;padding-
bottom:5px;padding-left:5px;'>46035</td>
            <td axis='number' headers='销售额指数' style='padding-top:5px;
padding-bottom:5px;padding-left:5px;'>6794</td>
            <td axis='number' headers='高质宝贝数' style='padding-top:5px;
padding-bottom:5px;padding-left:5px;'>3333</td>
        </tr>
        <tr>
            <td axis='' headers='上架周段' style='padding-top:5px;padding-
bottom:5px;padding-left:5px;'>周五</td>
            <td axis='number' headers='成交量' style='padding-top:5px;padding-
bottom:5px;padding-left:5px;'>43848</td>
            <td axis='number' headers='销售额指数' style='padding-top:5px;
padding-bottom:5px;padding-left:5px;'>6437</td>
            <td axis='number' headers='高质宝贝数' style='padding-top:5px;
padding-bottom:5px;padding-left:5px;'>3305</td>
        </tr>
        <tr>
            <td axis='' headers='上架周段' style='padding-top:5px;padding-
bottom:5px;padding-left:5px;'>周六</td>
```

```
            <td axis='number' headers='成交量' style='padding-top:5px;padding-bottom:5px;padding-left:5px;'>43303</td>
            <td axis='number' headers='销售额指数' style='padding-top:5px;padding-bottom:5px;padding-left:5px;'>7119</td>
            <td axis='number' headers='高质宝贝数' style='padding-top:5px;padding-bottom:5px;padding-left:5px;'>2972</td>
        </tr>
        <tr>
            <td axis='' headers='上架周段' style='padding-top:5px;padding-bottom:5px;padding-left:5px;'>周日</td>
            <td axis='number' headers='成交量' style='padding-top:5px;padding-bottom:5px;padding-left:5px;'>24517</td>
            <td axis='number' headers='销售额指数' style='padding-top:5px;padding-bottom:5px;padding-left:5px;'>3440</td>
            <td axis='number' headers='高质宝贝数' style='padding-top:5px;padding-bottom:5px;padding-left:5px;'>2099</td>
        </tr>
        <tr>
            <td axis='' headers='上架周段' style='padding-top:5px;padding-bottom:5px;padding-left:5px;'></td>
            <td axis='number' headers='成交量' style='padding-top:5px;padding-bottom:5px;padding-left:5px;'></td>
            <td axis='number' headers='销售额指数' style='padding-top:5px;padding-bottom:5px;padding-left:5px;'></td>
            <td axis='number' headers='高质宝贝数' style='padding-top:5px;padding-bottom:5px;padding-left:5px;'></td>
        </tr>
    </tbody>
</table>
```

解析这段 HTML 源代码，就可以获得周一到周日的成交量和高质宝贝数。利用公式：

每天（周一到周日）竞争强度=每天销售额/每天高质宝贝数

就可以获得每天的竞争强度，然后按照竞争强度的比例来计算每天上下架的宝贝数。

每天上下架宝贝数=总宝贝数×每天竞争强度

=总宝贝数×每天销售额/每天高质宝贝数

计算好每天上下架的宝贝数后，再按照小时来计算宝贝的上下架时间。我们还是用查看源代码的方式，获得行业分析的上架时间分布的 HTML 源代码，这时寻找 markettable 关键词（注意，上面的那个关键词是 markettable1），获得如下 HTML 源代码：

```
<table id=central name='markettable' width='98%' align=center class='sorted regroup'><thead><tr><th id=上架时段 class=nosort>上架时段</th><th id=成交量><u>成交量</u></th><th id=销售额指数><u>销售额指数</u></th><th id=高质宝贝数><u>高质宝贝数</u></th></tr></thead><tbody><tr><td axis='' headers='上架时段' style='padding-top:5px;padding-bottom:5px;padding-left:5px;'>0 时 </td><td axis='number' headers='成交量' style='padding-top:5px;padding-bottom:5px;padding-left:5px;'>8322</td><td axis='number' headers='销售额指数' style='padding-top:5px;padding-bottom:5px;padding-left:5px;'>2604</td><td axis='number' headers='高质宝贝数' style='padding-top:5px;padding-bottom:5px;padding-left:5px;'>573</td></tr><tr><td axis='' headers='上架时段' style='padding-top:5px;padding-bottom:5px;padding-left:5px;'>1 时 </td><td axis='number' headers='成交量' style='padding-top:5px;padding-bottom:5px;padding-left:5px;'>1149</td><td axis='number' headers='销售额指数' style='padding-top:5px;padding-bottom:5px;padding-left:5px;'>181</td><td axis='number' headers='高质宝贝数' style='padding-top:5px;padding-bottom:5px;padding-left:5px;'>134</td></tr><tr><td axis='' headers='上架时段' style='padding-top:5px;padding-bottom:5px;padding-left:5px;'>2 时 </td><td
```

```
axis='number' headers='成交量' style='padding-top:5px;padding-bottom:5px;
padding-left:5px;'>991</td><td axis='number' headers='销售额指数'
style='padding-top:5px;padding-bottom:5px;padding-left:5px;'>127</td><td
axis='number' headers='高质宝贝数' style='padding-top:5px;padding-bottom:5px;
padding-left:5px;'>76</td></tr><tr><td axis='' headers='上架时段' style=
'padding-top:5px;padding-bottom:5px;padding-left:5px;'>3 时 </td><td
axis='number' headers='成交量' style='padding-top:5px;padding-bottom:5px;
padding-left:5px;'>1268</td><td axis='number' headers='销售额指数' style=
'padding-top:5px;padding-bottom:5px;padding-left:5px;'>314</td><td
axis='number' headers='高质宝贝数' style='padding-top:5px;padding-bottom:5px;
padding-left:5px;'>52</td></tr><tr><td axis='' headers='上架时段' style=
'padding-top:5px;padding-bottom:5px;padding-left:5px;'>4 时 </td><td
axis='number' headers='成交量' style='padding-top:5px;padding-bottom:5px;
padding-left:5px;'>88</td><td axis='number' headers='销售额指数' style=
'padding-top:5px;padding-bottom:5px;padding-left:5px;'>17</td><td
axis='number' headers='高质宝贝数' style='padding-top:5px;padding-bottom:5px;
padding-left:5px;'>15</td></tr><tr><td axis='' headers='上架时段' style=
'padding-top:5px;padding-bottom:5px;padding-left:5px;'>5 时 </td><td
axis='number' headers='成交量' style='padding-top:5px;padding-bottom:5px;
padding-left:5px;'>144</td><td axis='number' headers='销售额指数' style=
'padding-top:5px;padding-bottom:5px;padding-left:5px;'>24</td><td axis=
'number' headers='高质宝贝数' style='padding-top:5px;padding-bottom:5px;
padding-left:5px;'>12</td></tr><tr><td axis='' headers='上架时段' style=
'padding-top:5px;padding-bottom:5px;padding-left:5px;'>6 时 </td><td axis=
'number' headers='成交量' style='padding-top:5px;padding-bottom:5px;
padding-left:5px;'>225</td><td axis='number' headers='销售额指数'
style='padding-top:5px;padding-bottom:5px;padding-left:5px;'>53</td><td
axis='number' headers='高质宝贝数' style='padding-top:5px;padding-bottom:5px;
padding-left:5px;'>24</td></tr><tr><td axis='' headers='上架时段' style=
```

```
'padding-top:5px;padding-bottom:5px;padding-left:5px;'>7    时    </td><td
axis='number' headers='成交量' style='padding-top:5px;padding-bottom:5px;
padding-left:5px;'>923</td><td axis='number' headers='销售额指数' style=
'padding-top:5px;padding-bottom:5px;padding-left:5px;'>202</td><td axis=
'number' headers='高质宝贝数' style='padding-top:5px;padding-bottom:5px;
padding-left:5px;'>90</td></tr><tr><td axis='' headers='上架时段' style=
'padding-top:5px;padding-bottom:5px;padding-left:5px;'>8 时 </td><td axis=
'number' headers='成交量' style='padding-top:5px;padding-bottom:5px;
padding-left:5px;'>9081</td><td axis='number' headers='销售额指数' style=
'padding-top:5px;padding-bottom:5px;padding-left:5px;'>2617</td><td axis=
'number' headers='高质宝贝数' style='padding-top:5px;padding-bottom:5px;
padding-left:5px;'>688</td></tr><tr><td axis='' headers='上架时段' style=
'padding-top:5px;padding-bottom:5px;padding-left:5px;'>9 时 </td><td axis=
'number' headers='成交量' style='padding-top:5px;padding-bottom:5px;
padding-left:5px;'>26682</td><td axis='number' headers='销售额指数' style=
'padding-top:5px;padding-bottom:5px;padding-left:5px;'>7633</td><td axis=
'number' headers='高质宝贝数' style='padding-top:5px;padding-bottom:5px;
padding-left:5px;'>1657</td></tr><tr><td axis='' headers='上架时段' style=
'padding-top:5px;padding-bottom:5px;padding-left:5px;'>10    时    </td><td
axis='number' headers='成交量' style='padding-top:5px;padding-bottom:5px;
padding-left:5px;'>34622</td><td axis='number' headers='销售额指数' style=
'padding-top:5px;padding-bottom:5px;padding-left:5px;'>10000</td><td axis=
'number' headers='高质宝贝数' style='padding-top:5px;padding-bottom:5px;
padding-left:5px;'>2115</td></tr><tr><td axis='' headers='上架时段' style=
'padding-top:5px;padding-bottom:5px;padding-left:5px;'>11    时    </td><td
axis='number' headers='成交量' style='padding-top:5px;padding-bottom:5px;
padding-left:5px;'>20468</td><td axis='number' headers='销售额指数' style=
'padding-top:5px;padding-bottom:5px;padding-left:5px;'>5845</td><td axis=
'number' headers='高质宝贝数' style='padding-top:5px;padding-bottom:5px;
```

```
padding-left:5px;'>1673</td></tr><tr><td axis='' headers='上架时段' style=
'padding-top:5px;padding-bottom:5px;padding-left:5px;'>12 时</td><td axis=
'number' headers='成交量' style='padding-top:5px;padding-bottom:5px;
padding-left:5px;'>16018</td><td axis='number' headers='销售额指数' style=
'padding-top:5px;padding-bottom:5px;padding-left:5px;'>5203</td><td axis=
'number' headers='高质宝贝数' style='padding-top:5px;padding-bottom:5px;
padding-left:5px;'>1098</td></tr><tr><td axis='' headers='上架时段' style=
'padding-top:5px;padding-bottom:5px;padding-left:5px;'>13 时 </td><td
axis='number' headers='成交量' style='padding-top:5px;padding-bottom:5px;
padding-left:5px;'>16864</td><td axis='number' headers='销售额指数'
style='padding-top:5px;padding-bottom:5px;padding-left:5px;'>4473</td><td
axis='number' headers='高质宝贝数' style='padding-top:5px;padding-bottom:5px;
padding-left:5px;'>1320</td></tr><tr><td axis='' headers='上架时段' style=
'padding-top:5px;padding-bottom:5px;padding-left:5px;'>14 时 </td><td
axis='number' headers='成交量' style='padding-top:5px;padding-bottom:5px;
padding-left:5px;'>20662</td><td axis='number' headers='销售额指数' style=
'padding-top:5px;padding-bottom:5px;padding-left:5px;'>5726</td><td axis=
'number' headers='高质宝贝数' style='padding-top:5px;padding-bottom:5px;
padding-left:5px;'>1673</td></tr><tr><td axis='' headers='上架时段' style=
'padding-top:5px;padding-bottom:5px;padding-left:5px;'>15 时 </td><td
axis='number' headers='成交量' style='padding-top:5px;padding-bottom:5px;
padding-left:5px;'>21242</td><td axis='number' headers='销售额指数' style=
'padding-top:5px;padding-bottom:5px;padding-left:5px;'>5241</td><td axis=
'number' headers='高质宝贝数' style='padding-top:5px;padding-bottom:5px;
padding-left:5px;'>1782</td></tr><tr><td axis='' headers='上架时段' style=
'padding-top:5px;padding-bottom:5px;padding-left:5px;'>16 时</td><td axis=
'number' headers='成交量' style='padding-top:5px;padding-bottom:5px;
padding-left:5px;'>20699</td><td axis='number' headers='销售额指数' style=
'padding-top:5px;padding-bottom:5px;padding-left:5px;'>5720</td><td axis=
```

```
'number' headers='高质宝贝数' style='padding-top:5px;padding-bottom:5px;
padding-left:5px;'>1593</td></tr><tr><td axis='' headers='上架时段' style=
'padding-top:5px;padding-bottom:5px;padding-left:5px;'>17 时</td><td axis=
'number' headers='成交量' style='padding-top:5px;padding-bottom:5px;
padding-left:5px;'>18945</td><td axis='number' headers='销售额指数'
style='padding-top:5px;padding-bottom:5px;padding-left:5px;'>5423</td><td
axis='number' headers='高质宝贝数' style='padding-top:5px;padding-bottom:5px;
padding-left:5px;'>1374</td></tr><tr><td axis='' headers='上架时段' style=
'padding-top:5px;padding-bottom:5px;padding-left:5px;'>18 时 </td><td
axis='number' headers='成交量' style='padding-top:5px;padding-bottom:5px;
padding-left:5px;'>19996</td><td axis='number' headers='销售额指数' style=
'padding-top:5px;padding-bottom:5px;padding-left:5px;'>6699</td><td axis=
'number' headers='高质宝贝数' style='padding-top:5px;padding-bottom:5px;
padding-left:5px;'>927</td></tr><tr><td axis='' headers='上架时段'
style='padding-top:5px;padding-bottom:5px;padding-left:5px;'>19 时</td><td
axis='number' headers='成交量' style='padding-top:5px;padding-bottom:5px;
padding-left:5px;'>14280</td><td axis='number' headers='销售额指数' style=
'padding-top:5px;padding-bottom:5px;padding-left:5px;'>3541</td><td axis=
'number' headers='高质宝贝数' style='padding-top:5px;padding-bottom:5px;
padding-left:5px;'>972</td></tr><tr><td axis='' headers='上架时段' style=
'padding-top:5px;padding-bottom:5px;padding-left:5px;'>20 时</td><td axis=
'number' headers='成交量' style='padding-top:5px;padding-bottom:5px;
padding-left:5px;'>17899</td><td axis='number' headers='销售额指数'
style='padding-top:5px;padding-bottom:5px;padding-left:5px;'>4216</td><td
axis='number' headers='高质宝贝数' style='padding-top:5px;padding-bottom:5px;
padding-left:5px;'>1304</td></tr><tr><td axis='' headers='上架时段' style=
'padding-top:5px;padding-bottom:5px;padding-left:5px;'>21 时</td><td axis=
'number' headers='成交量' style='padding-top:5px;padding-bottom:5px;
padding-left:5px;'>21990</td><td axis='number' headers='销售额指数' style=
```

```
'padding-top:5px;padding-bottom:5px;padding-left:5px;'>5206</td><td
axis='number' headers='高质宝贝数' style='padding-top:5px;padding-bottom:5px;
padding-left:5px;'>1481</td></tr><tr><td axis='' headers='上架时段'
style='padding-top:5px;padding-bottom:5px;padding-left:5px;'>22 时</td><td
axis='number' headers='成交量' style='padding-top:5px;padding-bottom:5px;
padding-left:5px;'>18459</td><td axis='number' headers='销售额指数' style=
'padding-top:5px;padding-bottom:5px;padding-left:5px;'>4633</td><td axis=
'number' headers='高质宝贝数' style='padding-top:5px;padding-bottom:5px;
padding-left:5px;'>1205</td></tr><tr><td axis='' headers='上架时段' style=
'padding-top:5px;padding-bottom:5px;padding-left:5px;'>23 时</td><td axis=
'number' headers='成交量' style='padding-top:5px;padding-bottom:5px;
padding-left:5px;'>10749</td><td axis='number' headers='销售额指数' style=
'padding-top:5px;padding-bottom:5px;padding-left:5px;'>3166</td><td axis=
'number' headers='高质宝贝数' style='padding-top:5px;padding-bottom:5px;
padding-left:5px;'>635</td></tr></tbody></table>
```

这段 HTML 源代码讲述的就是从凌晨 0 时到晚上 23 时每小时的成交量、销售额指数和高质宝贝数。我们利用公式：

每小时竞争强度=每小时成交量/高质宝贝数

可以计算出每小时的竞争强度。从 24 小时提取前 5 名的每小时竞争强度，就可以计算出该时间段内上下架的宝贝数了。

每小时上下架宝贝数=每日上下架宝贝数×每小时竞争强度

利用上面两种方法，借助于生 e 经的行业分析的上下架时间分布，我们就可以计算出每周的每日上下架宝贝数和每天各个小时的上下架宝贝数了。

第 11 章

抓取数据魔方数据辅助 SEO 优化

- 数据魔方淘词行业数据抓取
- 数据魔方淘词全网搜索关键词查询数据抓取
- 数据魔方其他功能点数据抓取

11.1　数据魔方淘词行业数据抓取

在上面几个章节中，我们反复强调了关键词优化是淘宝 SEO 优化最核心的内容。第 9 章也讲了几种关键词获取技术，其中一种就是从数据魔方所带的“淘词”获取关键词。如果不心疼每年支付 3600 元的话，我建议每个客户都买一套专业版，至少每季度花 90 元定一个标准版，这样我们就能利用淘词来做标题优化和直通车关键词来源了。有了淘词，其他几种关键词获取技术只是辅助，我们也不用搜索每个关键词的淘宝搜索指数了，因为这些数据“淘词”都有。“淘词”唯一不爽的就是每个关键词没有竞争宝贝数，这个可以利用前面讲的如何找到竞争宝贝数来找到每个关键词的竞争宝贝数。

下面讲讲如何抓取淘词的关键词。打开数据魔方专业版，打开“行业热词榜”，如图 11.1 所示。

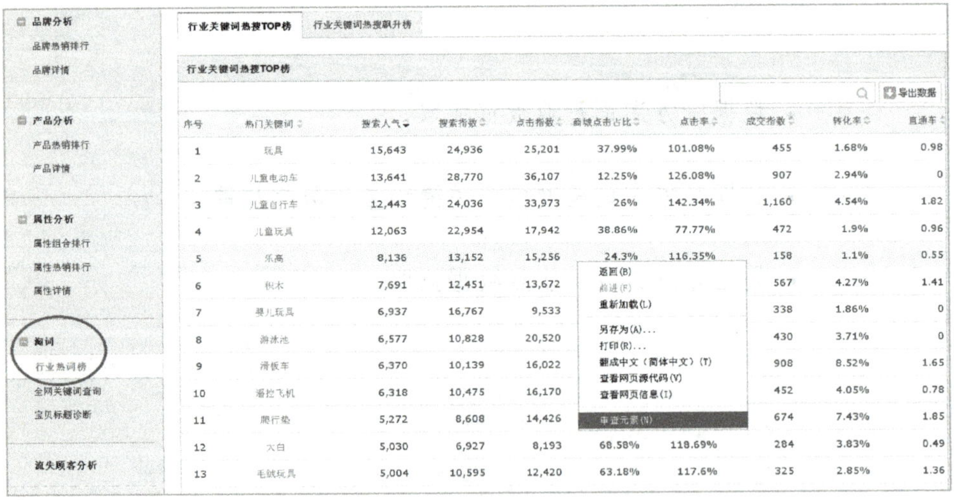

图 11.1

我们还是用谷歌浏览器的“审查元素”功能来查看 HTML 源代码：

```
<table class="top-table">
   <thead>
```

```
    <tr>
        <th log="table" class="" style="width: 5%;">
            <span class="table-thead-label">序号</span>
        </th>
        <th log="table" skey="f0" stype="asc" class="table-sort" style=
"text-align: center; width: 15%;">
            <span class="table-thead-label">热门关键词</span>
        </th>
        <th log="table" skey="f2" stype="desc" class="table-sort table-
sort-desc" style="text-align: right; width: 10%;">
            <span class="table-thead-label">搜索人气</span>
        </th>
        <th log="table" skey="f1" stype="desc" class="table-sort" style=
"text-align: right; width: 10%;">
            <span class="table-thead-label">搜索指数</span>
        </th>
        <th log="table" skey="f3" stype="desc" class="table-sort" style=
"text-align: right; width: 10%;">
            <span class="table-thead-label">点击指数</span>
        </th>
        <th log="table" skey="f4" stype="desc" class="table-sort" style=
"text-align: right; width: 10%;">
            <span class="table-thead-label">商城点击占比</span>
        </th>
        <th log="table" skey="f5" stype="desc" class="table-sort" style=
"text-align: right; width: 10%;">
            <span class="table-thead-label">点击率</span>
        </th>
        <th log="table" skey="f6" stype="desc" class="table-sort" style=
"text-align: right; width: 10%;">
```

```
            <span class="table-thead-label">成交指数</span>
        </th>
        <th log="table" skey="f7" stype="desc" class="table-sort" style=
"text-align: right; width: 10%;">
            <span class="table-thead-label">转化率</span>
        </th>
        <th log="table" skey="f8" stype="desc" class="table-sort" style=
"text-align: right; width: 10%;">
            <span class="table-thead-label">直通车</span>
        </th>
    </tr>
  </thead>
  <tbody>
    <tr>
        <td style="text-align:undefined" class="">1</td><td style="text-
align:center" class=""><label><a log="redirect" href="/p/app/basic/#rid:kw_
searchword|rname:全网搜索关键词查询|tabsId:tabs2|query:玩具" target="_blank">
玩具</a></label></td><td style="text-align:right" class="">15,643</td><td
style="text-align:right" class="">24,936</td><td style="text-align:right">
25,201</td><td style="text-align:right">37.99%</td><td style="text-align:right">
101.08%</td><td style="text-align:right">455</td><td style="text-align:right">
1.68%</td><td style="text-align:right" class="">0.98</td>
    </tr>
    <tr>
        <td style="text-align:undefined" class="">2</td><td style="text-
align:center" class=""><label><a log="redirect" href="/p/app/basic/#rid:kw_
searchword|rname:全网搜索关键词查询|tabsId:tabs2|query:儿童电动车" target=
"_blank">儿童电动车</a></label></td><td style="text-align:right" class=
"">13,641</td><td style="text-align:right" class="">28,770</td><td style=
"text-align:right">36,107</td><td style="text-align:right">12.25%</td><td
```

```
style="text-align:right">126.08%</td><td style="text-align:right">907</td>
<td style="text-align:right">2.94%</td><td style="text-align:right" class="">
0</td>
       </tr>
       <tr>
           <td style="text-align:undefined" class="">3</td><td style="text-
align:center" class=""><label><a log="redirect" href="/p/app/basic/#rid:kw_
searchword|rname:全网搜索关键词查询|tabsId:tabs2|query:儿童自行车" target=
"_blank">儿童自行车</a></label></td><td style="text-align:right" class="">
12,443</td><td style="text-align:right" class="">24,036</td><td style=
"text-align:right">33,973</td><td style="text-align:right">26%</td><td style=
"text-align:right">142.34%</td><td style="text-align:right">1,160</td><td style=
"text-align:right">4.54%</td><td style="text-align:right" class="">1.82</td>
       </tr>
.......................................................................
.......................................................................

    <tr>
           <td style="text-align:undefined" class="">99</td><td style="text-
align:center" class=""><label><a log="redirect" href="/p/app/basic/#rid:
kw_searchword|rname:全网搜索关键词查询|tabsId:tabs2|query:爬爬垫" target=
"_blank">爬爬垫</a></label></td><td style="text-align:right" class="">
1,261</td><td style="text-align:right" class="">2,131</td><td style="text-
align:right">4,158</td><td style="text-align:right">45.57%</td><td style=
"text-align:right">197.79%</td><td style="text-align:right">169</td><td style=
"text-align:right">7.5%</td><td style="text-align:right" class="">1.81</td>
       </tr>
       <tr>
           <td style="text-align:undefined" class="">100</td><td style=
```

```
"text-align:center" class=""><label><a log="redirect" href="/p/app/basic/
#rid:kw_searchword|rname: 全网搜索关键词查询 |tabsId:tabs2|query: 海洋球"
target="_blank">海洋球</a></label></td><td style="text-align:right" class=
"">1,259</td><td style="text-align:right" class="">1,773</td><td style=
"text-align:right">3,930</td><td style="text-align:right">54.64%</td><td style=
"text-align:right">225.27%</td><td style="text-align:right">279</td><td style=
"text-align:right">15.15%</td><td style="text-align:right" class="">0</td>
        </tr>
      </tbody>
</table>
```

如果对谷歌浏览器插件技术比较熟悉，那么利用浏览器插件技术解析这段 HTML 源代码就可以了。

我们再来谈谈如何利用客户端技术来抓取“行业关键词热搜 TOP 榜”的关键词。通过利用网站专业数据分析工具获知，利用客户端技术来抓取行业关键词热搜 TOP 榜，必须获取到数据魔方的一个关键 Cookie 值，数据魔方就是利用该 Cookie 值来判断客户是否登录、是否是数据魔方合法用户等。关于 Cookie 值的获取技术，是很专业的一门学问，这里就不做详细探讨了。下面就讲讲如何利用浏览器获取该 Cookie 值。

（1）打开谷歌浏览器的“设置”菜单，如图 11.2 所示。

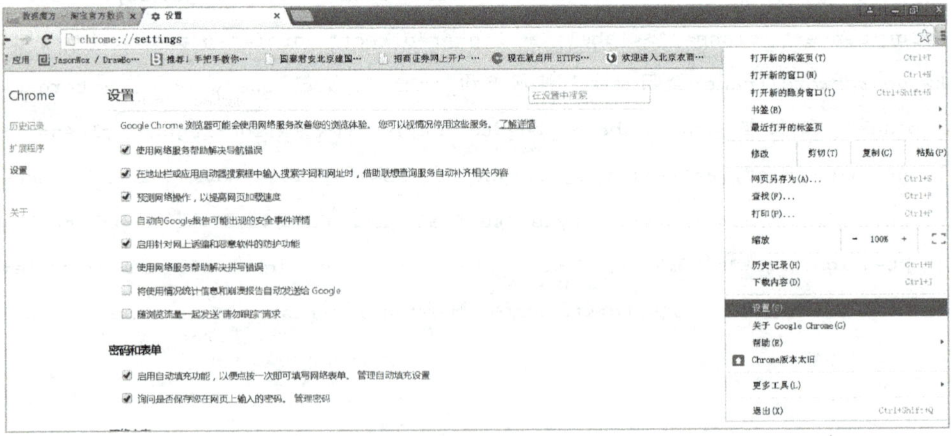

图 11.2

（2）找到“内容设置”并单击打开，如图 11.3 所示。

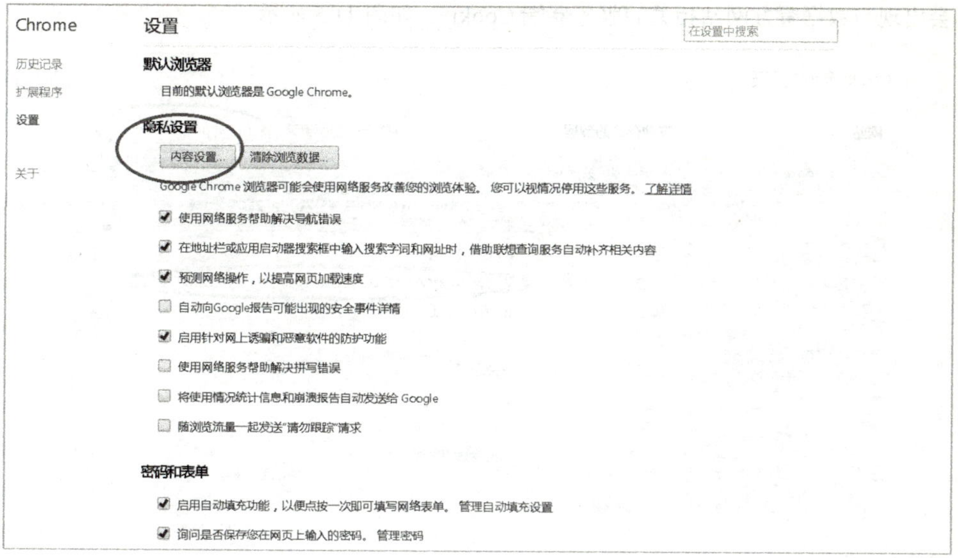

图 11.3

（3）打开“内容设置”后，找到“所有 Cookie 和网站数据”并单击打开，如图 11.4 所示。

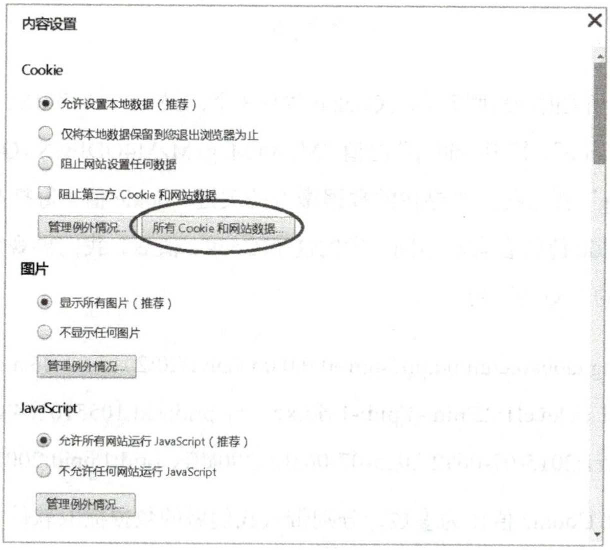

图 11.4

（4）打开“Cookie 和网站数据”后，在搜索框中输入“mofang.taobao.com”，就会出现与数据魔方网站相关的服务器端 Cookie，如图 11.5 所示。

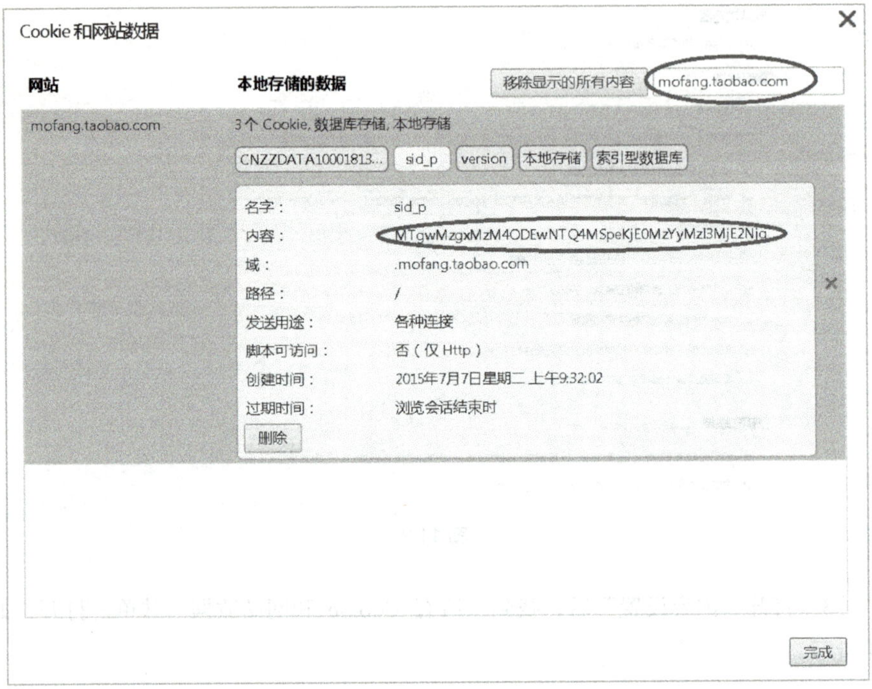

图 11.5

与数据魔方相关的网站服务器端 Cookie 共有 3 个，分别是“CNZZDATA1000181376”、“sid_p”和“version”，其中“sid_p”的值“MTgwMzgxMzM4ODEwNTQ4MSpeKjE0MzYyMzI3MjE2Njg”就是我们要寻找的数据魔方的关键 Cookie 值，每打开一个新的浏览器窗口，该 Cookie 值就会有所不同。找到这个 Cookie 值后，我们再观察“行业关键词热搜 TOP 榜”的 URL 链接：

http://mofang.taobao.com/p/app?spm=0.0.0.0.jTOlvi#f0:2015-07-06|min:09%3A36%3A51|cid:25|clevel:1|clevel1:25|bid:-1|pid:-1|rid:kw_top|prid:|sid:105510104|stype:B|slevel:12|rcid:taoci_index|r1:2015-07-06|r2:2015-07-06|tfix:200|dfix:1|tid:1|ppid:20017

把该链接和 Cookie 值作为参数，分别带入我们做的数据抓取软件中，就会得到该“行业关键词热搜 TOP 榜”的如下 JSON 格式数据：

```
[[{"f0":"儿童电动车
","f2":13641,"f1":28770,"f3":36107,"f4":0.1225,"f5":1.2608,"f6":907,"f7":
0.0294,"f8":0},{"f0":"玩具
","f2":15643,"f1":24936,"f3":25201,"f4":0.3799,"f5":1.0108,"f6":455,"f7":
0.0168,"f8":0.98},{"f0":"儿童自行车
","f2":12443,"f1":24036,"f3":33973,"f4":0.26,"f5":1.4234,"f6":1160,"f7":0
.0454,"f8":1.82},{"f0":"儿童玩具
","f2":12063,"f1":22954,"f3":17942,"f4":0.3886,"f5":0.7777,"f6":472,"f7":
0.019,"f8":0.96},{"f0":"婴儿玩具
","f2":6937,"f1":16767,"f3":9533,"f4":0.6964,"f5":0.562,"f6":338,"f7":0.0
186,"f8":0},{"f0":"路虎儿童电动车
","f2":4852,"f1":13402,"f3":4164,"f4":0.0265,"f5":0.3034,"f6":170,"f7":0.
0116,"f8":1.03},{"f0":"乐高
","f2":8136,"f1":13152,"f3":15256,"f4":0.243,"f5":1.1635,"f6":158,"f7":0.
011,"f8":0.55},{"f0":"积木
","f2":7691,"f1":12451,"f3":13672,"f4":0.4743,"f5":1.1001,"f6":567,"f7":0
.0427,"f8":1.41},{"f0":"游泳池
","f2":6577,"f1":10828,"f3":20520,"f4":0.4395,"f5":1.9199,"f6":430,"f7":0
.0371,"f8":0},{"f0":"毛绒玩具
","f2":5004,"f1":10595,"f3":12420,"f4":0.6318,"f5":1.176,"f6":325,"f7":0.
0285,"f8":1.36},{"f0":"遥控飞机
","f2":6318,"f1":10475,"f3":16170,"f4":0.4624,"f5":1.5574,"f6":452,"f7":0
.0405,"f8":0.78},{"f0":"早教
","f2":3431,"f1":10299,"f3":4502,"f4":0.9287,"f5":0.4298,"f6":285,"f7":0.
0257,"f8":1.51},{"f0":"滑板车
","f2":6370,"f1":10139,"f3":16022,"f4":0.4824,"f5":1.595,"f6":908,"f7":0.
0852,"f8":1.65},{"f0":"爬行垫
","f2":5272,"f1":8608,"f3":14426,"f4":0.4111,"f5":1.6936,"f6":674,"f7":0.
0743,"f8":1.85},{"f0":"儿童三轮车
```

```
","f2":4724,"f1":8509,"f3":11051,"f4":0.1464,"f5":1.3057,"f6":381,"f7":0.
042,"f8":0},{"f0":"书包小学生
","f2":4920,"f1":8237,"f3":10806,"f4":0.4834,"f5":1.3191,"f6":370,"f7":0.
0421,"f8":2.31},{"f0":"书包
","f2":4341,"f1":7607,"f3":5559,"f4":0.5613,"f5":0.7261,"f6":136,"f7":0.0
164,"f8":1.4},{"f0":"芭比娃娃
","f2":4099,"f1":7092,"f3":11799,"f4":0.2246,"f5":1.681,"f6":349,"f7":0.0
462,"f8":0.83},{"f0":"大白
","f2":5030,"f1":6927,"f3":8193,"f4":0.6858,"f5":1.1869,"f6":284,"f7":0.0
383,"f8":0.49},{"f0":"遥控车
","f2":3842,"f1":6890,"f3":8730,"f4":0.4968,"f5":1.2733,"f6":257,"f7":0.0
348,"f8":0},{"f0":"童车
","f2":3773,"f1":6580,"f3":6970,"f4":0.2647,"f5":1.0606,"f6":149,"f7":0.0
21,"f8":1.18},{"f0":"乐高积木
","f2":3750,"f1":5929,"f3":8508,"f4":0.2157,"f5":1.4455,"f6":153,"f7":0.0
239,"f8":0.77},{"f0":"抱枕
","f2":3524,"f1":5743,"f3":5655,"f4":0.6559,"f5":0.9844,"f6":175,"f7":0.0
283,"f8":1.34},{"f0":"扭扭车
","f2":3285,"f1":5662,"f3":7577,"f4":0.3163,"f5":1.3463,"f6":244,"f7":0.0
404,"f8":1.08},{"f0":"书包小学生女
","f2":1860,"f1":5260,"f3":4167,"f4":0.6763,"f5":0.7885,"f6":132,"f7":0.0
231,"f8":1.51},{"f0":"拼图
","f2":3534,"f1":5174,"f3":5625,"f4":0.3626,"f5":1.0889,"f6":668,"f7":0.1
238,"f8":1.15},{"f0":"儿童书包
","f2":2526,"f1":5009,"f3":5641,"f4":0.4414,"f5":1.1288,"f6":178,"f7":0.0
33,"f8":1.72},{"f0":"玩具车
","f2":3278,"f1":4972,"f3":5743,"f4":0.4027,"f5":1.1586,"f6":129,"f7":0.0
24,"f8":0},{"f0":"智力玩具
","f2":3115,"f1":4962,"f3":4561,"f4":0.3928,"f5":0.9175,"f6":182,"f7":0.0
```

```
342,"f8":0},{"f0":"充气游泳池
","f2":3136,"f1":4954,"f3":9876,"f4":0.459,"f5":2.0217,"f6":229,"f7":0.04
34,"f8":0},{"f0":"飓风战魂陀螺
","f2":1885,"f1":4937,"f3":305,"f4":0.0496,"f5":0.0584,"f6":10,"f7":0.001
7,"f8":0},{"f0":"磁力片
","f2":3231,"f1":4721,"f3":9537,"f4":0.3885,"f5":2.0492,"f6":334,"f7":0.0
67,"f8":2.75},{"f0":"早教机
","f2":2642,"f1":4554,"f3":3844,"f4":0.4743,"f5":0.8412,"f6":151,"f7":0.0
309,"f8":0},{"f0":"儿童电动车四轮
","f2":1851,"f1":4526,"f3":3671,"f4":0.1398,"f5":0.8076,"f6":54,"f7":0.01
08,"f8":0},{"f0":"儿童童车
","f2":3104,"f1":4469,"f3":5065,"f4":0.0463,"f5":1.1361,"f6":36,"f7":0.00
72,"f8":0},{"f0":"过家家玩具面包机
","f2":488,"f1":4341,"f3":146,"f4":0.0186,"f5":0.0313,"f6":0,"f7":0,"f8":
0},{"f0":"弹弓
","f2":2359,"f1":4317,"f3":3691,"f4":0.047,"f5":0.8522,"f6":92,"f7":0.019
7,"f8":0.39},{"f0":"儿童电动摩托车
","f2":1344,"f1":4208,"f3":3058,"f4":0.1105,"f5":0.7218,"f6":160,"f7":0.0
355,"f8":0},{"f0":"玩具枪
","f2":2551,"f1":4174,"f3":4565,"f4":0.3619,"f5":1.0958,"f6":161,"f7":0.0
36,"f8":0},{"f0":"生日礼物
","f2":2654,"f1":4155,"f3":3618,"f4":0.5431,"f5":0.8684,"f6":74,"f7":0.01
62,"f8":1.51},{"f0":"书包小学生男
","f2":1479,"f1":4146,"f3":3282,"f4":0.7877,"f5":0.788,"f6":118,"f7":0.02
65,"f8":0},{"f0":"枪
","f2":2854,"f1":4138,"f3":3459,"f4":0.2313,"f5":0.8328,"f6":35,"f7":0.00
75,"f8":0.48},{"f0":"娃娃
","f2":2694,"f1":4125,"f3":4492,"f4":0.5991,"f5":1.0908,"f6":131,"f7":0.0
295,"f8":0.97},{"f0":"玩具男孩
```

","f2":1277,"f1":4084,"f3":2220,"f4":0.8757,"f5":0.5368,"f6":52,"f7":0.0116,"f8":0.79},{"f0":"拉杆书包
","f2":1921,"f1":4084,"f3":7322,"f4":0.5949,"f5":1.814,"f6":190,"f7":0.0436,"f8":0},{"f0":"水枪
","f2":2830,"f1":3970,"f3":5395,"f4":0.4207,"f5":1.3673,"f6":279,"f7":0.0666,"f8":0.73},{"f0":"儿童滑板车
....
....
....
,{"f0":"木质拼图
","f2":351,"f1":506,"f3":548,"f4":0.3387,"f5":1.0854,"f6":76,"f7":0.1429,"f8":0},{"f0":"新生儿玩具
","f2":324,"f1":505,"f3":649,"f4":0.5803,"f5":1.2932,"f6":21,"f7":0.0384,"f8":0},{"f0":"小玩具
","f2":357,"f1":504,"f3":488,"f4":0.213,"f5":0.9685,"f6":13,"f7":0.0227,"f8":0.61},{"f0":"故事机早教机
","f2":270,"f1":504,"f3":439,"f4":0.4326,"f5":0.8689,"f6":23,"f7":0.042,"f8":3.63},{"f0":"好孩子自行车
","f2":305,"f1":503,"f3":690,"f4":0.4315,"f5":1.38,"f6":16,"f7":0.028,"f8":2.65},{"f0":"挂图
","f2":361,"f1":502,"f3":690,"f4":0.3528,"f5":1.3825,"f6":104,"f7":0.2,"f8":1.04},{"f0":"小学生书包女生
","f2":300,"f1":500,"f3":679,"f4":0.3608,"f5":1.3686,"f6":12,"f7":0.0212,"f8":0},{"f0":"幻影忍者
","f2":265,"f1":498,"f3":1187,"f4":0.1926,"f5":2.4265,"f6":13,"f7":0.023,"f8":0.26},{"f0":"决明子玩具沙
","f2":358,"f1":498,"f3":966,"f4":0.1421,"f5":1.9681,"f6":24,"f7":0.0442,"f8":0.49},{"f0":"金属弹弓
","f2":357,"f1":497,"f3":202,"f4":0.0089,"f5":0.3989,"f6":3,"f7":0.0035,"

```
f8":0.29},{"f0":"大抱枕白
","f2":394,"f1":497,"f3":537,"f4":0.7,"f5":1.0816,"f6":37,"f7":0.0691,"f8
":0.93},{"f0":"婴儿车
","f2":320,"f1":497,"f3":542,"f4":0.2321,"f5":1.0922,"f6":8,"f7":0.0142,"
f8":0},{"f0":"早教卡
","f2":293,"f1":497,"f3":666,"f4":0.3947,"f5":1.3475,"f6":30,"f7":0.0567,
"f8":0},{"f0":"压床娃娃
","f2":314,"f1":494,"f3":542,"f4":0.4805,"f5":1.1,"f6":37,"f7":0.0696,"f8
":2.47},{"f0":"儿童画板磁性
","f2":326,"f1":493,"f3":153,"f4":0.7929,"f5":0.3023,"f6":8,"f7":0.0143,"
f8":0},{"f0":"阿狸公仔
","f2":331,"f1":489,"f3":538,"f4":0.3627,"f5":1.1027,"f6":22,"f7":0.0414,
"f8":0},{"f0":"儿童摩托车
","f2":331,"f1":488,"f3":850,"f4":0.2113,"f5":1.7631,"f6":41,"f7":0.0796,
"f8":0},{"f0":"车
","f2":378,"f1":488,"f3":448,"f4":0.4241,"f5":0.9168,"f6":8,"f7":0.0145,"
f8":0.77},{"f0":"四轮童车
","f2":253,"f1":488,"f3":287,"f4":0.0528,"f5":0.5823,"f6":3,"f7":0.0036,"
f8":0}]]
```


我们利用软件解析这段 JSON 格式的“行业关键词热搜 TOP 榜”，然后利用前面讲述的寻找一个关键词的竞争宝贝数的方法，再次利用公式：

竞争强度=搜索指数/当前竞争宝贝数

因为数据魔方还提供了点击指数和成交指数，所以我们还可以继续获取“点击竞争强度”和“订单竞争强度（成交指数意味着订单）”，即

点击竞争强度=点击指数/当前竞争宝贝数

订单竞争强度=成交指数/当前竞争宝贝数

“点击竞争强度”的意思是这个关键词落在每个店铺上的概率，概率越大，该关

键词越好；“订单竞争强度”的意思是这个关键词落在每个店铺成交的概率，概率越大，该关键词越好。

11.2 数据魔方淘词全网搜索关键词查询数据抓取

淘词还有一个很重要的功能，就是全网关键词查询。全网关键词查询查出来的数据不仅有搜索人气、搜索指数、点击指数、点击率，还有前面我们反复强调的当前宝贝数。例如，我们搜索“衬衣”这个关键词，全网关键词查询如图 11.6 所示。

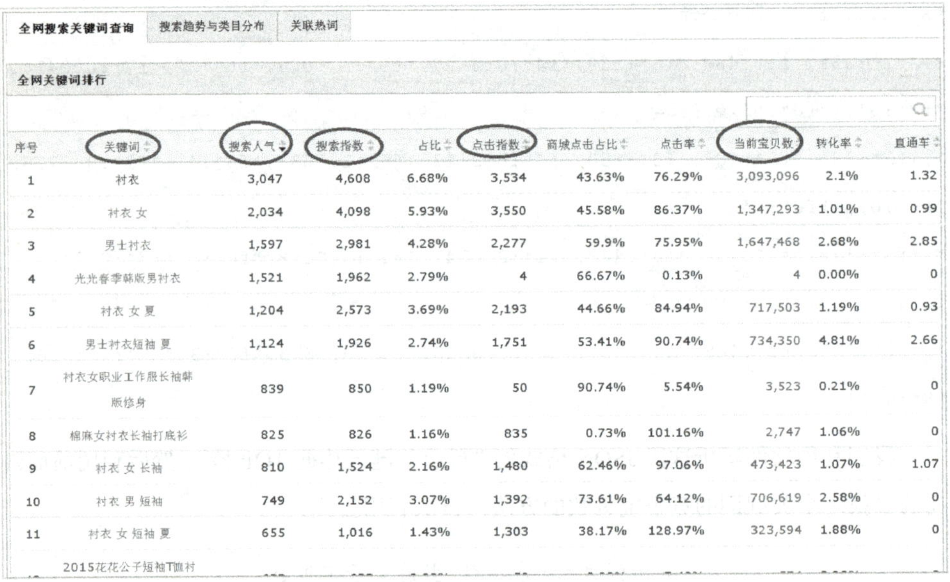

序号	关键词	搜索人气	搜索指数	占比	点击指数	商城点击占比	点击率	当前宝贝数	转化率	直通车
1	衬衣	3,047	4,608	6.68%	3,534	43.63%	76.29%	3,093,096	2.1%	1.32
2	衬衣 女	2,034	4,098	5.93%	3,550	45.58%	86.37%	1,347,293	1.01%	0.99
3	男士衬衣	1,597	2,981	4.28%	2,277	59.9%	75.95%	1,647,468	2.68%	2.85
4	光光春季韩版男衬衣	1,521	1,962	2.79%	4	66.67%	0.13%	4	0.00%	0
5	衬衣 女 夏	1,204	2,573	3.69%	2,193	44.66%	84.94%	717,503	1.19%	0.93
6	男士衬衣短袖 夏	1,124	1,926	2.74%	1,751	53.41%	90.74%	734,350	4.81%	2.66
7	衬衣女职业工作服长袖韩版修身	839	850	1.19%	50	90.74%	5.54%	3,523	0.21%	0
8	棉麻女衬衣长袖打底衫	825	826	1.16%	835	0.73%	101.16%	2,747	1.06%	0
9	衬衣 女 长袖	810	1,524	2.16%	1,480	62.46%	97.06%	473,423	1.07%	1.07
10	衬衣 男 短袖	749	2,152	3.07%	1,392	73.61%	64.12%	706,619	2.58%	0
11	衬衣 女 短袖 夏	655	1,016	1.43%	1,303	38.17%	128.97%	323,594	1.88%	0
	2015花花公子短袖T恤衬									

图 11.6

因为只知道搜索人气、搜索指数、点击指数等这些数据，而不知道竞争对手有多少，所以这些关键词还不是很精准的。但是即使这些数据全知道，而没有利用公式：

竞争强度=搜索指数/当前竞争宝贝数

点击竞争强度=点击指数/当前竞争宝贝数

把这些数据重新计算一下，我们获得的大数据也还是不精准的，所以有必要再次把这些数据抓取下来，重新计算 “竞争强度”、“点击竞争强度”。如果我们追求高展现，则“竞争强度”越高越好；如果追求获得点击的概率，则“点击竞争强度”越高越好；如果追求转化率，则“转化率”越高越好。注意，这里的“点击竞争强度”与淘词提供的“点击率”意义是不同的，“点击竞争强度”是说这个关键词一个店铺获得点击的概率，而淘词提供的“点击率”指的是这个关键词消费者在全网点击的概率。

全网搜索关键词查询数据抓取技术与 11.1 节介绍的魔方数据淘词行业数据抓取技术是相同的，利用谷歌浏览器的“审查元素”功能来获取关键词的方法这里就不重复叙述了，下面讲讲如何利用客户端技术来抓取数据魔方淘词“全网搜索关键词查询”的关键词。

利用客户端技术来抓取数据魔方淘词“全网搜索关键词查询”的关键词，与 11.1 节介绍的数据魔方淘词行业数据抓取中讲述的 Cookie 值抓取技术是一致的。比如，这一次我们获得的“sid_p”的 Cookie 值是“MzgyODQyMTI0NjcyNjA2NipeKjE0MzYzMj-A2NDI2MzY”，如图 11.7 所示。

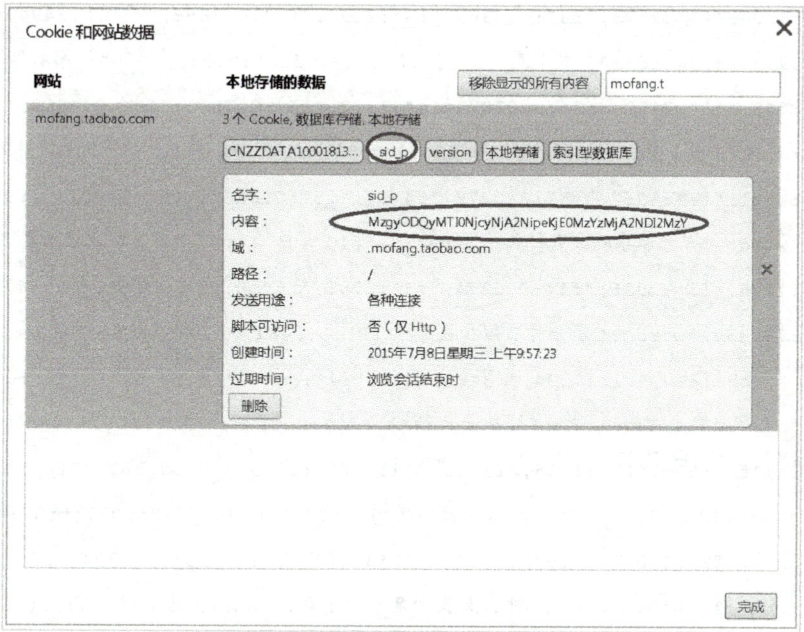

图 11.7

通过网站工具分析软件，我们发现淘词“全网搜索关键词查询”的 URL 如下：

http://mofang.taobao.com/p/proxy/query/word_detail/r1:2015-07-07/r2:2015-07-07/f0:2015-07-07/tfix:200/tid:1/dfix:1/query:%E8%A1%AC%E8%A1%A3/r5:2015-07-06/r6:2015-07-06/ff:f0.f2.f1.f3.f4.f5.f6.f8.f9.f10?555471-398979

query 后面的%E8%A1%AC%E8%A1%A3 就是“衬衣”这个关键词转码后的编码，把这个 URL 和 Cookie 值 “MzgyODQyMTI0NjcyNjA2NipeKjE0MzYzMjA2NDI2MzY” 带入到程序中，就可以获得如下 JSON 格式数据：


```
[[{"f0":"衬衣
","f2":3047,"f1":4608,"f3":0.0668,"f4":3534,"f5":0.4363,"f6":0.7629,"f8":
{"num":3093096,"word":"衬衣"},"f9":0.021,"f10":1.32},{"f0":"衬衣女
","f2":2034,"f1":4098,"f3":0.0593,"f4":3550,"f5":0.4558,"f6":0.8637,"f8":
{"num":1347293,"word":"衬衣女"},"f9":0.0101,"f10":0.99},{"f0":"男士衬衣
","f2":1597,"f1":2981,"f3":0.0428,"f4":2277,"f5":0.599,"f6":0.7595,"f8":{
"num":1647468,"word":"男士衬衣"},"f9":0.0268,"f10":2.85},{"f0":"衬衣女夏
","f2":1204,"f1":2573,"f3":0.0369,"f4":2193,"f5":0.4466,"f6":0.8494,"f8":
{"num":717503,"word":"衬衣女夏"},"f9":0.0119,"f10":0.93},{"f0":"衬衣男短袖
","f2":749,"f1":2152,"f3":0.0307,"f4":1392,"f5":0.7361,"f6":0.6412,"f8":{
"num":700500,"word":"衬衣男短袖"},"f9":0.0258,"f10":0},{"f0":"光光春季韩版男衬衣
","f2":1521,"f1":1962,"f3":0.0279,"f4":4,"f5":0.6667,"f6":0.0013,"f8":{"n
um":4,"word":"光光春季韩版男衬衣"},"f9":0,"f10":0},{"f0":"男士衬衣短袖夏
","f2":1124,"f1":1926,"f3":0.0274,"f4":1751,"f5":0.5341,"f6":0.9074,"f8":
{"num":734350,"word":"男士衬衣短袖夏"},"f9":0.0481,"f10":2.66},{"f0":"衬衣女
长袖 ","f2":810,"f1":1524,"f3":0.0216,"f4":1480,"f5":0.6246,"f6":0.9706,
"f8":{"num":473423,"word":"衬衣女长袖"},"f9":0.0107,"f10":1.07},{"f0":"衬衣
女短袖夏","f2":655,"f1":1016,"f3":0.0143,"f4":1303,"f5":0.3817,"f6":1.2897,
"f8":{"num":320122,"word":"衬衣女短袖夏"},"f9":0.0188,"f10":0},{"f0":"衬衣女
长袖夏 ","f2":520,"f1":949,"f3":0.0133,"f4":1231,"f5":0.3294,"f6":1.304,
"f8":{"num":110815,"word":"衬衣女长袖夏"},"f9":0.0211,"f10":0.85},{"f0":"衬
衣女职业工作服长袖韩版修身","f2":839,"f1":850,"f3":0.0119,"f4":50,"f5":0.9074,
```

"f6":0.0554,"f8":{"num":3523,"word":"衬衣女职业工作服长袖韩版修身"},"f9":0.0021,"f10":0},{"f0":"棉麻女衬衣长袖打底衫","f2":825,"f1":826,"f3":0.0116,"f4":835,"f5":0.0073,"f6":1.0116,"f8":{"num":2697,"word":"棉麻女衬衣长袖打底衫"},"f9":0.0106,"f10":0},{"f0":"2015 花花公子 T 恤男士衬衣","f2":343,"f1":820,"f3":0.0115,"f4":25,"f5":0,"f6":0.0277,"f8":{"num":2530,"word":"2015 花花公子 T 恤男士衬衣"},"f9":0.0011,"f10":0},{"f0":"衬衣男长袖","f2":305,"f1":749,"f3":0.0105,"f4":637,"f5":0.6823,"f6":0.8483,"f8":{"num":495565,"word":"衬衣男长袖"},"f9":0.0408,"f10":2.53},{"f0":"2015 花花公子短袖 T 恤衬衣夏","f2":633,"f1":633,"f3":0.0088,"f4":50,"f5":0,"f6":0.0748,"f8":{"num":574,"word":"2015 花花公子短袖 T 恤衬衣夏"},"f9":0.0028,"f10":0},{"f0":"衬衣女短袖","f2":291,"f1":601,"f3":0.0084,"f4":442,"f5":0.586,"f6":0.7299,"f8":{"num":375947,"word":"衬衣女短袖"},"f9":0.0263,"f10":1.4},{"f0":"男衬衣长袖夏","f2":296,"f1":489,"f3":0.0068,"f4":539,"f5":0.5155,"f6":1.1045,"f8":{"num":74183,"word":"男衬衣长袖夏"},"f9":0.0559,"f10":2.34},{"f0":"衬衣男夏","f2":282,"f1":450,"f3":0.0062,"f4":390,"f5":0.4409,"f6":0.8627,"f8":{"num":746007,"word":"衬衣男夏"},"f9":0.0608,"f10":2.09},{"f0":"阿玛施衬衣","f2":155,"f1":276,"f3":0.0038,"f4":178,"f5":0.0406,"f6":0.6375,"f8":{"num":14718,"word":"阿玛施衬衣"},"f9":0.0162,"f10":0.76},{"f0":"青年男夏衬衣短袖","f2":176,"f1":252,"f3":0.0034,"f4":288,"f5":0.3437,"f6":1.1454,"f8":{"num":81229,"word":"青年男夏衬衣短袖"},"f9":0.0355,"f10":2.04},{"f0":"夏季海澜之家男衬衣短袖衬衫","f2":97,"f1":229,"f3":0.0031,"f4":79,"f5":0,"f6":0.3359,"f8":{"num":4385,"word":"夏季海澜之家男衬衣短袖衬衫"},"f9":0.0078,"f10":0},{"f0":"棉麻中年衬衣潮","f2":210,"f1":211,"f3":0.0029, "f4":259,"f5":0.0172,"f6":1.234,"f8":{"num":227,"word":"棉麻中年衬衣潮"},"f9":0.0085,"f10":0},{"f0":"衬衣两件套雪纺衫","f2":206,"f1":206,"f3":0.0028,"f4":202,"f5":0,"f6":0.9825,"f8":{"num":1282,"word":"衬衣两件套雪纺衫"},"f9":0,"f10":0},{"f0":"衬衣拼接连衣裙夏","f2":205,"f1":205,"f3":0.0028,"f4":200,"f5":0.0045,"f6":0.9781,"f8":{"num":1235,"word":"衬衣拼接连衣裙夏"},"f9":0,"f10":0},{"f0":"衬衣男商务薄款","f2":94,"f1":181,"f3":0.0025,"f4":95,"f5":0.0096,"f6":0.5174,"f8":{"num":26223,"word":"衬衣男商务薄款

```
"},"f9":0,"f10":0},{"f0":"七匹狼衬衣","f2":103,"f1":178,"f3":0.0024,"f4":
103,"f5":0.0796,"f6":0.5707,"f8":{"num":4236,"word":"七匹狼衬衣
"},"f9":0.0303,"f10":0},{"f0":"男童衬衣","f2":112,"f1":174,"f3":0.0024,"f4":
346,"f5":0.259,"f6":2.0207,"f8":{"num":118231,"word":"男童衬衣"},"f9":
0.0259,"f10":1.16},{"f0":"夏季男衬衣","f2":127,"f1":173,"f3":0.0023, "f4":
231,"f5":0.5194,"f6":1.3438,"f8":{"num":438662,"word":"夏季男衬衣"}, "f9":
0.0781,"f10":1.98},{"f0":"蚕丝衬衣短袖男","f2":30,"f1":161,"f3":0.0022,
"f4":29,"f5":0.3,"f6":0.1685,"f8":{"num":13351,"word":"蚕丝衬衣短袖男
"},"f9":0.0056,"f10":1.51},{"f0":"夏季文艺衬衣大码","f2":46,"f1":161, "f3":
0.0022,"f4":45,"f5":0,"f6":0.2697,"f8":{"num":2375,"word":"夏季文艺衬衣大码
"},"f9":0,"f10":0},{"f0":"纯棉学院风衬衣","f2":84,"f1":160,"f3":0.0022,
"f4":84,"f5":0,"f6":0.5141,"f8":{"num":4145,"word":"纯棉学院风衬衣
"},"f9":0,"f10":0},{"f0":"中长款女衬衣夏","f2":108,"f1":155,"f3":0.0021,"f4":
216,"f5":0.3693,"f6":1.4012,"f8":{"num":113368,"word":"中长款女衬衣夏"},"f9":
0.0174,"f10":0.71},{"f0":"男衬衣短袖商务","f2":64,"f1":144,"f3":0.0019,
"f4":122,"f5":0.7164,"f6":0.8428,"f8":{"num":177324,"word":"男衬衣短袖商务
"},"f9":0.0063,"f10":0},{"f0":"娃娃领衬衣","f2":122,"f1":141,"f3":0.0019,
"f4":131,"f5":0.7014,"f6":0.9231,"f8":{"num":70726,"word":"娃娃领衬衣
"},"f9":0.1987,"f10":0},{"f0":"透明衬衣","f2":75,"f1":140,"f3":0.0019,"f4":
88,"f5":0.0104,"f6":0.6234,"f8":{"num":3476,"word":"透明衬衣"},"f9":0,
"f10":0},{"f0":"短夏男衬衣","f2":97,"f1":140,"f3":0.0019,"f4":160,"f5":
0.4802,"f6":1.1494,"f8":{"num":586941,"word":"短夏男衬衣"},"f9":0.0649,
"f10":2.34},{"f0":"夏季女衬衣","f2":66,"f1":140,"f3":0.0019,"f4":109,"f5":
0.3445,"f6":0.7727,"f8":{"num":238697,"word":"夏季女衬衣"},"f9":0.0195,
"f10":0.83},{"f0":"复古 2015 年夏季新款衬衣","f2":132,"f1":132,"f3":0.0018,
"f4":131,"f5":0,"f6":0.9863,"f8":{"num":35,"word":"复古 2015 年夏季新款衬衣
"},"f9":0,"f10":0},{"f0":"女衬衣短袖职业装","f2":49,"f1":130,"f3":0.0017,
"f4":99,"f5":0.8889,"f6":0.7552,"f8":{"num":51626,"word":"女衬衣短袖职业装
"},"f9":0.035,"f10":0},{"f0":"中长款衬衣女","f2":61,"f1":121,"f3":0.0016,
"f4":134,"f5":0.5203,"f6":1.1128,"f8":{"num":216221,"word":"中长款衬衣女
```

"},"f9":0.015,"f10":0.71},{"f0":" 花 衬 衣 ","f2":72,"f1":120,"f3":0.0016,"f4":60,"f5":0.3846,"f6":0.4924,"f8":{"num":175954,"word":" 花衬衣 "},"f9":0.0152,"f10":0.85},{"f0":"青少年衬衣短袖夏男","""},"f9":0,"f10":0},{"f0":"2015 女士衬
....
....
....
"f2":14,"f1":18,"f3":0.0002,"f4":37,"f5":0.0256,"f6":2.0526,"f8":{"num":1247,"word":" 李 易 峰 同 款 衬 衣 "},"f9":0.2632,"f10":0},{"f0":" 男 宝 宝 衬 衣 ","f2":10,"f1":18,"f3":0.0002,"f4":10,"f5":0.7,"f6":0.5263,"f8":{"num":44346,"word":" 男 宝 宝 衬 衣 "},"f9":0,"f10":0.69},{"f0":" 娃 娃 领 衬 衣 长 袖 女 ","f2":4,"f1":18,"f3":0.0002,"f4":11,"f5":0.2727,"f6":0.5789,"f8":{"num":22813,"word":"娃娃领衬衣长袖女"},"f9":0,"f10":0}]]

其中"f0"后面跟的"衬衣"，就是关键词，"f2":3047 就是“搜索人气”，"f1":4608 代表“搜索指数”，"f3":0.0668 代表“占比”，"f4":3534 代表“点击指数”，"f5":0.4363 代表“商城点击占比”，"f6":0.7629 代表“点击率”，f8":{"num":3093096,"word":"衬衣"}代表“衬衣”这个关键词的“竞争宝贝数”是 3093096，"f9":0.021 代表“转化率”，"f10":1.32 代表直通车的价格是 1.32 元。我们拿到这个 JSON 格式的数据后，用代码解析出来，然后利用公式：

竞争强度=搜索指数/当前竞争宝贝数

点击竞争强度=点击指数/当前竞争宝贝数

计算出来竞争强度和点击竞争强度后，就可以精准选择关键词了。

11.3 数据魔方其他功能点数据抓取

通过以上两个例子，我们知道了如何抓取数据魔方“行业关键词热搜 TOP 榜”和“全网搜索关键词”后，类似的还可以抓取数据魔方其他功能点数据，例如产品热销排行、属性热销排行、品牌热销排行等。这些数据的抓取都依赖两个参数：一个就是

前面讲的 Cookie 数据 sid_p；另一个就是请求的不同的 URL。知道如何获取这两个参数后，就可以通过代码获取到 JSON 格式的数据了，然后解析 JSON 格式的数据再加工，就可以达到目的了。

Cookie 数据 sid_p 的获取方式请参见 11.1 节所讲。原来 Cookie 数据 sid_p 是放在网页当中的，可以通过程序直接爬取，现在由于淘宝反爬虫措施越来越严格，Cookie 数据 sid_p 放在了服务器端的 Cookie 当中，就不能简单地获取到了，所以就采取了人工获取的半自动化方式。

下面就列出数据魔方其他功能点数据常见的几个 URL。

（1）品牌热销排行的 URL

http://mofang.taobao.com/p/proxy/query/hot_brand/cid:50006077/clevel:3/r1:2015-07-07/r2:2015-07-07/f0:2015-07-07/tfix:200/tid:1/dfix:1/r5:2015-07-06/r6:2015-07-06/ff:f0.f5.f1.f2.f3.f4?555471-398983

其中，cid:50006077 是需要动态修改的，不同的类目 cid 的值是不一样的。cid 的值如图 11.8 所示获取。

其余的值如 r1、r2 等日期，自己动态生成就可以了。URL 当中其余的值，基本不需要修改。

图 11.8

（2）产品热销排行的 URL

http://mofang.taobao.com/p/proxy/query/prod_hot_rank/limit:500/r1:2015-07-07/r2:2015-07-07/f0:2015-07-07/tfix:200/tid:1/dfix:1/cid:50006077/clevel:3/r5:2015-07-06/r6:2015-07-06/ff:f0.f1.f2.f3.f4?555471-398983

其中，cid:50006077 和日期也是需要动态修改的（见图 11.9）。

图 11.9

（3）属性热销排行的 URL

http://mofang.taobao.com/p/proxy/query/prop_hot_rank/r1:2015-07-07/r2:2015-07-07/f0:2015-07-07/tfix:200/tid:1/dfix:1/ppid:20017/cid:50006077/clevel:3/r5:2015-07-06/r6:2015-07-06/ff:f3.f1?555471-398983

如图 11.10 所示。

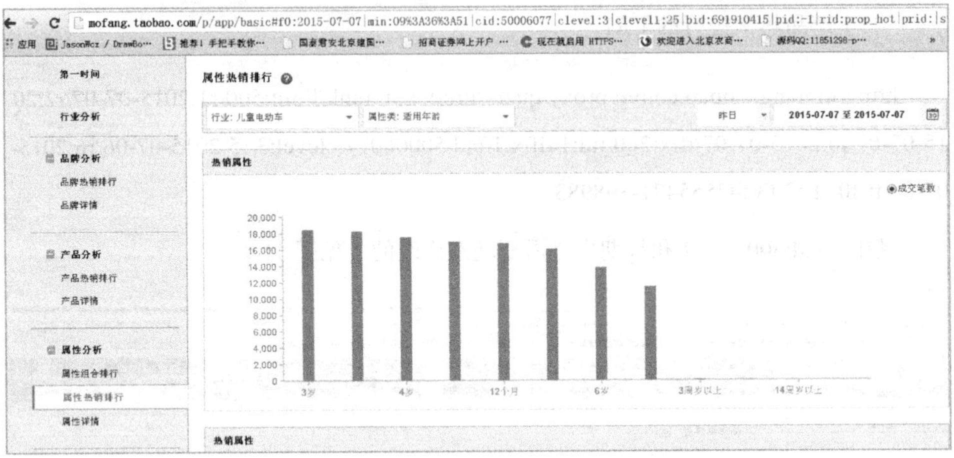
第一时间
行业分析
品牌分析
品牌热销排行
品牌详情
产品分析
产品热销排行
产品详情
属性分析
属性组合排行
属性热销排行
属性详情
属性热销排行
行业：儿童电动车
属性类：适用年龄
昨日
2015-07-07 至 2015-07-07
热销属性
成交笔数
20,000
18,000
16,000
14,000
12,000
10,000
8,000
6,000
4,000
2,000
0
3岁
4岁
12个月
6岁
热销属性

图 11.10